기독학부모의 기도,
하나님의 교육이 이루어지는
365일

기독교학교교육연구소 편

쉼이있는교육

이 땅 구석구석에서 교육의 고통이 사라지고

하나님이 기뻐하시는 교육을 이루도록

나의 자녀와 우리의 자녀들이

진정한 변화와 참 성공을 이룰 수 있도록

기꺼이 기도의 시간을 내어 주십시오.

정결한 기도의 제물이 되어 주십시오.

그런 마음을 담아,

　　　　　　　　　　님께

이 기도제단을 선물로 드립니다.

당신의 기도를 통해

하나님의 마음이 뜨거워지고,

하나님의 가슴이 시원해지며,

하나님의 역사가 시작되고,

또한 성취될 것입니다!

기도문

열 배 활용법

1. 『기독학부모교실』의 여덟 가지 주제를 바탕으로 자녀와 한 국 교육 전반을 위해 매일 기도할 수 있도록 구성된 교육기 도문입니다.

2. 본 기도문은 학교의 학사력, 교회의 절기력, 한국의 절기에 따라 구성하였습니다.

3. 교육과 관련하여 어떻게 기도해야 할지 잘 모를 때 본 책자 가 체계적인 기도의 길을 보여 줄 것입니다.

4. 특정 연령의 자녀를 위한 기도문이나 교육적 상황에 대한 중보기도문이 다수 있습니다. 나의 자녀를 넘어 이 땅의 아 이들을 사랑하는 마음으로 중보기도를 해 주시기 바랍니다.

5. 시간을 정하여 개인기도 시간에 나의 자녀를 향한 개인기도
   와 교육을 향한 중보기도로 사용하시면 됩니다.

6. 구역모임, 학교나 교회의 어머니 기도회 시간에 교육과 관
   련된 기도를 위해 활용할 수 있습니다.

7. 일 년 동안 날짜에 맞추어서 기도할 수 있도록 만들어졌기
   때문에 가능한 매일 정해진 날짜의 기도문을 읽고 묵상하는
   것이 좋습니다.

8. 정해진 날에 기도하지 못하더라도 넘어가고, 날짜에 맞추어
   서 기도합니다. 넘어간 기도는 한 달이나 한 주에 적절한 시
   간을 마련하여 집중 기도합니다.

하나님의 교육이 이루어지는 시간으로 초대합니다.

가장 중요한 자녀교육은 기도이다. 왜냐하면 우리가 자녀를 위해 기도하는 시간은 하나님이 자녀를 빚어주시고 새롭게 해주시는 하나님의 교육이 이루어지는 시간이기 때문이다. 다른 모든 교육은 사람이 한다. 그러나 기도는 하나님이 교육하시는 시간이다. 기도는 그 자녀의 진정한 아버지, 원래 그 자녀를 창조하시고 이 땅에 보내신 하나님께 아뢰는 것이다. 부모는 자녀의 소유권자가 아니라 청지기이며, 자녀는 내 것이 아니라 하나님의 자녀이다. 그렇기에 자녀는 본질상 내 욕망대로, 내 뜻대로 키우면 되는 것이 아니라 하나님의 은혜로, 하나님의 뜻대로 키워야 한다. 그러므로 기도는 자녀교육의 가장 중요한 통로요 본질이라고 할 수 있다.

우리 주님께서도 울며 따라왔던 예루살렘의 딸들을 향하여 "나를 위하여 울지 말고 너희와 너희 자녀를 위하여 울라"(눅23:28)고 말씀하셨다. 자녀를 위한 눈물의 기도를 부탁하신 것이다. 눈물의 기도 이상의 교육은 없다. 기도하며 키운 자녀는 하나님이 책임져 주신다. 그런데 자녀만을 위해 기도해서는 안 되고 부모된 나를 위해 기도해야 한다. 주님께서도 '너희와 너희 자녀'를 위해 울라고 말씀하신 이유이다. 내가 진정한 기독학부모가 되지 않으면 진정한 기독교적 자녀교육이 이루어질 수 없기 때문이다. 그리고 우리의 기도는 '내 자녀', '내 가정'의 범주를 벗어나 '우리 자녀', '한국교회 다음세대', '이 땅의 교육'을 위한 기도로 나아가야 한다. 왜냐하면 모든 자녀가 하나님의 자녀이기 때문이다. 우리의 기도가 가족의 범주를 넘어 이웃의 자녀를 위한 기도로 나아갈 때, 하나님 나라를 향한 기도가 되며 '하나님의 교육이 가득한 세상'을 이루는 통로가 된다.

이 기도의 축복으로 당신을 초대한다. 지금까지 '희생열애', 희망, 생기, 열정, 애통의 4권의 책으로 출간되었던 기독학부모 기도 책자를 오늘의 시대에 맞도록 내용을 새롭게 하여 한 권의 책으로 묶었다. 매일 이 기도제목으로 함께 기도에 동참하게 될 모든 기독학부모들에게 감사드리며, 이 기도 책자 발간을 위해 수고한 기독교학교교육연구소의 도혜연 실장을 비롯한 이지혜, 이보라 연구원에게도 고마움을 전한다. 이 기도 책자를 통해 기독학부모 기도운동이 일어나 푸른 나무처럼 하나님의 사람들이 세워지고, 이 땅이 하나님의 교육으로 가득하게 되기를 기도한다.

기독교학교교육연구소 *소장 박상진*

기독학부모 기도운동으로의 초대

기독교학교교육연구소는 하나님께서 기뻐하시는 교육이 이 땅 가운데 펼쳐지기를 기도합니다. 특히 교회의 많은 부모들이 기독학부모로서의 정체성을 지니고 교육회복의 주체로 서기를 소망합니다. 세속적이고 왜곡된 교육현실을 바꾸기 위해 우리의 실천과 노력도 매우 중요하지만, 그보다 선행되어야 할 것이 있습니다. 바로 하나님의 나라와 의를 구하면서 간절히 기도하는 것입니다. 그래서 우리는 기독학부모들이 함께 기도하는 '기도운동'을 펼치고자 합니다.

'기독학부모'는 기도하는 학부모입니다. 세속적이고 그릇된 모습의 기도를 드리지 않습니다. 내 자녀만이 아니라 하나님의 자녀들을 위한 기도, 기독교적 인재를 양성하고자 하는 겸손한 무릎의 기도, 이 땅의 교육을 향해 애통함을 지닌 기도, 새로운 교육의 희망으로 나아가는 실천적 걸음의 기도입니다. 이러한 기도는 하나님이 기뻐하시는 두드림이며, 교육의 영역에서 하나님의 나라를 확장하는 한 알의 밀알이 됩니다.

본 연구소는 가정과 자녀, 교회와 학교를 살리는 기독학부모 기도운동 시리즈 『기독학부모 희망기도』, 『기독학부모 생기기도』, 『기독학부모 열정기도』, 『기독학부모 애통기도』를 출간합니다. 이를 위해 신은정 기독학부모 팀장을 비롯해 노현욱, 도혜연 연구원이 큰 수고를 감당했습니다. 또한 가정과 교회, 학교에서 기독학부모를 세우고 있는 현장 전문가가 함께 집필을 했습니다.

이 기도책자 시리즈를 통해 기독학부모들의 기도운동이 가정과 교회와 학교에서 만들어지고 기독학부모들의 기도가 나라 곳곳에 울려 퍼지기를 소망합니다.

기독교학교교육연구소 소장 박상진

목차

Pray

1월 기독학부모로서의 사명을 기억하는 시간

01 1월 첫날의 기도   24
02 부모의 사명을 잘 감당하게 하소서   25
03 기본적인 돌봄을 제공하는 부모 되게 하소서   26
04 자녀 양육에 대하여 부부가 일관된 관점을 가지게 하소서   27
05 직장생활로 바빠 자녀에게 무관심했음을 용서하소서   28
06 자녀교육에 대한 책임을 전가함을 용서하소서   29
07 자녀를 감시하고 통제하는 그릇된 열정을 용서하소서   30
08 자녀의 학업을 학교와 학원에 위탁함을 용서하소서   31
09 신앙교육에 있어 부모의 교육 주권을 회복시키소서   32
10 자녀의 전인적 성장에 관심을 갖게 하소서   33
11 방학 중 자녀가 자기 관리(시간, 운동, 건강, 생활)를 잘하게 하소서   34
12 방학 중 자녀가 자기 관리(학습)를 잘하게 하소서   35
13 방학 중 자기 개발의 기회를 선용하게 하소서   36
14 방학 중 보충수업을 하는 자녀와 교사를 지켜주소서   37
15 부모가 먼저 믿음의 삶을 살아가게 하소서   38
16 하나님의 교육 주권을 인정하는 부모 되게 하소서   39
17 그릇된 교육 속에서 분별력을 가진 부모 되게 하소서   40
18 부모 안의 성공 중심 교육관이 변화되게 하소서   41
19 부모 안의 학벌 중심 교육관이 변화되게 하소서   42
20 먼저 예배에 승리하는 부모 되게 하소서   43
21 자녀의 감정을 이해하는 부모 되게 하소서   44
22 민족 고유의 명절, 설날에 드리는 기도   45
23 믿지 않는 가정을 기억하소서   46
24 친인척과 가족 간에 우애있게 하소서   47
25 바른 기독교 세계관을 갖게 하소서   48
26 기도하는 부모 되게 하소서   49
27 '기독'학부모(교회 봉사형)임을 돌이키게 하소서   50
28 기독'학부모'(세속형)임을 돌이키게 하소서   51
29 '기독'·'학부모'(분리형)임을 돌이키게 하소서   52
30 '기독학부모'(통합형)의 정체성을 갖게 하소서   53
31 교육에 대한 건강한 흐름이 만들어지게 하소서   54

Pray

2월 한국교육 회복을 소망하는 시간

01	2월 첫날의 기도	58
02	교육의 아픔이 치유되게 하소서	59
03	입시 중심 문화가 변화되게 하소서	60
04	입시에 대한 구조적인 문제가 해결되게 하소서	61
05	학업 스트레스로 인해 힘들어 하는 자녀를 긍휼히 여기소서	62
06	학업 스트레스 문제에 대한 다양한 노력이 이루어지게 하소서	63
07	학교가 학교 폭력에 대해 바른 역할을 하게 하소서	64
08	가정이 학교 폭력에 대해 바른 역할을 하게 하소서	65
09	교회가 학교 폭력에 대해 바른 역할을 하게 하소서	66
10	학교 폭력에 대한 건강한 교육 정책이 수립되게 하소서	67
11	아이들이 학교 폭력 가운데 온전히 회복되게 하소서	68
12	조기 유학으로 인해 분리된 가정을 긍휼히 여기소서	69
13	가출 청소년을 만져 주소서	70
14	가출 청소년을 위한 교육적 기반이 마련되게 하소서	71
15	장애를 가지고 있는 자녀를 기억하소서	72
16	장애 자녀를 위한 교육적 기반이 마련되게 하소서	73
17	폭력성이 깊어진 자녀들을 회복시키소서	74
18	중도탈락 학생을 기억하소서	75
19	학업 부적응 학생들을 기억하소서	76
20	학교 밖 청소년을 기억하소서	77
21	발달 수준을 고려하지 않은 사교육이 변화되게 하소서	78
22	사순절에 드리는 기도	79
23	사교육비가 팽창하는 현실을 긍휼히 여기소서	80
24	정의롭지 못한 교육의 구조를 만드는 사교육을 해결해 주소서	81
25	그릇된 부모의 생각으로 조장되는 사교육 과열을 멈추어 주소서	82
26	사교육에 관련된 바른 교육 정책이 세워지게 하소서	83
27	아이의 고유함을 드러내는 교육되게 하소서	84
28	바른 교육을 위한 단체들이 힘을 모으게 하소서	85

Pray

3월 하나님의 시선으로 교과 과정을 보는 시간

01 3월 첫날의 기도   88
02 개학과 신학기를 인도하소서   89
03 새 학기를 맞이하는 자녀가 바른 태도를 갖게 하소서   90
04 새 학기 자녀의 학급, 교사와 함께 하소서   91
05 하나님이 지식의 주인임을 알게 하소서   92
06 성공 신화의 욕심을 돌이키게 하소서   93
07 자녀 안의 하나님 형상을 회복하게 하소서   94
08 죄성을 가진 우리를 도우소서   95
09 복음으로 자녀의 삶이 회복되게 하소서   96
10 모든 지식을 통해 하나님을 발견하게 하소서   97
11 국어교육을 통해 하나님의 뜻과 진리를 발견하게 하소서   98
12 한문교육을 통해 하나님의 뜻과 진리를 발견하게 하소서   99
13 수학교육을 통해 하나님의 뜻과 진리를 발견하게 하소서   100
14 물리교육을 통해 하나님의 뜻과 진리를 발견하게 하소서   101
15 화학교육을 통해 하나님의 뜻과 진리를 발견하게 하소서   102
16 생물교육을 통해 하나님의 뜻과 진리를 발견하게 하소서   103
17 지구과학교육을 통해 하나님의 뜻과 진리를 발견하게 하소서   104
18 사회교육을 통해 하나님의 뜻과 진리를 발견하게 하소서   105
19 국사교육을 통해 하나님의 뜻과 진리를 발견하게 하소서   106
20 지리교육을 통해 하나님의 뜻과 진리를 발견하게 하소서   107
21 윤리교육을 통해 하나님의 뜻과 진리를 발견하게 하소서   108
22 세계사교육을 통해 하나님의 뜻과 진리를 발견하게 하소서   109
23 민주시민(정치)교육을 통해 하나님의 뜻과 진리를 발견하게 하소서 110
24 경제교육을 통해 하나님의 뜻과 진리를 발견하게 하소서   111
25 외국어교육을 통해 하나님의 뜻과 진리를 발견하게 하소서   112
26 음악교육을 통해 하나님의 뜻과 진리를 발견하게 하소서   113
27 미술교육을 통해 하나님의 뜻과 진리를 발견하게 하소서   114
28 체육교육을 통해 하나님의 뜻과 진리를 발견하게 하소서   115
29 기술가정교육을 통해 하나님의 뜻과 진리를 발견하게 하소서   116
30 특수교육 선택과목을 통해 하나님의 뜻과 진리를 발견하게 하소서   117
31 사랑하고 책임지는 공부를 하게 하소서   118

Pray

4월 자녀를 온전히 바라보고 이해하는 시간

01 4월 첫날의 기도   122
02 태아기 자녀의 신체발달을 주관하소서   123
03 영유아 유치 자녀의 신체발달을 주관하소서   124
04 아동기 자녀의 신체발달을 주관하소서   125
05 청소년기 자녀의 신체발달을 주관하소서   126
06 영아기 자녀에게 신뢰감이 형성되게 하소서   127
07 유아기 자녀에게 자율성이 형성되게 하소서   128
08 유치기 자녀에게 주도성이 형성되게 하소서   129
09 부활절에 드리는 기도   130
10 학령기 자녀에게 성실성이 형성되게 하소서   131
11 청소년기 자녀에게 정체성이 형성되게 하소서   132
12 자녀가 친구와 건강한 관계를 형성하게 하소서   133
13 자녀의 자존감이 건강하게 형성되게 하소서   134
14 영·유아기 자녀의 인지가 건강하게 발달하게 하소서   135
15 유치기 자녀의 인지가 건강하게 발달하게 하소서   136
16 학령기 자녀의 인지가 건강하게 발달하게 하소서   137
17 청소년기 자녀의 인지가 건강하게 발달하게 하소서   138
18 영유아기 자녀의 신앙이 건강하게 성장하게 하소서   139
19 유치기 자녀의 신앙이 건강하게 성장하게 하소서   140
20 학령기 자녀의 신앙이 건강하게 성장하게 하소서   141
21 청소년기 자녀의 신앙이 건강하게 성장하게 하소서   142
22 청년기 자녀의 신앙이 건강하게 성장하게 하소서   143
23 30대 이후 자녀의 신앙이 건강하게 성장하게 하소서   144
24 인생의 후반기 보낼때 신앙이 건강하게 성장하게 하소서   145
25 성경적 부모상을 가진 부모 되게 하소서   146
26 기본적인 양육을 성실히 감당하는 부모 되게 하소서   147
27 성경적 권위를 가진 부모 되게 하소서   148
28 기독교세계관으로 해석해주는 부모 되게 하소서   149
29 성령 안에서 상호의존하는 부모 되게 하소서   150
30 건강하게 떠나보내는 부모 되게 하소서   151

5월 이 땅의 가정과 아이들을 하나님의 시선으로 보는 시간

01	5월 첫날의 기도	154
02	탈북민 가정을 기억하소서	155
03	다문화 가정을 기억하소서	156
04	가정 속의 상처를 치유하소서	157
05	어린이날에 드리는 기도	158
06	한부모, 조손 가정을 기억하소서	159
07	건강하게 학부모 교육권을 실천하게 하소서	160
08	어버이날에 드리는 기도	161
09	이단의 학교 설립 확장을 막아주소서	162
10	인터넷에 대한 절제의 힘을 주소서	163
11	방송 매체에 대한 절제의 힘을 주소서	164
12	스마트폰에 대한 절제의 힘을 주소서	165
13	게임에 대한 절제의 힘을 주소서	166
14	음란물로부터 자녀를 보호하소서	167
15	스승의 날에 드리는 기도	168
16	외모지상주의로부터 자녀를 지켜주소서	169
17	아름다운 언어를 사용하는 자녀 되게 하소서	170
18	분노를 조절하는 자녀 되게 하소서	171
19	자녀의 정서적 불안, 우울감을 위로하소서	172
20	학교가 관계성을 배우는 교육의 장이 되게 하소서	173
21	자녀의 문화를 이해하는 부모 되게 하소서	174
22	자녀와 대화의 기회를 만들게 하소서	175
23	자녀와의 대화에서 좋은 태도를 가진 부모 되게 하소서	176
24	자녀와의 대화에서 바른 언어를 사용하는 부모 되게 하소서	177
25	자녀의 감정을 이해하는 부모 되게 하소서①	178
26	자녀의 감정을 이해하는 부모 되게 하소서②	179
27	청소년 성범죄에서 자녀들을 지켜주소서	180
28	자녀들에게 바른 성 가치관을 심어 주소서	181
29	미혼모 청소년의 삶을 돌보소서	182
30	아동, 청소년 성폭력 피해자의 삶을 돌보소서	183
31	하나님의 부르심에 응답하는 믿음을 주소서	184

Pray

6월 여호와 경외를 통해 삶의 우선순위를 회복하는 시간

01 6월 첫날의 기도   188
02 여호와를 경외하는 것이 지식의 근본임을 알게 하소서   189
03 부모가 먼저 여호와 경외의 삶을 살게 하소서   200
04 주일을 거룩하게 지키는 가정 되게 하소서   201
05 가정예배가 가정 안에 정착되게 하소서   202
06 교육을 통하여 평화가 회복되게 하소서   203
07 하나님의 창조세계와 함께 공존하게 하소서   204
08 가정예배가 지속되고, 영향을 미치게 하소서   205
09 기도의 능력을 아는 부모 되게 하소서   206
10 기도하는 자녀 되게 하소서   207
11 가정 속에 기도의 문화가 정착되게 하소서   208
12 말씀을 사랑하는 부모 되게 하소서   209
13 말씀을 사랑하는 자녀 되게 하소서   210
14 말씀으로 가정이 회복되게 하소서   211
15 가정 안에 신앙의 문화가 세워지게 하소서   212
16 친밀함이 가득한 가정 되게 하소서   213
17 섬김을 실천하는 가정 되게 하소서   214
18 가정 안에서 바른 헌금생활 교육을 하게 하소서   215
19 신념 차원의 신앙이 형성되게 하소서   216
20 관계 차원의 신앙이 형성되게 하소서   217
21 헌신 차원의 신앙이 형성되게 하소서   218
22 신비 차원의 신앙이 형성되게 하소서   219
23 북한의 교육이 변화되게 하소서   220
24 북한에 기독교교육의 자유가 임하게 하소서   221
25 북한의 열악한 교육환경이 개선되게 하소서   222
26 하나님이 기뻐하시는 통일교육이 이루어지게 하소서   223
27 기독학부모의 정체성이 훈련되게 하소서   224
28 기독학부모가 자기를 계발하는 훈련을 하게 하소서   225
29 기독학부모의 전인적 건강이 훈련되게 하소서   226
30 기독학부모가 공동체를 형성하는 노력을 하게 하소서   227

7월 하나님의 성품으로 빚어지는 시간

01 7월 첫날의 기도   220
02 시험을 앞둔 자녀가 바른 태도를 갖게 하소서   221
03 기말고사를 앞둔 자녀를 도우소서   222
04 학기 말 학교생활을 붙들어 주소서   223
05 성품에 무관심한 교육현장을 긍휼히 여기소서   224
06 성품 회복을 지향하는 교육이 이루어지게 하소서   225
07 성품을 등한시하는 가정의 교육풍토를 변화시켜 주소서   226
08 성품의 본을 보이는 부모 되게 하소서   227
09 성령의 열매를 맺는 자녀 되게 하소서   228
10 사랑의 성품을 맺게 하소서   229
11 화평의 성품을 맺게 하소서   230
12 오래 참음의 성품을 맺게 하소서   231
13 신실함의 성품을 맺게 하소서   232
14 친절의 성품을 맺게 하소서   233
15 선한 성품을 맺게 하소서   234
16 기쁨의 성품을 맺게 하소서   235
17 절제의 성품을 맺게 하소서   236
18 온유의 성품을 맺게 하소서   237
19 성령의 열매를 맺는 성품훈련을 하게 하소서   238
20 하나님의 성품을 닮게 하소서   239
21 교회가 성품교육의 중심이 되게 하소서   240
22 한 학기를 마무리하며 드리는 감사의 기도   241
23 한 학기 동안 배운 내용을 잘 정리하게 하소서   242
24 성경학교(수련회)가 하나님을 만나는 장이 되게 하소서   243
25 성경학교(수련회)의 날씨와 안전을 주관하소서   244
26 성경학교(수련회)를 준비하는 교역자와 교사를 기억하소서   245
27 부모가 성경학교(수련회)의 동역자 되게 하소서   246
28 성경학교(수련회)의 모든 순서를 주관하소서   247
29 휴가가 대화와 친밀함을 회복하는 장이 되게 하소서   248
30 휴가가 새로운 경험과 내적성숙의 장이 되게 하소서   249
31 하나님의 부르심을 따르는 가정 되게 하소서   250

8월 | 소명을 향하여 자녀와 함께 내딛는 시간

01 8월 첫날의 기도   254
02 성취지향의 문화를 긍휼히 여기소서   255
03 그릇된 학업 지향 문화를 돌이키게 하소서   256
04 선행학습의 교육풍토를 치유하소서   257
05 비교하지 않는 부모 되게 하소서   258
06 하나님 나라 이야기를 가지는 자녀 되게 하소서   259
07 자녀가 삶의 의미(가치)와 소명을 깨닫게 하소서   260
08 부모가 먼저 소명자로 살게 하소서   261
09 가정이 자녀의 진로탐색의 장이 되게 하소서   262
10 학교가 자녀의 진로탐색의 장이 되게 하소서   263
11 자녀가 진로에 대한 바른 태도를 갖게 하소서   264
12 자녀의 은사가 개발되게 하소서 : 음악 지능   265
13 자녀의 은사가 개발되게 하소서 : 신체-운동 지능   266
14 자녀의 은사가 개발되게 하소서 : 논리-수학 지능   267
15 광복절에 드려지는 기도   268
16 이 땅에 나라사랑의 교육이 펼쳐지게 하소서   269
17 자녀가 바른 민족의 정체성을 배우게 하소서   270
18 나라를 사랑했던 한국교회의 전통을 따르게 하소서   271
19 자녀의 은사가 개발되게 하소서 : 언어 지능   272
20 자녀의 은사가 개발되게 하소서 : 공간 지능   273
21 자녀의 은사가 개발되게 하소서 : 대인관계 지능   274
22 자녀의 은사가 개발되게 하소서 : 자기이해 지능   275
23 자녀의 은사가 개발되게 하소서 : 자연탐구 지능   276
24 자녀가 진학과 취업에 바른 태도를 갖게 하소서   277
25 자녀의 학업에 대한 부모의 욕심을 내려놓게 하소서   278
26 학업 성취에 도움을 주는 부모 되게 하소서   279
27 학업에 있어 인내하는 부모 되게 하소서   270
28 미디어에 대한 분별력을 주소서   271
29 그릇된 미디어 문화를 회복시키소서   272
30 폭력적인 문화를 긍휼히 여기소서   273
31 회복과 평화를 위한 교육과정이 세워지게 하소서   274

Pray

9월 교육을 향한 시야를 넓히는 시간

01 9월 첫날의 기도   288
02 자녀에게 올바른 공부 습관이 형성되게 하소서   289
03 학업의 바른 목적을 이해하고 기쁘게 공부하게 하소서   390
04 학업에 있어 부모주도적 시간관리를 돌이키게 하소서   391
05 바른 수업 태도를 갖게 하소서   392
06 교과목에 대한 건강한 태도를 갖게 하소서   393
07 과제에 대한 올바른 태도를 갖게 하소서   394
08 자녀의 담임 선생님을 도우소서   395
09 학급 친구들을 돌보아 주소서   396
10 자녀와 교사와의 관계에 복을 내려 주소서   397
11 긍휼 교육을 회복시키소서   398
12 생태 회복교육이 이루어지게 하소서   399
13 하나님의 창조를 보존하는 교육이 되게 하소서   300
14 교육에 대한 시야가 넓어지게 하소서   301
15 공존하는 세상을 가르치는 교육이 되게 하소서   302
16 기독학부모 기도운동이 확산되게 하소서   303
17 기독학부모운동에 헌신하게 하소서   304
18 신문 사역을 통해 기독학부모가 세워지게 하소서   305
19 출판 사역을 통해 기독학부모가 세워지게 하소서   306
20 헌신하는 사람들을 통해 기독학부모가 세워지게 하소서   307
21 오래 참는 부모 되게 하소서   308
22 온유한 부모 되게 하소서   309
23 시기하지 않는 부모 되게 하소서   310
24 자랑하지 않는 부모 되게 하소서   311
25 교만하지 않는 부모 되게 하소서   312
26 무례히 행하지 않는 부모 되게 하소서   313
27 자기의 유익을 구하지 않는 부모 되게 하소서   314
28 한 해 동안 내려주신 은혜와 결실에 감사하게 하소서   315
29 민족 고유의 명절, 추석에 드리는 기도   316
30 가족이 진정한 신앙 공동체를 형성하게 하소서   317

10월 학교 공동체 회복을 꿈꾸는 시간

01 10월 첫날의 기도 320
02 우리나라를 향한 하나님의 뜻을 발견하게 하소서 321
03 개천절에 드리는 기도 322
04 자녀가 시험에 대한 바른 가치관을 갖게 하소서 323
05 중간고사를 앞 둔 자녀를 기억하소서 324
06 시험에 대해 부모가 건강한 가치와 태도를 갖게 하소서 ... 325
07 시험 이후 자녀가 올바른 태도를 갖게 하소서 326
08 성숙한 시민을 기르는 교육이 이루어지게 하소서 327
09 한글날에 드리는 기도 328
10 파괴된 언어를 회복시키소서 329
11 학교의 교장, 교감 선생님을 기억하소서 330
12 이 땅의 교사를 기억하소서 331
13 자녀가 기독학생의 정체성을 갖게 하소서 332
14 교사와 학생 간의 관계를 회복시키소서 333
15 교사와 학부모 간의 관계를 회복시키소서 334
16 교사와 교사 간의 관계를 회복시키소서 335
17 학부모와 학부모 간의 관계를 회복시키소서 336
18 학교와 교사 간의 관계를 회복시키소서 337
19 교사에게 소명과 열정을 회복시키소서 338
20 교사에게 전문성을 더하소서 339
21 학교의 본질을 회복시키소서 340
22 국가 수준 교육과정과 교육정책을 주관하소서 341
23 각 시, 도 교육청 수준 교육과정을 주관하소서 342
24 학교의 공공성을 회복시키소서 343
25 하나님 뜻에 맞는 다양한 학교가 세워지게 하소서 344
26 이 땅의 교육 운동과 섬기는 이들을 기억하소서 345
27 성내지 않는 부모 되게 하소서 346
28 악한 것을 생각하지 않는 부모 되게 하소서 347
29 불의를 기뻐하지 않는 부모 되게 하소서 348
30 진리와 함께 기뻐하는 부모 되게 하소서 349
31 세상을 변혁하는 사람을 길러내는 교육되게 하소서 350

Pray

11월 교육의 변화를 꿈꾸는 시간

01 11월 첫날의 기도   354
02 교육에서 하나님 나라가 이루어지게 하소서   355
03 기독학부모로 서게 하소서   356
04 기독학부모운동이 일어나게 하소서   357
05 기독학부모운동의 비전이 이루어지게 하소서   358
06 든든히 서가는 우리 교회 되게 하소서   359
07 교회학교를 세워주소서   360
08 입시에 대한 구조적인 문제를 해결하소서   361
09 입시문제 해결을 위한 시민 단체, 시민운동을 도우소서   362
10 기독교학교 정상화를 위한 법,제도가 개선되게 하소서   363
11 기독교학교 정상화를 위해 기독교학교가 변화되게 하소서   364
12 기독교학교 정상화를 위한 교회 자원과 협력이 있게 하소서   365
13 기독교학교 정상화를 위한 단체와 함께 하소서   366
14 기독교-교육학자들의 헌신을 기억 하소서   367
15 수능 전, 자녀들과 함께 하소서   368
16 수능 당일, 자녀들과 함께 하소서   369
17 수능 후, 자녀들과 함께 하소서   370
18 자녀의 진로를 돕는 부모 되게 하소서   371
19 진로교육이 활성화되게 하소서   372
20 자녀에게 바른 직업관이 형성되게 하소서   373
21 교육 관련 정부 기구, 지자체별 교육담당 부서와 함께 하소서   374
22 모든 것을 참는 부모 되게 하소서   375
23 모든 것을 믿는 부모 되게 하소서   376
24 모든 것을 바라는 부모 되게 하소서   377
25 모든 것을 견디는 부모 되게 하소서   378
26 쉼의 성경적 의미를 아는 부모 되게 하소서   379
27 쉼이 있는 교육의 의미를 알게 하소서   380
28 쉼이 있는 교육이 펼쳐지는 제도를 세워주소서   381
29 쉼이 있는 교육을 위한 기독교교육 생태계가 구축되게 하소서   382
30 대림절에 드리는 기도   383

12월 하나님의 교육이 가득한 세상으로 나아가는 시간

01	12월 첫날의 기도	386
02	기독교대안학교의 '기독성'을 회복시키소서	387
03	기독교대안학교의 '대안성'을 회복시키소서	388
04	기독교대안학교의 '학교성'을 회복시키소서	389
05	기독교대안학교 교사를 기억하소서	390
06	기독교대안학교 관련 법과 제도를 마련해주소서	391
07	성화의 사명을 감당하는 미션스쿨 되게 하소서	392
08	선교의 사명을 감당하는 미션스쿨 되게 하소서	393
09	기독교적 가르침의 사명을 감당하는 미션스쿨 되게 하소서	394
10	이웃사랑의 사명을 감당하는 미션스쿨 되게 하소서	395
11	미션스쿨의 본질 회복을 위한 제도적 노력이 있게 하소서	396
12	미션스쿨 교사를 기억하소서	397
13	미션스쿨 운영자를 기억하소서	398
14	학교의 교목을 기억하소서	399
15	학교의 학부모 운영조직을 기억하소서	400
16	모든 형태의 교육에 하나님 나라가 이루어지게 하소서	401
17	하나님의 공평과 공의가 교육 안에서 이루어지게 하소서	402
18	교회-가정-학교가 연계하는 교육이 이루어지게 하소서	403
19	기독교학교교육연구소를 기억하소서	404
20	기독교적 가치가 교육의 대안이 되게 하소서	405
21	심령이 가난한 부모가 되게 하소서	406
22	애통하는 부모가 되게 하소서	407
23	온유한 부모가 되게 하소서	408
24	의에 주리고 목마른 부모가 되게 하소서	409
25	성탄절에 드리는 기도	410
26	긍휼히 여기는 부모가 되게 하소서	411
27	마음이 청결한 부모가 되게 하소서	412
28	화평하게 하는 부모가 되게 하소서	413
29	의를 위하여 박해 받는 부모가 되게 하소서	414
30	한 해의 기도를 받아주소서	415
31	한 해를 이끄신 하나님께 감사하게 하소서	416

월
의

기도

주님, 하나님의 청지기로 부름 받은 기독학부모로서
교육에 대한 주체성을 회복하기 원합니다.
자녀의 방학생활을 격려하고,
'기독학부모'의 정체성을 가지고 이 땅 교육을 바라봅니다.
하나님의 사랑으로 기도 가운데 나아갑니다.

기독학부모로서의 사명을
기억하는 시간

Pray

1월 첫날의 기도

새 생명이 되시는 하나님,
이제까지 지키시고, 놀라운 은총으로 돌보아 주셔서
새해의 첫 달을 맞이하게 하시니 감사드립니다.

생명 되신 하나님 앞에서
올 한해 저희 가정이 더욱 하나님을 높이며
하나님 한 분을 경외하는 가정이 되게 하옵소서.

우리 교회가 세상의 빛과 소금의 역할을 감당하며
세상을 변화시키는 복음의 터전이 되게 하옵소서.
이 땅의 학교와 교육의 영역에서는
하나님이 기뻐하시는 교육이 더욱 많아지게 하시고
모든 하나님의 아들, 딸들이 평안을 누리게 하옵소서.

새해에는 교회와 기독학부모의 가정마다
하나님 나라를 위해 마음이 가난하고 애통하며,
온유하고 의에 주리고 목마르며,
긍휼히 여기며, 마음이 깨끗하며, 화평을 전하며,
의를 사랑하는 복이 가득하게 하옵소서.

처음부터 마지막까지
오직 주님의 은혜로 경주하게 하옵소서.
예수님의 이름으로 기도합니다. 아멘.

부모의 사명을 잘 감당하게 하소서

사랑의 하나님, 우리 가정에 자녀를 선물로 주셔서 감사합니다. 부모의 사명이 어떤 것인지 하나님이 주신 지혜와 사랑으로 깨닫기를 원합니다. 부모인 우리가 먼저 주의 사랑과 은혜에 충만하기를 원합니다.

주님, 하루 하루 삶이 분주하여 자녀에게 온전한 관심을 주지 못할 때가 많았고, 때로는 자녀를 바라보는 눈이 세상의 관점으로 향하기도 하였습니다. 자녀 양육의 1차적인 책임을 부모에게 주셨음에도 하나님의 사랑과 말씀에 기준을 두지 못하고, 부모인 우리의 경험과 지식을 의존할 때가 많았습니다. 주님, 용서하여 주옵소서. 이제 자녀도 하나님의 사랑을 알도록 부모된 저의 신앙과 자녀 양육관을 바르게 세워 주옵소서. 자녀양육을 맡은 청지기로서 부모의 사명을 잘 감당하게 하소서.

주의 교훈과 훈계로 자녀를 양육하되, 끝까지 사랑하신 예수님처럼 자녀를 포기하지 않고 인내로 사랑하게 하옵소서. 또한 삶으로 가르치는 부모의 삶과 사랑 속에서 자녀가 하나님의 사랑을 더 깊이 알아가고 경험하게 되기를 원하오며 예수님의 이름으로 기도합니다. 아멘.

Pray

기본적인 돌봄을 제공하는 부모 되게 하소서

하나님 아버지, 여호와의 주신 기업으로 자녀들을 부모 된 우리에게 맡겨 주시니 감사합니다. 하나님께서 축복의 통로가 되라고 우리를 불러 주셨는데, 그것을 가볍게 여기거나 자주 잊어버린 채 자녀를 소유물로 대하였던 것을 용서하여 주옵소서.

우리의 부모 되신 하나님께서 들에 핀 백합화도 입히시며, 만나와 메추라기로 이스라엘 백성을 먹이시고 돌보신 것처럼 우리도 자녀에게 먹이고 입히고, 건강하게 양육하는 것을 게을리 하지 않게 하옵소서. 건강한 음식을 먹이며, 적절한 운동을 함께 하여 자녀의 몸이 하나님의 성전으로 바른 역할을 감당할 수 있도록 인도하는 부모가 되게 하옵소서.

자녀가 살아가는 평생 동안 하나님께서 주신 몸과 마음을 말씀 안에서 지키고 보호하며 관리할 수 있도록 부모로서 모범을 보이게 하시고, 가르치게 하옵소서. 청지기로 부름받은 부모의 첫 번째 역할이 기본적인 돌봄을 제공하고, 안전한 환경을 만드는 것임을 잊지 않는 부모되게 하옵소서. 예수님의 이름으로 기도합니다. 아멘.

자녀 양육에 대하여 부부가 일관된 관점을 가지게 하소서

우리가 부부라는 이름으로 인연을 맺고 부모가 되어 자녀를 양육할 수 있는 기쁨과 책임을 주신 하나님 감사합니다. 하나님 안에서만 이 귀한 사명을 함께 할 수 있음을 고백합니다.

그러나 우리는 종종 하나님의 뜻과 관점을 잊고, 각자의 생각과 경험에 의해 자녀를 양육하느라 부딪치며 마음이 상하고는 합니다. 내 방식이 옳고 상대방의 방식은 잘못되었다고 비난하며 서로에게 상처를 주기도 합니다. 내 생각이 옳다 생각하여 부부가 의논하지 않고 일방적으로 자녀 양육에 대해 결정하고 통보할 때도 많았습니다. 또한 자녀 양육에 대해 자주 하나님의 뜻을 구하지 않고 기도하지도 않았습니다. 이러한 우리의 삶을 용서하여 주옵소서.

이제 우리 부부의 가치관이 하나님의 뜻으로 하나 될 수 있도록 인도하옵소서. 우리 부부가 하나님의 말씀을 붙들고 기도하며 자녀를 양육하게 하시고, 혹 서로의 의견이 다를지라도 끝까지 듣고 대화하며 함께 하나님께서 기뻐하시는 교육을 해나갈 수 있는 지혜와 힘을 주옵소서. 부부가 함께 자녀양육을 고민하며 신뢰가 깊어지고, 서로를 알아가게 하옵소서. 예수님의 이름으로 기도합니다. 아멘.

Pray

직장생활로 바빠 자녀에게 무관심했음을 용서하소서

우리에게 자녀를 주시고 부모로서 자녀를 교육할 수 있는 특권을 주신 하나님 감사합니다. 이 아이의 삶의 주인은 하나님이시지만 이 땅에서 맡아 잘 기를 수 있는 사명을 우리에게 주셨음을 고백합니다.

그러나 때때로 우리는 직장이 바쁘다는 이유로, 집안에서 할 일이 많다는 이유로 자녀를 잘 양육해야 할 사명을 소홀히 여겼습니다. 학원비를 주고, 좋은 옷과 선물을 해 주며, 밥을 차려 주는 것으로 자녀에게 최선을 다한 것인 양 위안 받으며 살았습니다. 아이와 함께 시간을 보내며 즐겁게 놀아주고, 공감하며, 아이가 갖고 있는 재능을 잘 발견하도록 도와주는 일에 관심 갖지 못했음을 고백합니다.

하나님, 우리가 바쁜 생활 가운데서도 자녀의 삶에 관심을 갖고 교육하는 부모가 될 수 있도록 도와주옵소서. 우리의 몸과, 마음, 영혼도 메마르거나 지치지 않도록 하나님의 생기를 불어 넣어 주시고, 하나님의 마음으로 자녀를 잘 양육하도록 지혜도 주옵소서. 예수님의 이름으로 기도합니다. 아멘.

자녀교육에 대한 책임을 전가함을 용서하소서

부족하고 연약한 우리를 부모로 부르신 하나님, 이러한 우리를 자녀를 교육하는데 가장 중요한 책임자로 믿고 맡겨 주시니 감사합니다. 하나님께서는 아버지의 역할이 있기에 아버지를 주셨고, 어머니의 역할이 있기에 어머니를 주셨습니다. 그러나 우리는 그 역할을 제대로 감당하지 못한 채, 자녀교육은 전적으로 엄마의 역할이라며 아내에게 책임을 전가하기도 했고, 아버지가 권위가 있다는 이유로 남편에게 그 책임을 떠넘기기도 했습니다. 자녀를 바른 길로 인도하기 위해 함께 기도하며 합력하여 선을 이루지 못했던 우리의 모습을 용서해 주옵소서.

이제 부모가 우리 자녀의 문제에 대해 두 손을 맞잡고 하나님 앞에 함께 무릎을 꿇기를 원합니다. 자녀교육이 어렵고 피곤한 일일지라도 자녀와 관련된 모든 것을 함께 고민하고 대화하며 기도하기를 기쁘게 여기는 부모가 되게 하옵소서. 부모가 서로에게 책임을 전가하는 것이 아니라 자녀교육에 대한 책임이 '나'에게 있음을 잊지 않는 부모 되게 하옵소서. 예수님의 이름으로 기도합니다. 아멘.

Pray

자녀를 감시하고 통제하는 그릇된 열정을 용서하소서

하나님 아버지, 우리의 연약함을 가지고 나아가며 기도합니다. 자녀가 하나님의 것임을 알고, 주님의 말씀으로 양육하는 기독학부모가 되기를 원한다고 말하지만, 여전히 자녀 앞에 서면 무너지고 마는 우리의 연약함을 궁휼히 여기어 주옵소서.

자녀가 한 학년, 한 학년 진급할 때마다 주변의 아이들을 보며 조급해지는 우리의 마음을 내려놓기를 원합니다. 우리의 불안 때문에 자녀의 일거수일투족을 감시하며 통제하려는 우리의 그릇된 열정을 돌이키기 원합니다. 내 눈에 보이지 않고, 내가 확인하지 않으면 자녀를 믿지 못하는 우리의 불신 또한 내려놓습니다. 나의 기준과 틀에 자녀를 가두어버려, 자녀가 독립적이고 주체적인 삶을 살지 못하게 만든 저의 아집을 불쌍히 여겨주옵소서.

주님, 하나님의 말씀과 뜻을 알지만 여전히 넘어지는 우리의 걸음을 멈추고 돌이켜 다시는 그 길을 가지 말게 하시며, 기독학부모로 살아내는 믿음과 용기를 더하여 주옵소서. 자녀에 대한 불신과 불안을 주님 앞에 내려놓으며 예수님의 이름으로 기도합니다. 아멘.

Pray

자녀의 학업을 학교와 학원에 위탁함을 용서하소서

사람의 걸음을 인도하시는 하나님, 하나님께서 자녀의 기본적인 돌봄의 책임뿐만 아니라 교육의 책임을 부모에게 맡겨 주심을 기억합니다. 부모로서 자녀에게 책임을 다한다고 하면서, 자녀에게 보다 효과적이고 전문적인 교육이 필요하다고 외치며 학원과 학교에만 자녀를 위탁하고, 깊은 관심을 두지 않았음을 고백합니다. 단순히 '학원에 보내면 잘하겠지, 학교에서 잘 가르치니까'라고 막연히 생각하며, 학원과 학교만 보내면 부모로서의 책임을 다하고 있다고 생각한 우리의 오산을 주님 앞에 내려놓습니다.

이제는 자녀가 학교에서 무엇을 배우는지 어떤 교육을 받는지, 자녀를 학교에 위탁한 교육의 주체로서 바른 관심을 가지고 점검하게 하옵소서. 부모의 도덕적, 종교적인 신념에 따라 자녀를 교육시킬 수 있기에 먼저 부모가 기독학부모로서 바른 교육의 가치를 확립하게 하옵소서.

자녀들을 부지런히 가르치는 것이 하나님이 주신 명령임을 잊지 않고 살아가게 하옵소서. 예수님의 이름으로 기도합니다. 아멘.

Pray

신앙교육에 있어 부모의 교육 주권을 회복시키소서

모든 만물이 주에게서 나오고 주로 말미암고 주에게로 돌아간다고 말씀하신 하나님, 이 세상 모든 영역이 다 주님의 주권 아래 있음을 고백하면서도 자녀의 신앙교육은 하나님께 온전히 맡겨드리지 못하는 우리를 긍휼히 여겨 주옵소서.

자녀가 한 학년씩 진급할 때마다 그에 따른 배움이 깊어지고, 성적이 향상되기를 바라고 열망하면서도 자녀의 나이와 학년에 맞게 신앙이 자라고 있는지에 대해서는 무관심하고 열정이 부족했던 것을 고백합니다. 단지 교회학교에만 잘 보내면 알아서 신앙교육을 책임져 줄 것이라고 생각했습니다.

이제는 부모가 일차적으로 신앙교육의 책임자임을 깨닫고 교회학교와 동역하길 원합니다. 자녀가 교회와 교회의 속한 부서에서 잘 적응하고 있는지, 예배와 예배 후 모임에도 빠짐없이 성실히 참여하는지, 자녀의 최근 신앙적 질문은 무엇이었는지, 담당 교역자와 선생님과 함께 이야기 나누며 자녀의 신앙의 성장에도 깊은 관심을 갖게 하옵소서. 예수님의 이름으로 기도합니다. 아멘.

자녀의 전인적 성장에 관심을 갖게 하소서

자녀를 주의 교훈과 훈계로 양육하라 말씀하신 하나님, 하나님의 말씀과 뜻이 주인 되지 못한 채 자녀를 바라보고 교육했을 때가 많았음을 고백합니다. 이제 하나님의 교육은 자녀의 전인에 관심을 가지며, 모든 삶의 영역에서 주님의 주권을 인정하는 것임을 압니다. 우리의 관심을 돌이켜 자녀에 대한 건강한 관심을 갖는 부모가 되길 원합니다.

무엇보다 자녀가 세상적인 성공을 향한 성장으로 그치는 것이 아니라, 전인적인(지혜, 몸, 키, 사회성, 영성) 성장이 이루어지기를 원합니다. 세상이 추구하는 성장에만 관심 가지고 강화시키는 부모가 되는 것이 아니라, 지식을 통해 진리되신 하나님을 발견하는 지적인 성장, 하나님의 성전인 몸을 사랑하고 발달단계에 맞게 자라도록 격려하는 신체의 성장, 여호와를 경외하며 말씀의 지혜를 사모하는 영적인 성장, 이웃을 사랑하며 자신의 것을 기꺼이 내어줄 수 있는 사회성의 성장이 이루어지도록 양육하는 부모가 되게 하옵소서. 예수님의 이름으로 기도합니다. 아멘.

11일

방학 중 자녀가 자기 관리(시간, 운동, 건강, 생활)를 잘하게 하소서

학기 중에 지친 몸을 쉬며 재충전을 할 수 있는 방학을 주신 하나님 감사합니다. 자녀가 학교를 다닐 때와 달리 방학 중에는 규칙적인 생활을 유지하기가 너무나도 어렵습니다. 계획을 세워 지키려 하지만, 마음먹은 것처럼 실천하기가 어려운 연약한 존재임을 느끼게 됩니다.

하나님, 잠깐 쉬는 시간에 빠지게 되는 스마트폰 게임과 무분별한 인터넷 서핑으로 자녀의 거룩한 내면이 해함을 받지 않도록 도와주옵소서. 불규칙적인 생활 습관 사이로 틈타는 유혹의 손길을 뿌리칠 수 있는 영적인 분별력이 있게 하여 주옵소서.

자녀에게 시간과 건강을 허락하여 주셨으니 하나님 주신 기회를 잘 활용하여 청지기의 역할을 할 수 있게 하옵소서. 누가 보지 않아도 하나님이 아시기에 정직하게 시간을 사용할 수 있도록 자녀를 도와주옵소서. 무엇보다 자신의 몸을 돌보며 자녀가 건강한 쉼을 향유하는 방학이 되게 하옵소서. 또한 부모 된 우리가 자녀에 대하여 불안해하기보다, 하나님을 신뢰함으로 자녀들을 믿어줄 수 있는 능력을 주옵소서. 그리하여 방학 동안 기독학생과 기독학부모가 정직한 청지기가 되는 성취감을 맛볼 수 있게 하여 주옵소서. 예수님의 이름으로 기도합니다. 아멘.

방학 중 자녀가 자기 관리(학습)를 잘하게 하소서

방학을 통하여 부족한 부분을 보충할 수 있는 여건을 주신 하나님, 감사합니다. 매일의 삶 속에서 부족한 부분을 뒤돌아 볼 여유도 없이 지내왔습니다. 자녀의 학습적인 부분을 바라볼 때, 때로는 불안하고 때로는 포기하는 마음으로 시간을 보내왔고, 학습의 동기를 잊어버릴 정도로 급한 일상을 보내기도 했습니다. 분주한 자녀의 삶을 긍휼히 여겨 주옵소서.

하나님, 새로운 학년을 준비하며 자녀의 학습의 동기를 재정비하여 부족한 부분을 보충하되 인간적인 욕심으로 자녀를 내몰지 않도록 지혜와 담대함을 주옵소서. 방학 중에 많은 학생들처럼 무분별한 선행 학습을 따르기보다, 자녀의 비전과 역량에 맞는 분량을 정하여 감사하는 마음으로 학습할 수 있도록 하옵소서. 또한 하나님의 거룩한 뜻을 따라갈 수 있는 차분한 마음도 주옵소서.

그리하여 학습으로 인한 부모-자녀 간의 갈등이 사라지고, 한마음, 한뜻으로 걸어갈 수 있는 은혜를 허락하여 주옵소서. 이러한 결정이 결코 세상 속에서 뒤처지는 것이 아닌, 용감한 선택임을 알게 하여 주옵소서. 예수님의 이름으로 기도합니다. 아멘.

Pray

방학 중 자기 개발의 기회를 선용하게 하소서

우리에게 쉼의 시간을 주시어 자기 개발을 할 수 있는 기회를 주시는 하나님 감사합니다. 방학과 같은 자유로운 시간이 주어질 때, 자녀가 자기 개발을 위해 좋은 취미를 계획하지 않으면, 무의미하게 시간을 허비하거나 남용할 때가 많음을 고백합니다. 자녀가 쉼의 시간에 자신만의 다양한 생각을 펼칠 수 있는 활동들을 할 수 있도록 도와주옵소서.

특별히, 방학이 자녀에게 맞는 취미 생활로 학업의 스트레스를 풀 수 있는 계기가 되며, 학업으로 미루어 놓았던 재능을 발견하는 기회가 되기를 소망합니다. 좋은 책을 읽으며, 다양한 장소를 방문하며, 새로운 것을 보고, 듣고, 읽고, 만지는 기회들을 갖게 하여 주시어서 학교 너머의 사회에서 새로운 것들을 배울 수 있는 좋은 시간이 되게 하여 주옵소서.

주님, 자녀가 방학 시간을 통하여 하고 싶었던 많은 일들을 하되, 눈앞의 즐거움만을 쫓는 시간이 되지 않도록 도와주옵소서. 이 시간들을 통해, 자신에 대해 잘 이해하고 재능을 개발, 훈련하여 하나님의 영광을 위하여 사용할 수 있게 도와주옵소서. 예수님의 이름으로 기도합니다. 아멘.

방학 중 보충수업을 하는 자녀와 교사를 지켜 주소서

방학 중 보충수업으로 하루 하루를 보내는 자녀와 교사를 도우시는 하나님 감사합니다. 주님, 여전히 한국 교육은 입시를 앞둔 자녀들이 학교와 학원을 떠나면 불안해하는 현실입니다. 자녀들에게 학업과 쉼의 사이클이 아닌, 학업의 연장을 권장하고 있습니다. 이러한 교육 현실 속에서 많은 자녀들과 교사들이 방학 중에 학업을 보충하고 있습니다. 힘과 지혜를 더하여 주옵소서.

특별히 추운 날씨에 보충수업을 하는 학생들과 교사들의 건강을 지켜 주시기를 원합니다. 가르치는 교사나 배우는 학생들이 탈진하지 않을 수 있게 도와주옵소서. 보충수업으로 인하여 자녀와 교사 모두 불평하지 않게 하여 주시고, 부족한 학업을 채우는 유익하고 감사한 시간이 되게 하옵소서.

또한 보충수업을 통해 규칙적인 삶을 유지할 수 있음에 감사하는 시간이 되게 하여 주옵소서. 무엇에든지 하나님이 허락하신 기회임을 알고 최선을 다하여 좋은 열매를 기대하게 하심에 감사하게 하옵소서. 예수님의 이름으로 기도합니다. 아멘.

15일

부모가 먼저 믿음의 삶을 살아가게 하소서

사랑의 하나님, 외아들 예수 그리스도를 이 땅에 보내주셔서 구원의 선물을 주심에 감사합니다. 이제 그 믿음의 사건을 감사함으로 받아들이며 기독학부모로 살아갈 것을 결단합니다.

가정 안에서 '기독학부모'로서 양육하고자 결심은 했지만, 부모인 저의 신앙은 성장하지 못하고 정체되어 있을 때가 많았습니다. 또한 수많은 주변의 소리에 흔들리며 쉽게 마음을 빼앗기기도 했습니다. 주님, 먼저 부모인 저희의 신앙을 강건하게 붙잡아 주옵소서. 우리 부모가 먼저 신앙인으로서 삶의 모범이 되기를 원합니다. 주의 말씀을 따라 사는 믿음의 부모가 되게 하시고, 그 모범 안에서 자녀도 믿음의 사람이 되게 하옵소서.

주님, 진정한 신앙고백이 되어 세상의 어떠한 유혹이 오더라도 변하지 않고 '기독학부모'로서의 소명을 강건하게 지켜나가도록 언제나 동행하여 주옵소서. 우리의 생각과 계획이 아니라 하나님의 은혜와 사랑에 겸손과 순종으로 나아가는 '기독학부모'가 되기를 간구하며 예수님의 이름으로 기도합니다. 아멘.

Pray

하나님의 교육 주권을 인정하는 부모 되게 하소서

하나님 아버지, 부족한 저를 하나님의 자녀로 불러 주신 은혜에 감사 드립니다. 이 시간 저를 부모로 불러 주셨음을 깨닫고, 믿는 은혜를 허락해 주옵소서.

세상의 소리로 가득한 교육과 가치관에 얽매이지 않게 하옵소서. 저의 눈과 귀가 하나님께 집중되어 하나님께서 말씀하시는 소리에 언제나 순종할 수 있는 부모가 되게 하옵소서. 세상의 가치관에 흔들릴 때마다 성령님이 일깨워 주시고 하나님의 말씀을 제 삶과 자녀의 다림줄로 삼아 세상의 기준이 아닌 하나님의 기준을 가지고 자녀를 바라볼 수 있도록 하옵소서. 하나님께서 선물로 주신 이 아이의 삶의 주인이 하나님이심을 고백합니다. 자녀교육의 주권을 온전히 하나님께 올려드리며, 이제는 부모의 기준과 욕심과 방법이 아닌 오직 하나님의 주권대로 양육할 것을 믿음으로 고백합니다. 하나님 주시는 지혜로 믿음과 행함이 일치하는 삶을 살도록 인도하여 주옵소서. 저와 자녀의 일평생을 주님께 맡겨 드리며 예수님의 이름으로 기도합니다. 아멘.

Pray

그릇된 교육 속에서 분별력을 가진 부모 되게 하소서

하나님, 하나님의 뜻이 하늘에서 이루어진 것처럼 땅에서도 이루어지기를 소망하며 기도합니다. 말씀에 비추어 자녀 양육에 있어서도 하나님의 뜻이 어디에 있는지를 구하고 그 뜻을 이루어 가야 함에도 사회의 전통과 관습을 따르려 하고 세상의 교육 풍토를 따르려는 생각과 의식이 앞서 갔음을 고백합니다.

다른 학부모와 교제하면서 세상의 교육방식에 왜곡되고 그릇된 것이 있음을 알면서도, 내 자녀에게 유리하거나 좋으면 여과 없이 수용했습니다. 잘못된 교육임을 뻔히 알면서도 내 자녀가 뒤처질까 봐 불안해하며 따랐습니다. 우리를 긍휼히 여겨 주옵소서.

지혜의 근본이신 하나님, 이제는 하나님의 뜻을 이루는 데 방해가 되는 세상적인 전통과 관습, 우리나라의 문화와 사회적인 교육풍토를 분별하기를 원합니다. 우리도 모르게 무의식 속에 가득 지배 받고 있는 교육 풍토로부터 벗어나 하나님의 새로운 교육의 열정을 불어넣는 기독학부모가 되게 하옵소서. 분별과 지혜의 영을 우리에게 허락하옵소서. 예수님의 이름으로 기도합니다. 아멘.

부모 안의 성공 중심 교육관이 변화되게 하소서

우리의 삶을 늘 책임져 주시는 하나님 감사합니다. 하나님께서 자녀와 나를 다르게 창조하시고, 각자에게 알맞은 부르심을 주셨음에도 불구하고 때로는 자녀의 삶에 나의 욕심을 투영할 때가 많았음을 고백합니다. 특히 개인의 성공이 가족 공동체의 성공처럼 비춰질 때가 많은 사회 속에 살면서 저 또한 아이의 삶을 우리 가족의 성공으로 투영할 때가 많았습니다.

자녀가 다른 아이들보다 성적이 떨어지면 부끄러워 하기도 했고, 더 잘하면 세상을 다 얻은 것처럼 자랑스러워하는 모습이 우리에게 있었음을 솔직히 고백합니다. 자녀와 다른아이들을 비교하는 것을 통해 대리만족을 얻으려 했던 우리의 모습을 용서하여 주옵소서.

세상에서의 자녀의 성공과 입신양명을 부모 존재의 성공으로 연결짓지 않게 하옵소서. 이제는 하나님 안에서의 형통함을 구하며, 자녀의 삶의 위치가 어떠하든지 하나님을 섬기고 세상을 섬기며 영향력을 끼치는 사람이 되는 것을 꿈꾸고 기도하는 기독학부모가 되게 하옵소서. 더 나아가 삶을 변화시키는 기독학부모로부터 하나님의 교육 문화와 풍토가 뿌리내리게 하옵소서. 예수님의 이름으로 기도합니다. 아멘.

19일

Pray

부모 안의 학벌 중심 교육관이 변화되게 하소서

자녀가 무엇을 하든 그곳에서 선한 영향력을 끼치기를 원하시는 하나님, 자녀를 위해 기도한다고 하면서, 삶의 고난 속에서도 하나님만 바라고 소망한 요셉처럼 되기를 바라기보다 총리가 되어 유익을 끼친 요셉만 기억했던 우리를 용서하여 주옵소서. 하나님이 말씀하시는 '머리가 되고 꼬리가 되지 않는' 자녀는 이름 있는 좋은 학교, 명문 대학을 나와서 남들이 부러워할 만한 직업을 가지며, 그곳에서 영향력을 끼치는 사람이라고 생각했던 우리를 긍휼히 여겨 주옵소서.

교육에 대한 건강한 관심을 갖기 위해서는 우리가 자녀를 양육하며 마주하는 많은 교육 고민들이 올바로 서야 함을 압니다. 기독학부모인 우리부터 학벌 이기주의, 학벌 지상주의로부터 벗어나게 하옵소서. 진리로 우리를 자유하게 하겠다 약속하신 주님, 자녀의 학벌, 자녀의 직업에 연연하는 부모가 되는 것이 아니라 하나님의 교육이 무엇인지 묻고 행하는 기독학부모 되게 하옵소서. 거룩한 변화의 물결이 우리로부터 시작되게 하옵소서. 예수님의 이름으로 기도합니다. 아멘.

먼저 예배에 승리하는 부모 되게 하소서

우리를 예배자로 부르신 하나님, 감사를 드립니다. 하나님을 예배할 때 누리는 기쁨과 감격이 가정 가운데 가득하기를 소망하며 기도합니다. 자녀들에게 예배의 태도와 가치를 가르치기에 앞서 부모인 우리가 먼저 예배에 승리하기를 원합니다.

하나님께서 받으시는 예배가 신령과 진정으로 드리는 예배임에도 우리는 예배에 의무적으로 나갔고 그 자리를 형식적으로 기억할 때가 많았습니다. 진실하지 못한 삶으로 예배의 자리에 나간 우리를 긍휼히 여겨 주옵소서. 아벨이 가장 귀한 것으로, 가장 귀한 믿음으로 하나님 앞에 나아가 예배드린 것처럼 우리도 가장 귀한 것으로, 가장 귀한 믿음으로 예배에 나아가게 하옵소서.

그리하여 하나님께서 들려주시는 말씀의 이야기가 우리를 통해 자녀에게까지 흘러가게 하옵소서. 하나님의 회복의 생기가 가정 가운데 가득 넘치게 하옵소서. 하나님의 은혜를 기억하는 부모를 통하여 자녀가 자연스럽게 하나님 중심의 삶을 기억하게 하옵소서. 예수님의 이름으로 기도합니다. 아멘.

Pray

자녀의 감정을 이해하는 부모 되게 하소서

우리의 부모 되신 하나님, 하나님은 참 부모가 되셔서 우리를 늘 기다려 주시고, 안아 주시고, 있는 그대로 받아 주시는데 우리는 사랑하는 자녀를 기다리지 못하였고, 윽박지르고, 부모의 권위로 복종시킨 때가 많았음을 고백합니다. 돌이켜 보면 우리의 무지와 그릇된 양육 때문에 하나님의 형상대로 지어진 자녀의 모습이 왜곡되고, 그 속에 분노가 쌓이게 되었으며, 정서가 상처받았을 순간 순간들이 큰 아픔으로 다가옵니다. 주님, 우리를 불쌍히 여기셔서 잘못을 용서하여 주시고, 자녀를 참 부모이신 하나님의 품에 품어 주옵소서.

이제 하나님의 형상대로 만들어진 자녀를 하나님께 돌려드립니다. 자녀의 부정적인 감정을 전환시키기에 앞서 아이가 내뿜는 마음과 상황을 이해하고, 차분히 기다릴 수 있기를 원합니다. 무엇보다 우리에게 온유와 인내를 주옵소서. 청지기가 되어 자녀의 모습 그대로를 사랑하게 하시고, 자녀의 감정을 무시하여 자녀를 노엽게 하는 부모가 아니라 예수님처럼 모든 것을 참고, 모든 것을 믿으며, 모든 것을 바라며, 모든 것을 견디는 부모되게 하옵소서. 예수님의 이름으로 기도합니다. 아멘.

Pray

민족 고유의 명절, 설날에 드리는 기도

함께 모여 기억하기를 원하시는 하나님, 우리나라의 큰 명절의 날 온 가족이 함께 모여 하나님을 예배합니다. 새로운 한 해를 시작하며 지금까지 지내온 은혜를 기억하고, 한 해 동안 베풀어주실 은혜를 기대하는 시간이 되게 하옵소서.

특별히 한 곳에 모이기 위해 먼 길을 오고 가는 가족들 가운데 평안이 있게 하시고, 부모님을 공경하고 자녀를 사랑하는 가정의 문화가 대대손손 이어지게 하옵소서. 무엇보다 명절에 함께 모여 가정과 가문의 주인이 하나님이심을 고백하는 시간을 갖게 하옵소서. 나의 신앙의 뿌리가 어디서부터 시작되는지 깨달아 알고 감사하는 시간을 갖게 하옵소서.

또한 모두가 모여 기뻐하는 명절에 홀로 있거나 외로운 이 땅의 지체들을 기억하여 주시고, 그 가정에 하나님의 사랑과 은혜가 흘러가도록 이웃을 기억하고 섬기는 명절이 되게 하옵소서. 예수님의 이름을 기도합니다. 아멘.

Pray

믿지 않는 가정을 기억하소서

모든 사람이 구원을 받기 원하시는 하나님, 이 시간 믿지 않는 가족들을 위해 기도합니다. 아직도 하나님을 알지 못하고 하나님의 풍성한 은혜와 사랑을 깨닫지 못하는 가족들을 불쌍히 여겨 주옵소서.

주님, 명절에 한 자리에 모였을 때, 믿지 않는 가족들과 마찰을 일으킬 때가 있습니다. 하나님의 통치하심을 인정하지 못함으로 가족 간에 진정한 만남이 이루어지지 않을 때가 있고, 대화에 한계가 있을 때가 있습니다. 비난하고 질시하는 것이 아니라 사랑으로 이해하고 겸손히 섬기는 명절이 되기를 원합니다.

사랑의 주님, 우리 가족 모두가 하나님 없이는 희망이 없음을 깨닫게 해 주옵소서. 아직까지 믿지 않는 가족들이 하나님의 생명과 사랑에 접촉되게 해 주옵소서. 믿지 않는 식구들에게 하나님을 알만한 것들을 보여주시고 하나님의 백성이 되게 해 주옵소서. 그리하여 하나님의 권위를 인정하는 모든 식구들 되게 해 주옵소서. 예수님의 이름을 기도합니다. 아멘.

친인척과 가족 간에 우애있게 하소서

모든 사람으로 더불어 화목하기를 원하시는 하나님, 가족을 통하여 우리에게 사랑의 기술과 훈련이 필요함을 알게 해 주시니 감사합니다. 무엇보다도 성경에서 말씀하신 것처럼 말과 혀로만 사랑하는 것이 아니라 행함과 진실함으로 사랑하는 가정이 되게 하옵소서.

하나님, 때때로 우리는 가장 사랑해야 할 가족으로부터 가장 큰 상처를 받고 그래서 미워하며 오랫동안 용서하지 못할 때도 있습니다. 그때마다 부드러운 성령님의 역사하심으로 미움의 묶임에서 우리를 자유하게 해 주시고, 용서하지 못하는 마음이 더 이상 우리의 삶을 지배하지 못하도록 막아 주시기를 원합니다.

또한 매일 부딪히는 식구뿐 아니라 친인척들을 바라보는 우리의 눈이 사랑으로 가득 차게 해 주시고 저들에게도 하나님의 사랑이 전해지도록 우리의 삶을 거룩하게 해 주옵소서. 예수님의 이름으로 기도합니다. 아멘.

Pray

바른 기독교 세계관을 갖게 하소서

하나님, 외모 지상주의, 입시 지상주의, 성공 신화, 경쟁주의, 직업 귀천 의식 등 우리를 흔드는 수많은 소리들이 있습니다. 우리의 귀가 하나님의 소리가 아닌 다른 소리에 사로잡히고 있습니다. 믿음이 이긴다고 고백하지만 여러 소리들 가운데 흔들리는 우리를 붙들어 주옵소서.

사람의 가치를 돈과 학벌 등 물질로 판단하는 세상 속에서 하나님의 형상대로 지음받은 가치를 찾게 하옵소서. 또한 나를 위해 공부하고, 더 많은 힘과 돈을 가지기 위해 공부해야 한다고 말하는 세상 속에서 이웃을 위해, 하나님 나라를 위해 공부하는 가치를 찾게 하옵소서. 하나님의 선하시고 기뻐하시고 온전하신 뜻을 분별하는 지혜가 우리 안에 있기를 원합니다.

이 세대를 본받지 않는 믿음의 용기가 있기를 원합니다. 하나님의 말씀으로 자녀와 교육을 보고, 하나님의 말씀으로 생각하며, 하나님의 말씀으로 양육하고 살아가는 기독학부모 되게 하옵소서. 헛된 세계관이 우리를 사로잡지 못하게 조심하고, 주님이 주신 기독교 세계관으로 삶을 전환시키게 하옵소서. 예수님의 이름으로 기도합니다. 아멘.

기도하는 부모 되게 하소서

하나님 아버지, 부부를 만나게 하시고 믿음의 가정을 세우게 하심을 감사합니다. 우리의 가정을 통해 이루실 일들을 사모하고 기다립니다. 하나님을 섬기기 위해 무엇보다 기도가 살아있는 가정이 되기를 원합니다.

먼저 저희 부부가 기도하는 사람이 되게 하옵소서. 기도를 통해 부부와 개인, 가정의 문제들을 해결하고 더 나아가 부부가 한마음이 되기를 원합니다. 삶의 분주함 속에서 기도의 시간을 확보하지 못하고 지낼 때가 많음을 고백합니다. 기도의 중요성을 말하는 것에 그치지 않고 기도의 시간과 장소를 확보하여, 말이 아닌 무릎으로 나아가는 부모가 되게 하옵소서. 기도를 통해 삶과 가정의 주인 되신 하나님을 만나고, 온전히 하나님의 뜻에 순종하게 하옵소서.

하나님, 이렇게 기도하는 부모의 모습을 보며 자녀들 또한 기도의 사람으로 자라게 하옵소서. 우리 가족이 하나님의 뜻에 합당한, 하나님의 마음을 뜨겁게 하고, 하나님의 가슴을 시원하게 해 드리는 기도를 드림으로 신앙 안에 든든히 서고, 하나가 되며, 신앙의 대를 이어가는 가정이 되게 하옵소서. 예수님의 이름으로 기도합니다. 아멘.

Pray

'기독' 학부모(교회 봉사형)임을 돌이키게 하소서

우리를 기독학부모로 부르시고 하나님께서 기뻐하시는 교육에 대해 열망을 갖게 하신 하나님, 우리를 참 진리의 길로 인도하옵소서. 소망의 길을 갈 수 있도록 우리의 어두운 눈과 마음을 일깨워 주옵소서. 교회에서 즐겁게 헌신하고 봉사하는 것과 마찬가지로 가정을 돌보고 자녀의 삶에 관심을 가져야 함에도 불구하고, 우리는 교회에서 봉사하는 일에 최선을 다하면 하나님께서 모든 것을 책임져 주시리라는 생각으로 자녀에게 관심을 갖지 못했습니다. 학교에서 학부모들을 만나면 머리가 아프고, 세상 사람들이 불편하다 말해오며 선을 그었습니다. 신앙이 학부모로서의 역할과 연결되어야 한다는 것을 알지 못하고, 자녀의 학업과 학교생활을 기독교적으로 보려는 노력조차 하지 않았습니다. 우리의 모습을 긍휼히 여겨 주옵소서.

이제 교회에서의 삶뿐만 아니라 가정에서 또한 하나님께서 기뻐하시는 삶을 살아가는 부모가 되도록 지혜를 주시고 바른 눈을 열어 주옵소서. 예수님의 이름으로 기도합니다. 아멘.

기독 '학부모'(세속형)임을 돌이키게 하소서

하나님의 교육을 통해 자녀의 삶을 행복하게 하실 하나님. 하나님의 교육이 이 땅에 아름답게 이루어지기를 함께 소망합니다.

그러나 우리는 하나님을 믿으면서도 그저 교회에만 다닐 뿐, 참되게 하나님을 믿고 의지하는 사람처럼 살지 못했습니다. 특히, 자녀교육에 있어서 하나님을 믿지 않는 사람과 별다른 차이 없는 사람처럼 살때도 많았습니다. 자녀의 신앙보다 공부가 먼저였고, 사람들이 좋다고 하는 학원과 교육방식에 귀를 기울이고 따라다녔습니다. 자녀가 다른 아이들에 비해 도태되지 않도록 하는 일이 어떤 것보다 급선무였고, 하나님의 계획과 방식에는 관심을 갖지 않았습니다. 주일에도 학원보충이 있으면 예배를 등한시하기도 했으며, 지금은 공부하는 때이니 청년이 되어서 신앙생활을 열심히 해도 늦지 않다고 생각하기도 하였습니다.

우리의 욕심과 이기심을 용서하여 주시고 하나님께서 기뻐하시는 진실된 믿음의 삶을 살아갈 수 있는 용기를 주옵소서. 예수님의 이름으로 기도합니다. 아멘.

Pray

'기독' '학부모'(분리형)임을 돌이키게 하소서

메마른 **뼈**도 살 수 있겠다 말씀하시고 생기를 불어 넣어 주신 하나님, 믿음의 길을 걷고자 하나 날마다 헤매는 우리에게 말씀으로 용기와 새 힘을 주시니 참 감사합니다.

기독학부모의 길을 가겠다고 결단을 하고 매일 힘차게 살아가고자 다짐하지만 죄된 습성에 매인 삶을 한 번에 변화시킬 수 없어 실망할 때가 참 많습니다. 우리의 욕심을 버리고 하나님의 뜻으로 자녀를 양육하고자 하지만, 우리는 종종 자녀에게 신앙도, 학업도 모두 완벽할 것을 요구하면서 자녀를 힘들게 하였습니다. 학업에 있어 탁월성을 드러내는 것이 하나님께 영광 돌리는 것이라 편협하게 생각하고 아이의 은사와 부르심을 신앙과 연결하지 못하였습니다. 신앙 안에서 학업의 길을 잘 펼칠 수 있도록 돕는 '기독학부모'가 되기를 소원합니다.

이제 자녀가 모든 것을 완벽하게 잘하면 좋겠다는 욕심에 사로잡힌 바람을 하나님 앞에 내려놓습니다. 이 아이가 평생 하나님을 떠나지 않으며 하나님의 계획안에서 행복하게 살도록 돕는 진정한 기독학부모가 되도록 우리를 인도하옵소서. 예수님의 이름으로 기도합니다. 아멘.

'기독학부모'(통합형)의 정체성을 갖게 하소서

살아 계신 하나님, 제가 '기독학부모'입니다. 그리스도인의 능력으로 사는 부모이며, 그 능력의 은혜로 자녀에게도 주의 가르침을 지켜 행하기를 원합니다.

그동안 자녀 양육의 주인을 잃고 청지기임을 잊었던 모든 순간을 내려놓습니다. 제 마음대로 자녀 양육을 하면서 '기독'이라는 문구를 망각하고 과용하였습니다. 용서하여 주옵소서. 이제 '기독학부모'로서의 바른 정체성을 붙잡기를 원합니다. 저는 우리 아이의 '기독학부모'요 세상의 영향력을 줄 수 있는 '기독학부모'가 되기를 원합니다. '기독' 속에서 학부모의 역할을 하고, '학부모'의 모습 속에 기독이 있도록, 신앙생활과 학업생활이 잘 연결되도록 격려하고 돌보면서 자녀의 삶을 위해 기도하는 부모가 되게 하옵소서. 저의 사고, 의지가 온전히 주의 것이 되기를 원하며 주의 성전이 되게 하옵소서.

그리하여 부모인 저로부터 자녀에게로 그리스도인의 정체성이 바르게 전수되어 하나님의 계획대로 온전히 자라기를 간구합니다. 예수님의 이름으로 기도합니다. 아멘.

Pray

교육에 대한 건강한 흐름이 만들어지게 하소서

우주 만물을 다스리시는 질서의 하나님, 모든 것들이 제 위치에서 제 역할을 수행할 때 가장 멋있고 아름답다는 것을 창조 질서 속에서 배웠습니다. 그러나 교육이 본래의 기능을 하지 못하고, 있어야 할 위치에 있지 못할 때 혼란스러울 수밖에 없음을 고백합니다.

교육하는 학교와 교육기관이 건강한 교육철학과 건전한 생각을 가지고 교육할 수 있기를 원합니다. 사람을 위하는 교육, 사람을 살리는 교육, 가르치는 교사와 배우는 학생이 함께 행복해 하는 그런 교육이 이 땅에 실현되기를 소원합니다.

학급이 교수-학습의 장으로서만 아니라 그 이상의 화목한 학급 분위기로 만들어지기를 원합니다. 집단 따돌림, 자살, 소외, 억압, 폭력과 같은 단어가 없는 학급이 되게 해 주옵소서. 뿐만 아니라 무관심, 무시, 무책임, 맹목적이라는 단어도 학교에서 사라지게 해 주옵소서. 또한 학교를 지원하고 감독하는 교육 기관들의 모든 교육 정책이 아이들을 위한 것에 초점이 맞추어지게 해 주옵소서. 하나님의 교육을 꿈꾸는 건강한 흐름들이 한국 교육 안에 이루어지게 하옵소서. 예수님의 이름으로 기도합니다. 아멘.

2 월의 기도

주님, 하나님의 사랑을 경험한 기독학부모로서
이 땅 교육의 고통을 바라보고 중보하기를 원합니다.
이 땅에는 학교 폭력, 왜곡된 입시문화로 인한 고통,
사교육비 팽창, 쉼 없이 공부 노동에 시달리는 아이들의 눈물 등
많은 교육의 고통들이 있습니다.
애통의 마음으로 기도 가운데 나아갑니다.

한국교육 회복을
소망하는 시간

Pray

2월 첫날의 기도

하나님,
새로운 달 2월을 맞이하게 하시니 감사합니다.

늘 함께하리라 약속하신 임마누엘의 주님,
2월에도 우리 부부와 자녀에게 함께 하옵소서.
하나님이 우리 가족의 목자가 되어 주셔서
언제나 부족함이 없었음을 고백합니다.
푸른 풀밭, 쉴만한 물가로 인도하여 주시고
우리 가족의 영혼을 소생시키시며
의의 길로 인도해 주셨습니다.

하나님, 혹시나 우리 가족이 어려움 가운데 있을지라도
주의 지팡이와 막대기로 인도하심을 믿습니다.
어려움과 고통 중에서도 우리의 잔을 넘치게 채우시고,
결국에는 풍성한 잔치상을 차려 주실 것을 믿습니다.
하나님의 선하시고 인자하신 품 안에
우리 가족이 머물러 살게 하옵소서.

우리의 가정, 교회, 학교, 그리고 사회에도
하나님의 신실하신 섭리가 동일하게 임하기를 기도합니다.
새 학기를 앞둔 이 땅의 자녀들에게도
새로운 마음과 정직한 영을 부어 주옵소서.
예수님의 이름으로 기도합니다. 아멘.

교육의 아픔이 치유되게 하소서

사랑의 하나님, 죄인 되었던 저희에게 하나님의 은혜로 새 생명을 주시고, 기독학부모로 불러 주심에 감사합니다. 주님, 하나님의 사랑을 경험한 기독학부모로서 이 땅의 교육 고통의 현실에 대해 중보하기를 원합니다.

새로운 한 해를 맞이하였지만 이 땅의 교육에는 희망보다는 학교 폭력, 입시 지향, 사교육비 팽창, 학업 스트레스 등 많은 교육의 고통들이 있습니다. 소망을 품게하시는 주님, 기독학부모들이 교육 고통의 신음소리를 듣고 애통하며 교육이 주의 길로 돌아설 수 있도록 성령의 지혜와 분별력, 믿음을 주옵소서.

우리 자신이 바른 길을 걷지 못하여 부모와 자녀들을 교육 고통에 아파하게 만들고 있음을 회개하오니, 애굽에서 노예생활을 하던 이스라엘 백성들의 신음소리에 모세를 부르셨던 것처럼 교육으로 인한 이 땅의 신음소리에 대해 하나님의 음성을 듣고 이 땅의 교육 현실을 아파하며 중보하게 하옵소서. 그리하여 교육이 고통에서 벗어나 가나안 땅으로 향하는 열정과 생기가 넘치는 곳 되게 하옵소서. 예수님의 이름으로 기도합니다. 아멘.

Pray

입시 중심 문화가 변화되게 하소서

우리 모두를 아름답게 창조하신 하나님, 교육현장 가운데 입시라는
틀로 인해 아이들이 고유한 아름다움을 찾지 못하고 힘들어 하고 있
습니다.

학교교육의 최종 평가가 입시가 되어버린 교육의 현실을 위해 기도합
니다. 대학 입시를 마지막 종착역으로 두고, 고민하지 않고 아이들을
한 줄 세우기하며, 모든 교육의 문화와 흐름들이 끌려가고 있습니다.
교육 전체가 대학 입시의 노예가 되어버린 이 현실을 긍휼히 여겨 주
옵소서. 입시로 인해 아이들도, 부모들도, 학교 현장의 구성원들도, 모
두 고통받고 있습니다. 입시는 학교교육의 중심이 되어 버렸고, 부모
에게 불안을 조성하여 사교육비를 지출하게 만듭니다. 아이들은 친구
를 더불어 살아가는 존재가 아닌 서로 경쟁을 하는 존재로 인식하고
있습니다.

주님, 이 땅의 입시 중심 문화를 고쳐 주시고, 하나님이 기뻐하시는 교
육의 문화가 힘을 얻게 하옵소서. 부모와 자녀들이 교육의 바른 길을
찾게 하시고, 부모들은 자녀를 잘 이끌게 하옵소서. 예수님의 이름으
로 기도합니다. 아멘.

입시에 대한 구조적인 문제가 해결되게 하소서

하나님, 우리 자녀의 삶 뒤에 과열된 입시 경쟁이 존재하고 있음을 봅니다. 대학 입시가 아이들을 한 줄 세우고, 선발된 아이들에게는 혜택을 주며 나머지는 배제함으로써 아이들의 존재 가치를 찾는 일을 방해하고 있습니다. 이런 입시 구조 속에서 아이들은 어릴 때부터 경쟁을 배우고, 부모도 상위권 대학이 아니면 행복할 수 없다는 두려움에 사로잡혀 있습니다. 어떠한 정책들이 나오든 우리의 두려움, 불안과 손을 잡아 다시금 입시 과열, 사교육 조장으로 흘러가고 있습니다.

악순환되는 교육의 구조, 고착화된 입시의 구조를 긍휼히 여겨주옵소서. 우리의 교육 풍토가 공부를 잘하는 소수의 아이들을 선발하기 위한 교육이 아닌, 모든 아이가 소중히 여김 받으며 행복한 성장이 있는 교육으로 변화되게 하옵소서. 어린아이 때부터 경쟁에 참여하게 만드는 사교육 유발 정책들이 사라지게 하시고, 근본적으로 학력에 따른 소득 격차가 줄어들어서 꼭 대학 진학이 아니더라도 각자의 은사와 재능으로 행복하게 살 수 있는 사회가 되게 하옵소서. 또한 부모들도 거짓된 입시 신화, 성공 신화에서 깨어나 참다운 교육이 무엇인지 고민하고 결단하게 하옵소서. 예수님의 이름으로 기도합니다. 아멘.

Pray

학업 스트레스로 인해 힘들어 하는 자녀를 궁휼히 여기소서

주님, 지금 아이들은 학업이라고 하는 무거운 짐을 지고 있습니다. 힘이 되어야 할 학교라는 공간이 학업에 대한 압박을 주는 장소가 되어 버렸습니다. 아이들에게 학업이 스트레스로 다가오고, 누군가는 하나님이 주신 생명을 스스로 결정하는 잘못된 선택을 하고 있습니다. 하나님이 허락하신 풍성한 삶을 누리지 못하고 왜 공부해야 하는지 참된 목적을 잃고 표류하고 있는 아이들을 궁휼히 여겨 주옵소서.

우리의 짐을 져 주시는 하나님, 아이들이 더 이상 학업 스트레스에 시달리지 않도록 저들의 삶을 위로하옵소서. 무엇보다 학업에서 오는 스트레스를 극단적인 행동으로 해결하려는 유혹에서 건져 주옵소서. 하나님의 부르심 안에서 공부의 이유를 찾는 자녀가 되게 하옵소서. 학업 성취 여부에 따라 인생이 결정되는 것이 아니라 학업의 목적이 중요함을 놓치지 말게 하옵소서. 또한 자신에게 주어진 상황 속에서 좌절하지 않고, 소명을 향해 달음박질하는 삶이 얼마나 귀한 것인지를 알게 하시고, 그 과정을 통하여 학업을 향한 역량이 키워지게 하옵소서. 예수님의 이름으로 기도합니다. 아멘.

Pray

학업 스트레스 문제에 대한 다양한 노력이 이루어지게 하소서

모든 문제의 열쇠가 되시는 하나님, 아이들이 학업으로 인해 지치고 피곤한 모습을 긍휼히 여겨주옵소서. 먼저 가정에서 부모들이 학업으로 인해 지치고 스트레스 받는 자녀들의 형편과 처지를 잘 이해하며 고통에 동참할 수 있는 넓은 마음을 주옵소서. 좋은 성적만을 외치며 학교, 학원, 독서실로 내몰기보다는 자녀가 왜 공부해야 하는지 함께 고민하는 기독학부모가 되게 하옵소서.

또한 교회 안에서 자녀들의 소명과 비전을 발견하게 하는 일에 힘써 자녀가 꿈을 위해 공부하는 것이 얼마나 즐거운 일인지 알게 하소서. 학교는 다양한 학습 방법과 수업의 접근을 통해 학생에게 학습 동기를 부여하고, 스스로 공부하는 길을 열어주게 하옵소서.

교육 전반에 자녀들의 학업 동기를 부여하고, 성취보다는 과정으로 평가하는 문화가 만들어지게 하옵소서. 학업의 문제에 있어 새롭게 길을 내고 모색할 때, 불안하고 두려움이 증폭되는 것이 아니라 연대하고 지지하는 흐름이 만들어지게 하옵소서. 이러한 다양한 노력들로 자녀들에게 학업이 더 이상 스트레스가 되는 것이 아니라, 도전이요, 성숙의 기회가 되게 하옵소서. 예수님의 이름으로 기도합니다. 아멘.

Pray

학교가 학교 폭력에 대해 바른 역할을 하게 하소서

하나님, 학교 폭력이 이 땅의 학교 곳곳에서 일어나고 있습니다. 예방하고 평화롭게 해결하는 것뿐 아니라, 근본적으로 학생들의 속을 변화시켜야 함에도 불구하고 수습하기, 봉합하고, 책임을 피하려는 모습이 가득하니 하나님의 긍휼과 은혜가 학교 현장에 임하기를 소망합니다.

학교가 더이상 이 일에 방관하지 않기를 원합니다. 학교 폭력이 일어나면 가해자만 처벌하고 격리시키거나, 때로는 폭력 사실을 묵인하고 덮어버리려는 모습을 버리게 하옵소서. 학교 폭력의 가해자가 처벌을 인정하지 않고 오히려 학교나 교사에게 분노하여 피해자를 더욱 괴롭히는 일이 없도록 마음과 상황을 잘 헤아리는 학교와 교사가 되게 하시고, 피해자들도 폭력 상황에 대해 알리는 것을 두려워하거나 자신의 안전을 위해 또 다른 가해자가 되지 않도록 학교가 관심을 가지고 지도하게 하옵소서.

또한 학교 폭력이 미연에 방지될 수 있도록 학교에 예방 프로그램이 잘 정착되기를 원합니다. 올바른 예방 교육을 통하여 학교에 다니는 모든 학생들이 서로를 존중하고 배려하며 행복한 학교생활을 하게 하옵소서. 예수님의 이름으로 기도합니다. 아멘.

가정이 학교 폭력에 대해 바른 역할을 하게 하소서

하나님, 자녀가 친구들에게 괴롭힘을 받고 돌아오거나 맞고 돌아오면 마음이 아파 차라리 때리고 들어오는 게 낫겠다고 생각한 적이 많이 있었습니다. 자녀에게도 맞지 말고 차라리 때리라고 말할 때도 있었음을 고백합니다. 이런 부모의 반응으로 인해 자녀에게 누군가를 때리는 것이 잘못된 일이 아니라는 것을 가르친 저희의 잘못을 용서하여 주옵소서.

때론 자녀가 피해를 입은 것 같을 때는 전후사정을 듣지 않고 다른 아이를 가해자로 판단해 버릴 때도 있었고, 자녀의 아픔과 나의 아픔에만 매몰되어 있었습니다. 무조건 내 자녀만을 감쌌던 이중 잣대를 용서하여 주옵소서. 이제는 우리가 '나의 자녀'를 넘어 '우리의 자녀'에게 관심을 갖는 기독학부모가 되게 하옵소서.

학교 폭력이 일어나기 전에, 자녀가 어떤 생각과 고민 아픔을 가지고 학교생활을 하는지 관심과 사랑으로 대화하는 부모가 되게 하옵소서. 가정에서부터 자녀에게 다른 사람을 존중하고 사랑하는 것이 마땅히 해야 할 일임을 가르치게 하옵소서. 기독학부모로 시작된 긍정적인 가치관과 사람을 사랑하는 가치관이 자녀에게 전수되게 하옵소서. 예수님의 이름으로 기도합니다. 아멘.

Pray

교회가 학교 폭력에 대해 바른 역할을 하게 하소서

하나님 아버지, 지금까지 교회는 학교 폭력은 사회의 문제, 교육의 문제이지 신앙의 문제가 아니라고 생각하며 무관심했고 방관자의 모습으로 있었습니다. 학교 폭력이 인간의 존엄성을 훼손하는 일이며, 하나님의 형상을 파괴하는 일을 자행하는 것이기에, 이 일이 사회적 문제를 넘어 신앙의 문제임을 교회가 깨닫게 하옵소서.

교회를 다닌다고 말하는 자녀들이 학교 폭력에 있어 가해자가 되기도, 피해자, 또는 방관자가 되기도 합니다. 이렇게 학교 폭력이 일상화 되어버려 죄의식조차 없어진 우리의 자녀들을 긍휼히 여겨 주옵소서.

교회가 학생의 개개인의 삶에서도 하나님의 통치가 이루어지도록 책임감을 가지고, 설교 시간에, 성경공부 시간에 하나님께서 독생자 아들을 주실 만큼 사랑하는 존재인 서로를 우리가 어떻게 존중하고 사랑해야 하는지 가르치게 하옵소서. 부모들이 나의 자녀와 우리의 자녀가 더 이상 가해자나 피해자, 방관자도 되지 않게 가정에서부터 가르칠 수 있도록 기독학부모를 세우는 교회가 되게 하옵소서. 교회가 의로운 책임감을 가지고 교육의 영역에서 하나님 나라를 확장하는 일에 힘쓰게 하옵소서. 예수님의 이름으로 기도합니다. 아멘.

학교 폭력에 대한 건강한 교육 정책이 수립되게 하소서

하나님 아버지, 여전히 자행되고 있는 학교 폭력 가운데서 나라가 건강한 관심을 가지길 원합니다. 관련 기관은 학교 폭력의 상황을 학생부에 기록하고, 감시와 징벌로 학교 폭력을 대처하자고 외칩니다. 하나님, 우리의 걸음이 여기에서 더 나아가 아이들을 벌하는 것을 넘어 전인적으로 회복시키는 것에 더 관심을 가지게 하옵소서.

학교 폭력을 일으키는 근본 원인을 찾아 해결할 수 있는 교육 정책을 수립하게 하옵소서. 학생들이 갈등 상황에 직면하면 친구들과 어떻게 해결하고, 관계를 회복해 나아가야 하는지를 교육하는 학교와 나라가 되게 하옵소서. 또한 피해자의 마음과 아픔을 공감하는 훈련들도 학교 곳곳에서 이루어지게 하시고, 일상적인 인권 존중의 문화가 학교에 넘쳐나게 하옵소서.

교사들이 충분히 학생들에게 관심을 가지고 상담하고, 공동체 의식을 향상시켜 나갈 수 있도록 교육 정책이 뒷받침되게 하옵소서. 사람을 존중하고, 평화가 넘치는 교육 정책이 하루 빨리 수립되어 가해자와 피해자를 함께 치유할 수 있는 관계 회복의 대안이 되게 하옵소서. 예수님의 이름으로 기도합니다. 아멘.

Pray

아이들이 학교 폭력 가운데 온전히 회복되게 하소서

모든 자녀들을 용납하시고 사랑하시는 하나님, 이 땅에 학교 폭력으로 인해 고통 받는 아이들에게 하나님의 위로가 있기를 기도합니다. 우리 자녀들이 학교 폭력의 가해자도 피해자도 되지 않기를 바라며 또한 그 주변에서 방관하는 학생이 되지 않기를 바랍니다. 학교생활을 하며 자녀들이 학교 폭력을 애통해 하고, 학교 폭력이 없는 학교생활을 위해 믿음의 용기를 내는 자녀가 되게 하옵소서.

피해자 아이들에게는 아픔을 극복할 수 있는 용기를 주시고 다친 마음을 만져 주서서, 여러 제도와 전문적인 도움을 받아 다시 학교에서 친구들과 어울릴 수 있게 회복시켜 주옵소서. 가해자 아이들은 교육과 상담 등을 통하여 자신의 잘못을 뉘우치고, 오히려 다른 사람의 눈물을 닦아주는 사람으로 거듭나게 하옵소서.

모든 아이들을 살리는 교육의 현장이 되도록 사회 구성원이 제도적으로 정신적으로 노력하게 하옵소서. 자녀들이 모두와 공존하고 협력하는 즐거움을 맛봄으로 아이들 가운데 진정한 평화의 문화가 깃들게 하옵소서. 예수님의 이름으로 기도합니다. 아멘.

조기 유학으로 인해 분리된 가정을 긍휼히 여기소서

우리에게 가정을 주시고 부모가 자녀를 가르치는 데 관심을 갖게 하신 하나님 감사합니다. 그러나 함께 모여 살면서 행복을 누리고 바른 교육이 이루어져야 할 가정이 조기 유학으로 인해 갈등과 아픔을 겪고 있습니다.

하나님, 우리는 때때로 부모의 잘못된 욕심으로 인해 유학에 집착합니다. 또한 우리 교육 현실에 적응하지 못해서 어쩔 수 없이 도피 유학을 택하기도 합니다. 부모와 자녀가 함께 살아가지 못한 채, 남겨진 기러기 아빠들은 외로움을 겪으며, 낯선 외국에서 적응하느라 엄마와 자녀들의 심신은 곤고합니다.

하나님, 부모의 어두운 욕심과 불안한 마음을 이길 수 있는 용기와 모든 상황 속에서 하나님을 경외하고 의지하는 믿음을 주옵소서. 해외 유학 중에 있는 엄마와 자녀들이 힘들고 어려운 중에도 하나님께서 기뻐하시는 참 교육의 길을 가게 하시고, 남겨진 가족에게도 위로를 더하사 생기를 가지고 기도하며 살아가게 하옵소서. 예수님의 이름으로 기도합니다. 아멘.

Pray

가출 청소년을 만져 주소서

우리의 삶에 새 일을 행하시고 찬양이 되시는 하나님, 오늘날 우리 청소년들은 참으로 어려운 현실 속에 놓여 있습니다. 인생의 승패를 결정할 수 있다고 위협하는 입시라는 높은 장벽과 가정불화, 집단 따돌림, 폭력, 가난 등의 문제에 부딪혀 도망치고 숨어버리는 일들이 비일비재합니다. 상처받고 마음 둘 곳 없는 자녀들이 집을 나와 서로 모여, 또 다른 범죄를 하거나 방치되는 경우가 너무나도 많이 있습니다.

이 땅의 자녀들에게 힘과 용기를 부어주옵소서. 어려움에 부딪혔을 때, 상황을 벗어나는 것이 상책이라 생각하며 집에서부터 도망가는 것이 아니라 맞서게 하시고, 포기하는 것이 아니라 끝까지 인내하게 하소서. 또한 이들을 힘들게 하는 환경들을 바꾸어 주셔서 연약한 이들의 심령이 쉽게 꺾이지 않도록 보호해 주소서.

그리하여 어려운 가운데 놓인 청소년들이 용기와 인내로 그들에게 놓인 장애물을 넘어가게 하시고 주변에 도움을 요청하고 해결 방법을 고민하며 결국에는 이런 고난을 축복의 통로로 만들어 보다 성숙한 어른이 되는 놀라운 역사를 경험하게 하소서. 예수님의 이름으로 기도합니다. 아멘.

가출 청소년을 위한 교육적 기반이 마련되게 하소서

보호하시고 돌보시는 하나님, 지금 이 순간도 수많은 우리의 아이들이 길거리를 방황하며 여러 가지 위험에 노출되어 있습니다.

하나님, 이 자녀들을 보호해 주옵소서. 이들을 삼키기 위해 호시탐탐 노리는 악한 세력들을 물리쳐 주시고 우리 사회가 연약한 청소년들을 보호해 줄 수 있는 시스템을 갖추게 하옵소서. 무엇보다도 자격과 조건이 없어 소외되고 보호받지 못하는 이들을 돌보고 치료해 주는 사회가 되게 하소서. 특히, 가출 청소년들을 돌보는 여러 단체와 기관들이 더 많이 세워져, 이 자녀들이 긴급한 돌봄과 교육적 혜택을 못 받는 일이 없도록 하시고, 다시 가정으로 돌아가고 사회로 돌아갈 기반을 교육을 통해 마련하게 하옵소서.

상담 분야의 전문가, 가정 복지의 전문가, 교육 분야의 전문가들이 함께 모여 가출 청소년들을 위한 교육 정책을 세우고, 마음을 치유하고, 교육하게 하옵소서. 그리하여 이 아이들이 자신의 가능성을 발견하고 사회의 구성원으로 성장하여 오히려 다른 사람을 세우는 자로 성장하게 하옵소서. 예수님의 이름으로 기도합니다. 아멘.

Pray

장애를 가지고 있는 자녀를 기억하소서

우리를 존귀하게 지으신 하나님 아버지, 우리 사회 안에 여러 장애를 가진 자녀들을 위해 기도합니다. 때로는 선천적으로, 후천적으로 신체나 정신의 장애를 가진 자녀들이 이 땅에서 한 구성원으로서 설 수 있기를 원합니다. 장애를 가진 아이나 가지지 않은 아이, 모두 서로에 대한 편견과 불편의 시선을 버리게 하옵소서. 서로가 틀린 것이 아니라 다르다는 것을 잊지 말게 하시고, 이 사회에 불편함을 가진 자녀들이 함께 공존하는 구성원이라는 것을 잊지 말게 하옵소서.

특별히 부모인 저희가 먼저 누구든 환대하는 교육의 문화와 장애인의 교육 정책과 환경에 조금 더 관심을 가지길 원합니다. 우리의 믿음이 기도로만 그치는 것이 아니라 자녀의 학급 내에서 장애를 가진 자녀와 그의 부모들과 교제하게 하옵소서. 혹여나 자녀가 장애가 있다고 하여 움츠러들지 않고, 도움이 필요한 영역에 있어 교사와 학급에 도움을 요청하며 함께 연대하는 지혜를 더하여 주옵소서. 그리하여 교실이 서로를 살리는 공간이 되게 하옵소서. 이 땅의 아픔과 불편을 가진 자녀들이 당당하게 하나님께서 허락하신 삶을 향유하고, 누리며, 성취하게 하옵소서. 예수님의 이름으로 기도합니다. 아멘.

장애 자녀를 위한 교육적 기반이 마련되게 하소서

하나님 아버지, 이 땅은 여전히 자신들과 다른 불편을 가진 사람들을 소외시키며, 비장애인이 주류를 이루어 사회의 질서와 법칙을 만들어 감을 고백합니다. 주변을 돌아보지 못하고 자기 일에 몰두하며 살아가는 우리를 긍휼히 여겨 주옵소서. 마음과 육체의 장애를 가진 자녀들을 돌보는 교육이 제대로 서기를 원합니다. 그들이 사회의 한 구성원으로 서 갈 수 있도록 교육제도가 세워질 뿐 아니라, 현장에서도 그 정책들이 잘 뿌리내리게 하옵소서.

전문적으로 이 아이들을 가르칠 수 있는 기관들과 학교들에 세워지게 하옵소서. 많은 전문가들이 그곳에 투입되어 자녀들을 바르고 건강하게 세우게 하시고, 정부나 기관에서 장애 학생들을 위한 기관, 학교를 적극적으로 지원하게 하옵소서.

또한 특수 교육 기관뿐 아니라 일반 학교에서도 장애 학생과 비장애 학생이 함께 공존할 수 있는 통합교육이 일어나 한 반에서 같이 살을 맞대고 부딪치며, 돕고, 배려하고, 공존하는 것이 일상이 되게 하옵소서. 장애에 대한 편견에서 벗어난 자녀들을 통하여 함께 더불어 살아가는 교육이 이루어지게 하소서. 예수님의 이름으로 기도합니다. 아멘.

Pray

폭력성이 깊어진 자녀들을 회복시키소서

폭력과 억압을 미워하시는 하나님, 우리 기성세대들에게 만연했던 잔인하고 악한 모습들이 우리 아이들에게 나타나고 있는 현실을 바라봅니다. 미래를 꿈꾸며 자신의 인생을 가꾸어 나가야 할 우리 아이들이 마땅히 가야 할 길을 벗어나 죄의 길로 들어서고 있습니다. 함께 어울렸던 친구들에게 잔인한 폭력을 가하고 약하고 힘없는 친구들을 따돌리며 심지어 조직적으로 이런 일들을 행하는 모습을 볼 때 우리의 가슴이 무너집니다.

하나님, 이런 안타까운 현실을 고쳐 주옵소서. 우리 아이들에게 사랑과 평화의 영을 부어주셔서 약하고 힘없는 이들을 보호하고 품어주며, 다른 이들에게 해를 받을지라도 보복이 아닌 인내와 용서의 마음을 갖게 하소서.

그리하여 우리 아이들 가운데 하나님 나라에서 오는 평화가 솟아나게 하시고 이 아이들을 통해 이루어질 우리의 미래가 밝고 빛나게 하소서. 죄악이 만연한 이 시대에 우리 아이들이 또 하나의 절망이 되는 것이 아니라 어둠을 밝히는 빛이 되게 하시고 우리의 희망이 되게 하소서. 예수님의 이름으로 기도합니다. 아멘.

중도탈락 학생을 기억하소서

우리에게 교육의 터전인 학교를 주시고, 학교라는 울타리에서 다양한 배움과 만남을 통해 삶을 풍성하게 하는 축복을 주신 하나님, 그러나 해마다 학교생활에 적응하지 못한 채 중도 탈락하는 학생들이 늘어가고 있습니다.

스스로 꿈과 비전을 향한 선택으로 학교를 떠나기도 하지만, 누군가는 학업의 무게를 견디지 못하고, 누군가는 친구들과의 관계에 적응하지 못하고, 혹은 누군가는 잘못된 유혹의 손길에 휩쓸려 학교를 떠나갑니다. 그동안 내 자녀에만 관심을 갖느라 우리의 잃어버린 아이들의 삶에 무관심했던 것을 용서해 주옵소서.

더 이상 학교를 떠나 방황하는 아이들이 생기지 않기를 소원합니다. 모든 하나님의 자녀들이 의미있고 생기 있는 학교생활을 할 수 있도록 도와주옵소서. 혹여 학교를 떠나 막막한 삶의 현실과 마주한 아이들이 있다면 그들을 지켜주시고, 그들이 잘못된 길로 가지 않도록 굽어 살피소서. 예수님의 이름으로 기도합니다. 아멘.

Pray

학업 부적응 학생들을 기억하소서

하나님 아버지, 많은 학생들이 학교에 소속되어 가르침을 받고, 잘 적응해 가기도 하지만, 어떤 자녀들은 학교와 학업에 적응하지 못하는 경우도 있음을 고백합니다. 이 땅에서 학업에 부적응한 자녀들을 외면하는 일이 더 이상 없기를 소망합니다. 그 아이들에게 지속적으로 배움의 기회가 부여되고, 자신들의 수준에 맞는 학업을 할 수 있는 환경이 조성되게 하옵소서. 이 일에 기독학부모인 우리가 더욱 관심을 가지고 힘쓰게 하옵소서.

학교 안에서는 학업 부적응 학생들을 위한 예방차원의 지원이 있게 하옵소서. 교사들과 부모의 관심으로 조기에 학업 부적응 아이들을 발견하게 하시고, 단위 학교의 역량을 강화하여 상담뿐 아니라 학교 내외의 다양한 교육 시스템을 지원받게 하옵소서. 장기적인 치료가 필요한 학생들을 위한 교육 시스템을 구축하고, 이 아이들을 위한 학교들도 세워지게 하옵소서. 하나님께서 열어주시는 실질적인 교육의 기회들을 통하여 모든 아이들과 동일하게 꿈꾸고, 삶을 일구어가는 자녀들로 자라나게 하옵소서. 예수님의 이름으로 기도합니다. 아멘.

학교 밖 청소년들을 기억하소서

하나님, 이 땅에는 학교라는 울타리를 벗어난 자녀들도 있음을 고백합니다. 학교 밖 청소년들이 소수라고 하여, 사회와 가정이 등 돌리지 않게 하옵소서.

정규 학교의 울타리를 벗어나서는 이 사회에서 '학생'으로 인정받지 못하는 것이 지금의 현실입니다. 하나님, 정규 학교를 통해서든 제도 밖에서 여러 배움을 통해서든 이 땅의 자녀들이 동일하게 교육 받고, 삶을 누리는 일들이 당연히 보장되게 하옵소서.

모든 자녀들에게는 평생에 걸쳐 학습하고, 능력과 적성에 따라 다양하게 교육받을 권리가 있다는 것을 잊지 말게 하옵소서. 자녀들의 당연한 권리 보장을 위하여 교육의 범주가 학교에만 국한되는 것이 아니라 넓어지게 하옵소서. 학교 밖 청소년 권리 보장을 위한 법적인 검토를 통하여 안전한 학습권이 조성되게 하시고 사회 복지, 인권의 차원을 넘어 교육적 차원의 지원이 이루어지게 하옵소서. 교육적 지원으로 학교 밖 청소년이 건강한 사회구성원으로 성장하게 하옵소서. 이 땅의 모든 자녀를 동일하게 사랑하시는 예수님의 이름으로 기도합니다. 아멘.

21일

발달 수준을 고려하지 않은 사교육이 변화되게 하소서

우리를 교육의 희망으로 불러 주신 하나님, 우리 주변의 교육 현실을 보면 자녀들의 발달 수준을 고려하지 않은 무분별한 사교육으로 인해 자녀들이 점점 병들어 가고 있습니다. 자녀들이 제 나이에 꼭 경험하고 배워야 할 내용들을 교육받지 못하다 보니 신체적, 지적, 사회적, 영적인 부분에 대해 균형 잡힌 성장을 하지 못하고 자신이 감당하기 힘든 교육 고통을 당하고 있습니다.

하나님, 학부모들의 그릇된 열정을 돌이켜 하나님의 열정으로 채워지게 하시고, 지나친 선행학습으로 자녀들이 앞서가기를 바라기보다는 한 걸음 한 걸음 삶의 걸음을 바르게 내딛는 것을 소망하게 하옵소서. 자녀들의 발달 수준에 맞는 교육 내용과 교육 과정이 잘 개발되고 발전하여 가정과 학교에서 잘 이루어지게 하옵소서. 기독학부모들이 잘못된 흐름에 이끌려 사교육 속에 자녀를 던지기 보다 자녀들의 발달 수준에 맞는 지적, 영적 교육을 가정에서 잘 실천하게 도와주소서. 예수님의 이름으로 기도합니다. 아멘.

사순절에 드리는 기도

기꺼이 우리를 위해 하나뿐인 아들을 내어 주신 하나님, 예수님의 죽음과 부활을 기억하는 사순절을 보내고 있습니다. 하나님과 멀어진 우리를 화목하게 하시려고 십자가를 지신 예수님의 사랑을 기억합니다. 예수님이 십자가를 피하시지 않고, 우리의 죄를 위해 그 길을 걸어가신 은혜에 감사하는 가정이 되게 하옵소서. 무엇보다 부모인 우리가 사랑에 빚진 자로서 자녀에게 예수 그리스도의 복음을 온전하게 전하고, 은혜를 흘려보내는 통로 되게 하옵소서. 우리 가정의 중심이 십자가 복음이 되게 하시고, 우리를 위해 죽으시고 부활하신 예수님을 늘 고백하게 하옵소서.

하나님과 단절된 한국의 교육 가운데에도 예수 그리스도의 화목하게 하는 십자가의 은혜가 임하게 하시고, 하나님의 교육이 세워지는 순간이 속히 오도록 우리를 사용하옵소서. 죽음이 끝이라고 말하는 세상 속에서 우리 가정과 한국 교육에 새로움과 영원한 생명을 주시기 위해 이 땅에 오신 예수님을 기억하게 하옵소서. 예수님의 이름으로 기도합니다. 아멘.

Pray

사교육비가 팽창하는 현실을 궁휼히 여기소서

우리를 교육의 가나안으로 이끌 이 시대의 모세로 불러 주신 하나님 감사합니다. 하지만 오늘날 자녀와 학부모들이 사교육 문제로 인해 엄청난 고통을 당하고 있습니다.

국가에서는 고질적인 교육 문제를 해결하기 위해 정권이 바뀔 때마다 다양한 정책과 방법들을 제시하지만 근본적인 해결이 되지 않고 오히려 자녀와 부모는 불안함이 높아지고 있습니다. 이런 불안감으로 인해 사교육이 더욱 심화되고, 엄청난 사교육비 증가로 인해 가정에 큰 부담이 되고 있습니다. 오래된 이 현실은 얽힌 실타래와 같이 어디서부터 어떻게 해결해야 할지 막막합니다.

하나님, 이 시대의 사교육비 문제로 큰 아픔과 상처를 받고 있는 가정들을 위로하시고 주님의 은혜로 회복시켜 주옵소서. 불안과 두려움에 눈이 가려 주님의 뜻을 분별하지 못하는 것이 아니라 각 가정에 필요한 하늘의 만나와 메추라기를 때를 따라 공급하여 주시고, 믿음의 불기둥, 구름기둥을 의지하며 하나님의 인도하심을 따라 교육의 가나안을 향해 전진할 수 있도록 도와주옵소서. 예수님의 이름으로 기도합니다. 아멘.

Pray

정의롭지 못한 교육의 구조를 만드는 사교육을 해결해 주소서

정의를 물같이 공의를 하수같이 흘려보내시는 하나님, 교육의 영역에서도 하나님의 공의와 정의가 온전히 세워지길 소망합니다.

하지만 오늘날 우리 사회의 변화 속도가 빠르게 진행되면서 점점 세대 간, 계층 간, 지역 간의 격차가 커지게 되고 이로 인해 서로 갈등과 분열이 커지고 있습니다. 교육의 영역에서도 부익부 빈익빈의 문제가 심각합니다. 엄청난 사교육의 확장으로 인해 정의롭지 못한 교육이 발생되며, 이로 인해 수많은 가정들이 신음하며 아파하고 있습니다.

특별히 사교육으로 인해 교육의 출발점부터 불공평하고, 교육의 과정에서 수많은 반칙과 변칙들이 난무하는 이 땅의 교육 현장을 불쌍히 여겨 주옵소서. 다시 하나님의 공의와 정의의 생명수가 혼탁해지고 더러워진 교육의 강물을 깨끗하게 정화시켜 주옵소서. 그래서 죽어 가던 교육의 강물에 다시 생명이 살아나며, 희망이 꽃피도록 도와 주옵소서. 예수님의 이름으로 기도합니다. 아멘.

Pray

그릇된 부모의 생각으로 조장되는 사교육 과열을 멈추어 주소서

하나님, 모든 부모의 마음속에 하나님 나라가 임하기를 소망합니다. 오늘날 남들보다 앞서기를 바라는 부모의 욕심 때문에 수많은 자녀들이 고통의 자리로 내몰리고 있습니다. 부모들의 그릇된 열심과 불안으로 인해 사교육의 열풍이 더욱 커지고, 자녀들이 깊은 절망의 구덩이에 빠져 방황하며 탄식하고 있습니다. 자녀의 은사와 적성보다 자신의 욕심과 체면을 더 생각하는 부모들을 불쌍히 여겨 주옵소서. 때로는 이것이 자녀를 위한 최선의 방법이라는 생각에 갇혀 주님의 뜻을 보지 못할 때가 있습니다. 이제는 돌이켜 부모가 자녀 교육에 있어서도 주님의 주권을 인정하고, 주님을 신뢰하게 도와주옵소서. 또한 자녀가 경쟁하여, 다른 아이보다 앞서는 것을 좋아하기보다는 자녀가 그리스도 안에서 살아가는 것을 지향하고, 관심 갖게 하옵소서.

또한 하나님께서 세우신 기독학부모들과 기독학부모운동을 통해 이 땅에 사교육을 향하는 악한 교육열이 하나님 나라로 향하는 선한 교육열로 변화되게 하옵소서. 예수님의 이름으로 기도합니다. 아멘.

사교육에 관련된 바른 교육 정책이 세워지게 하소서

하나님 아버지, 이 땅의 교육의 그릇된 열정을 돌이켜 하나님의 교육으로 회복되는 기로에 우리를 불러 주시니 감사합니다. 다음 세대의 교육에 대한 바른 가치관을 부모 세대와 이 나라 위정자들에게 허락하여 주옵소서.

특별히 사교육을 조장하고, 과열시키는 교육 전반적인 분위기가 개선되기를 원합니다. 이를 위해 지나친 선행학습을 금지하고, 심야학습을 금지시키는 등의 법들이 마련될 때 표면적으로 붉어지는 문제들만 해결하는 것이 아니라 왜곡된 사교육 시장의 근본적인 문제들이 해결될 수 있는 교육 정책들이 발안되게 하옵소서. 하나님이 주신 지혜로 세워진 교육 정책들이 과열된 사교육 시장의 흐름을 끊게 하옵소서. 이 땅의 부모들도 건강한 교육 정책을 지지하여 왜곡된 사교육의 흐름을 끊게 하옵소서.

그리하여 자녀들의 꿈과 비전, 발달단계에 맞는 건전한 교육의 길에서 사교육을 생각하는 부모되게 하옵소서. 예수님의 이름으로 기도합니다. 아멘.

27일

Pray

아이의 고유함을 드러내는 교육되게 하소서

하나님 아버지, 교육이 한 아이, 한 아이를 건강히 세우는 일에 더 관심을 가지고 힘쓰기를 원합니다. 지금의 교육은 다양한 아이들은 하나의 평가 방식과 기준으로 평가하고 있습니다. 그로 인하여 평가 결과에 따라 자녀들이 자신들의 가치를 매기고, 친구들과 경쟁하기도 합니다. 이러한 학교 구조 속에서 12년의 시간을 보낸 자녀들은 자기 자신의 고유한 가치를 찾기 힘들어 하며, 하나님께서 만드신 결대로, 빛깔대로 사는 것에 용기를 내어야 합니다.

주님, 이런 교육의 고리를 기독학부모와 자녀가 믿음으로 끊고 결과보다는 과정에, 자녀의 고유성에 관심을 가지게 하옵소서. 하나님이 자녀에게 주신 고유한 결과 빛깔을 사랑하고 인정하는 부모되게 하옵소서.

학교 교육 과정 속에 자녀의 다양함을 평가하는 평가 기준들이 만들어지게 하시고, 교사에게도 여유 있는 시선과 마음을 허락하여 주셔서 아이들의 고유함을 빚어내는 데 도움을 주는 교사 되게 하옵소서. 예수님의 이름으로 기도합니다. 아멘.

바른 교육을 위한 단체들이 힘을 모으게 하소서

하나님의 영광을 위해 선하신 뜻 가운데 우리를 세워 주신 하나님, 감사합니다. 교육에 새로운 바람을 불어넣고자 세워진 수많은 단체들 가운데 하나님의 은혜가 임하길 소망합니다. 이 시대의 그릇된 열정을 돌이키기 위해 세워진 교사 단체, 학부모 단체, 교육 단체 등이 하나님의 마음을 시원케 하는 단체들이 되게 하옵소서.

교육에 대한 정책들을 제시하기 전에 이 땅의 교육에 대한, 자녀들에 대한 사랑의 마음과 애통의 마음이 있게 하옵소서. 하나님이 주신 지혜로 교육 전반에 대한 문제들을 보게 하시고, 해결할 수 있는 방안을 제시하게 하옵소서. 단체들이 홀로 외로운 싸움을 하는 것이 아니라, 함께 힘과 지혜를 모아 골리앗과 같은 교육 앞에 거룩한 싸움을 하게 하옵소서.

연합하여 제시하는 교육 정책들이 잘 입안되고 실현되어 목적을 잃어버린 세대 가운데 꿈을 불어넣게 하옵소서. 예수님의 이름으로 기도합니다. 아멘.

3 월의 기도

주님, 기독교 세계관을 가진 기독학부모로서
교육을 하나님의 눈으로 보기를 원합니다.
왜곡된 세계관을 버리고,
자녀의 교육과 교과목을 기독교 세계관으로 바라봅니다.
하나님의 시선으로 기도 가운데 나아갑니다.

하나님의 시선으로
교과 과정을 보는 시간

Pray

3월 첫날의 기도

새 생명이 움트는 3월을 맞게 하신 하나님,
온 대지에 생기를 부으시는 그 놀라우신 섭리가
우리 가정, 교회, 학교, 사회에도 풍성하기를 원합니다.

나의 자녀와 이 땅의 자녀들이
새 학기와 새 선생님, 친구들을 기쁘게 맞게 하시고,
학교가 기쁨과 소망의 장소가 되게 하옵소서.

싱그러운 봄의 향기가 가득한 가정 되게 하시고
부부는 서로 연합하여 사랑하게 하시고
부모와 자식이 주 안에서
서로 사랑하고 섬기게 하옵소서.

교회는 여전히 참된 진리의 기둥과 터가 되게 하셔서
그로부터 자녀들이 진리에 바로 서게 하옵소서.
학교가 참된 배움의 터전이 되게 하시고
교사와 학생 모두 행복한 공간이 되도록 하옵소서.
이 땅에 가득한 세속적인 가치관이 사라지고,
하나님이 기뻐하시는 교육의 문화가 만들어지게 하옵소서.

의와 진리의 거룩함으로 지으심을 받은 새 사람이
이곳 저곳에서 힘 있게 일어나는 3월이 되게 하옵소서.
예수님의 이름으로 기도합니다. 아멘.

개학과 신학기를 인도하소서

쉼과 휴식을 통해 우리에게 평안을 주시는 하나님, 방학 동안 보살펴 주시고 인도해 주심에 하나님께 감사와 찬양을 드립니다. 방학이란 시간 동안 잠시나마 여유를 가졌습니다. 친척집이나 여행지를 방문하기도 하고, 취미와 여가생활도 가졌습니다. 학교를 가지 않는 시간이 긴 자녀들은 컴퓨터와 TV 시청 및 게임도 했습니다.

다시 시작하는 새 학기를 맞이하는 이 시간, 방학 동안 느슨했던 우리의 마음과 생각을 모으기 위해 주님께 기도합니다. 등교 시간, 학원 일정 등의 시간 관리를 짜임새 있게 하도록 인도하시고, 선생님을 존경하며 새 학년을 즐겁게 시작하게 하시며, 친구들과도 아름다운 교제를 누리게 하옵소서.

새롭게 시작하는 학기에서도 새로운 앎의 영역에서 깨우침을 더하여 주시고 더욱 강건하여 기쁘게 학업을 해 나가도록 지켜주옵소서. 자녀뿐 아니라 부모인 우리도 다시 질서 있는 생활을 잘 형성하도록 인도하시고 학교와 이 땅 교육을 향한 중보의 기도를 쉬지 않도록 하옵소서. 예수님의 이름으로 기도합니다. 아멘.

Pray

새 학기를 맞이하는 자녀가 바른 태도를 갖게 하소서

새로운 시작을 주시는 하나님, 늘 쉼은 짧게 느껴져 아쉽기도 하지만 새로운 출발의 설렘을 주시니 감사합니다. 새 학년과 새 학기를 시작하는 아이에게 설렘과 동시에 긴장감도 있음을 봅니다. 아이의 마음에 하나님의 열정과 소망이 있기를 기도합니다. 아직 마주하지 않은 새로운 일상에 미리 겁내지 말게 하시고, 온유한 마음으로 친구들을 대하고 성실함으로 생활하게 하옵소서. 혹여나 무기력하게 자신의 삶을 마주하고 있다면, 삶의 의미를 주안에서 발견할 수 있는 지혜도 주옵소서. 그리하여 새 학기 매일의 시간이 아이의 일상에서 아름답게 빚어지게 하옵소서.

하나님, 이번 새 학기에 다시 한 번 생기를 불어넣어 주셔서 학교생활에 더욱 열정을 가지고 임하게 하시며 기대함으로 생활하게 인도하여 주옵소서. 부모인 저도 이 새 학기에는 더욱 지혜롭게 하시고 교육의 회복을 위해 더 간구하게 하옵소서. 예수님의 이름으로 기도합니다. 아멘.

Pray

새 학기 자녀의 학급, 교사와 함께 하소서

만남 가운데 복을 주시는 하나님, 새 학기 우리 자녀의 학교생활을 위해 기도합니다. 자녀의 담임선생님과 교과목 선생님을 위해 기도합니다. 주님의 섭리로 귀한 선생님들을 만나게 하신 줄 믿습니다. 매년 새로운 아이들을 만날 때 선생님들 안에도 긴장과 두려움이 있을 터인데 하나님께서 손잡아 주시고 지혜와 용기와 건강을 주셔서 학교에서 생활하실 때 어려움이 없게 하옵소서.

자녀의 학급 학생들이 선생님을 대할 때 권위에 순종하며, 존경하며 따르게 하옵소서. 자녀가 친구들과 함께 아름다운 사회성을 키우게 하옵소서. 경청하며 친구를 배려하게 하시되, 용기가 필요할 때는 담대함도 주시고, 참을성 있는 인내도 주옵소서. 인생에 있어 기억에 남고 힘이 되는 친구들을 만나게 하시고, 학급에서 보내는 일년이라는 시간이 자녀들에게 의미있는 시간이 되게 하옵소서.

새 학기에 배우게 될 교과 가운데서도 하나님이 함께 하셔서 성급히 좌절하지 않게 하시고 꾸준히 실력을 향상시키면서 앎과 깨우침이 있는 학업의 길이 되게 하옵소서. 그리하여 자녀가 새 학기에는 학업뿐 아니라 학급 안에서도 하나님 나라를 경험하게 하옵소서. 예수님의 이름으로 기도합니다. 아멘.

Pray

하나님이 지식의 주인임을 알게 하소서

지식과 지혜의 근본 되시는 하나님, 하나님께서 모든 지식의 주인이시며, 창조자 되심을 믿음으로 고백합니다. 사람인 우리는 단지 하나님이 주신 선물로 주신 능력으로 지식을 발전시켰을 뿐임을 고백합니다. 사람이 발견한 지식이 우리 것인 것처럼 생각했던 교만을 버리게 하여 주옵소서.

제가 지식의 주인 되신 하나님을 인정하듯이 우리 자녀도 그러길 원합니다. 자녀가 국어, 수학, 외국어, 예술, 과학 등을 왜 배우는지와 그것으로 무엇을 할 수 있는지 진리의 성령님께서 깨달아 알게 하옵소서. 모든 진리는 하나님의 진리임을 고백하며, 하나님의 사랑으로 충만한 지식이 사랑하는 자녀 안에 뿌리 내리고 자라게 하셔서 사람과 세상을 돌보고 책임질 줄 아는 자녀가 되게 하옵소서.

무엇을 하든 하나님을 경외하고 하나님 나라와 의를 먼저 구하는 사람이 되기를 원합니다. 하나님께서 주시는 지혜와 통찰력으로 죄의 길과 의의 길을 분별할 줄 아는 아이가 되게 하옵소서. 예수님의 이름으로 기도합니다. 아멘.

성공 신화의 욕심을 돌이키게 하소서

자녀 양육의 근본이요 참된 방향이 되시는 하나님, 하나님께서 우리 인생의 주인 됨을 입버릇처럼 고백하면서도 저의 계획과 세상의 기준을 놓지 못하고 살아왔음을 회개합니다.

하나님의 말씀보다 뉴스나 신문, 주변 사람들의 이야기에 집중했던 저의 눈과 귀를 회개합니다. 상위 지식을 습득하는 것이 곧 힘이고, 돈이기에 경쟁에서 승리하라고 자녀에게 암묵적으로 가르쳤고, 종용했습니다. 세상이 만들어 놓은 성공 프레임에 어느 새 갇혀 기독교적으로 분별하려고 애쓰지 않고, 무작정 따라갔습니다. 긍휼히 여겨주옵소서.

죄 된 본성은 하나님의 방식을 신뢰하지 못하고 순간 순간 세상이 주는 유혹을 떨치지 못했습니다. 저의 욕심인 줄도 모르고, 자녀에게 부모의 방식을 강요해 왔습니다. 자녀가 세상이 말하는 성공의 길에 들어서는 것 같으면 안심하고, 그렇지 않으면 불안하여 사교육에 무작정 의존하며 자녀를 다그치기도 했습니다. 하나님, 순간 순간 저의 생각과 세상의 기준에 가려 약해지는 마음을 붙들어 주옵소서. 이제는 분별의 지혜와 눈을 주시어 왜곡된 교육의 시류, 곧 성공 신화의 욕심에서 돌이켜 하나님의 뜻을 찾게 하옵소서. 예수님의 이름으로 기도합니다. 아멘.

Pray

자녀 안의 하나님 형상을 회복하게 하소서

자녀를 만드시고 그 인생을 아름답게 계획하신 하나님, 사랑하는 아이가 하나님의 것임을 고백합니다. 하나님께서 처음 만드신 순간부터 지금까지 내 자녀의 모든 삶은 모두 주님의 손에 있으며, 그의 미래도 항상 주님의 손에 있음을 고백합니다. 이 아이의 삶에 늘 함께하시어 하나님의 형상을 닮은 사람으로 자라도록 도와주옵소서.

하나님께서 자녀에게 특별한 모습을 주셨는데, 그 안의 가능성이나 현재에만 초점을 맞추어 자녀의 부족함에만 관심을 가지는 우리의 연약함을 긍휼히 여겨 주옵소서. 자녀 안의 하나님의 형상이 부모의 사랑과 가르침으로 온전히 회복되게 하옵소서.

그리하여 하나님께서 주신 특별한 모습을 찾고, 하나님의 형상대로 자라나 이웃에게도 유익을 끼치는 사람으로 자라게 하옵소서. 우리가 세상에서 자녀를 맡아 기르는 동안 하나님의 눈으로 바라봄으로 자녀의 외모가 아니라 중심을, 현재가 아니라 장차를 보는 부모되게 하옵소서. 예수님의 이름으로 기도합니다. 아멘.

죄성을 가진 우리를 도우소서

죄악 된 세상에서 우리의 자녀를 보호하시는 하나님, 감사합니다. 지금도 사탄은 우리의 자녀가 죄를 짓고 하나님과 멀어지도록 쉴 새 없이 그 틈을 노립니다. 하나님의 형상대로 창조된 자녀와 우리이지만 우리의 연약한 죄성으로 인해 하나님과의 관계가 멀어질 때가 있음을 고백합니다. 하나님, 이 아이의 삶을 지켜 주시고, 어디를 가든 무엇을 하든 항상 동행하여 주시고 돌보아 주옵소서.

주님, 혹여나 자녀에 대한 사랑과 가능성에 대한 지나친 긍정으로 자녀들의 죄와 잘못을 제대로 바라보지 않고 외면하고 있다면 부모로서 주의 교훈과 훈계로 양육하게 하옵소서.

자녀의 잘못 앞에서 자녀를 바르게 훈육할 수 있는 지혜 또한 주옵소서. 자녀도 인간이기에 가지는 죄성을 분명히 분별하며 하나님의 뜻에 따라 적절하게 훈육하게 하옵소서. 저는 연약하고 불완전하나 주님의 말씀은 강하고 완전하십니다. 주의 도를 따라 양육하기를 원하오니 오늘도 승리하는 삶을 살게 하옵소서. 예수님의 이름으로 기도합니다. 아멘.

Pray

복음으로 자녀의 삶이 회복되게 하소서

하나님, 오직 예수 그리스도만이 삶의 힘이요, 생명이며, 참된 친구 되시고 기쁨과 소망 되심을 고백합니다. 예수님을 떠나서는 죄악에 빠질 수밖에 없으며, 생명의 길을 잃고 헤맬 수밖에 없음을 겸손히 고백합니다.

삶의 주인이신 하나님, 자녀와 우리는 예수 그리스도의 피값으로 산 존재임을 믿습니다. 이제 우리 아이의 삶이 복음으로 말미암아 회복의 은혜를 누리길 원합니다. 부모인 우리가 자녀는 죄인임과 동시에 그리스도의 구속의 은혜가 필요한 존재임을 잊지 않고, 무엇보다 복음의 기초 위에 자녀를 바라보고 예수님을 가르치게 하옵소서. 그리하여 죄로 인해 아이의 어그러지고 잘못된 형상이 하나님의 형상으로 회복되게 하시고, 삶의 순간 순간마다 좋은 사람과 좋은 환경을 주셔서 귀한 열매를 거두게 하여 주옵소서.

자녀의 영적, 인성적 부분의 회복뿐 아니라 학업적인 부분도 예수 그리스도의 구속의 은혜로 건강하게 회복되길 원합니다. 그리하여 자녀의 회복된 삶을 통하여 많은 이들이 예수 그리스도의 복음을 접할 수 있게 하여 주옵소서. 예수님의 이름으로 기도합니다. 아멘.

모든 지식을 통해 하나님을 발견하게 하소서

온 우주를 창조하시고 다스리시는 지혜의 하나님을 찬양합니다. 하나님의 완전하고 풍요한 지혜와 지식을 따라 모든 피조물을 다스리시니 모든 것이 하나님의 진리를 드러냄이 마땅합니다. 사람이 자신의 지혜와 지식으로 만들어낸 어떤 것도 모두 하나님이 창조하신 것을 바탕으로 이룬 것이니 사람들이 겸손하게 하셔서, 모든 지혜와 지식에서 하나님의 진리를 발견하게 하옵소서.

특히 모든 가정과 학교에서 이루어지는 교육과 교과 지식에서 하나님의 진리가 발견되고 가르쳐지기를 원합니다. 하나님을 알지 못하는 교사라도 지혜와 지식을 탐구하고 가르치는 것이 올바르게 하셔서, 결국 모든 진리는 하나님의 진리인 것을 자신뿐 아니라 학생들과도 함께 깨달아 알게 하옵소서.

하나님이 주신 지식을 잘못 사용해서 사람을 높이고, 욕심을 채우며, 성공과 성적만을 앞세워서 결국에는 하나님을 대적하게 만드는 세상의 악한 시도를 막아 주옵소서. 교육이 이루어지는 곳마다 하나님의 진리를 탐구하고 발견하는 기쁨이 충만하게 하옵소서. 예수님의 이름으로 기도합니다. 아멘.

Pray

국어교육을 통해 하나님의 뜻과 진리를 발견하게 하소서

세상의 언어를 만드시고, 사람들에게 언어를 선물하신 하나님께 감사를 드립니다. 또한 말씀으로 세상을 아름답고 온전하게 창조하셨고, 말씀으로 세상을 주관하시고 섭리하시니 모든 언어가 하나님의 섭리를 이루는 통로가 되고, 하나님의 뜻을 드러내는 도구가 되기를 원합니다.

하나님을 찬양하고 다른 사람을 사랑하고 섬기는데 국어를 사용하게 하옵소서. 국어교육을 통해 타인의 생각을 신중하게 듣기, 나의 생각을 정리하여 쓰기, 분명하게 말하기, 비판적으로 읽기 등의 기술이 습득되게 하옵소서. 특별히 공동체 속에서 살아갈 때 사람을 살리는 언어를 가지고 회복과 화해의 사랑으로 살아가게 하옵소서. 국어가 단순히 '국어교과'에만 국한되는 것이 아닌만큼 모든 교육 과정을 통해 건강한 앎이 뿌리내리게 하옵소서.

하나님, 국어가 다시 하나님의 온전한 창조를 회복하고, 하나님의 뜻과 진리를 전달하고 발견하는 통로가 되기를 원합니다. 이를 위해 국어 수업이 국어를 다시 살리고 회복하는 거룩한 시간이 되게 하옵소서. 예수님의 이름으로 기도합니다. 아멘.

Pray

한문교육을 통해 하나님의 뜻과 진리를 발견하게 하소서

사람이 다 헤아릴 수 없는 경륜으로 역사를 주관하시는 하나님을 찬양합니다. 특별히 우리나라를 지금의 이곳에 있게 하셔서 한자 문화권의 영향을 받게 하신 하나님의 뜻을 잘 새기고 따르기를 원합니다. 이것을 위해 한문교육이 세상을 섭리하시는 하나님의 역사를 보는 통로가 되게 하옵소서.

한문교육이 단지 한자를 많이 알고 그것을 생활 속에서 잘 활용하거나, 개인의 문화와 교양의 수준을 높이고 그것을 향유하고 누리는 수준을 뛰어넘어 한문을 통해 계시된 하나님의 뜻을 발견하고, 그것을 나누며 또한 성취하는 통로가 되게 하옵소서. 학생들도 한자를 배우고 익힌 실력을 입시나 성적 등 세속적인 가치로만 활용하는 것에서 벗어나 한자로 이루어진 다양한 작품과 자료, 기록 속에 담긴 하나님의 뜻과 풍성한 하나님의 이야기를 탐구하는 태도와 자세를 배우게 하시고, 그 안에서 개인과 사회, 나라를 살리는 생명의 지혜와 가치 또한 발견하게 하옵소서.

더 나아가 한자 문화권의 여러 나라에 진출하여 영향력을 끼치고 복음을 전하며 하나님 나라를 펼쳐가는 발판이 되기를 간구합니다. 예수님의 이름으로 기도합니다. 아멘.

Pray

수학교육을 통해 하나님의 뜻과 진리를 발견하게 하소서

온 우주를 완전한 수학적 질서와 법칙 가운데 창조하시고 지금도 섭리하시는 하나님을 찬양합니다. 또한 사람에게 하나님의 법칙과 질서를 볼 수 있는 지혜와 눈을 주셔서 그것을 수학이라는 학문으로 정리하도록 허락하신 은혜에 감사를 드립니다.

수학교육이 궁극적으로 하나님을 향하게 하시고, 하나님의 중요한 섭리의 방법 가운데 하나인 것을 깨닫게 하는 도구가 되게 하옵소서. 수학 속에서 발견되는 패턴, 법칙, 구조를 통해 이 세상을 지속하시는 하나님의 신실하심을 보기를 원합니다. 수학이 단순히 입시의 중요한 도구로만 쓰여지는 것이 아니라, 자녀가 일상을 살아갈 때 마주하는 상황 속에서 문제를 해결하는 도구로 사용되게 하옵소서. 교과를 통해 수와 공간의 개념, 그 관계성을 이해하여 자녀의 앎의 지평이 넓어지게 하옵소서.

수학교육이 이루어지는 모든 곳에서 수학의 과정과 길, 지혜를 길러주는 것이 중심이 되게 하시고, 그렇게 자라난 자녀의 지식과 지혜를 통해 하나님이 지으신 창조세계의 문제들이 해결되고, 인간사회도 바름의 질서를 찾아가는 역사가 일어나게 하옵소서. 예수님의 이름으로 기도합니다. 아멘.

물리교육을 통해 하나님의 뜻과 진리를 발견하게 하소서

창조주 하나님, 하나님의 완전하고 선한 창조를 찬양합니다. 온 세상이 드러내어 보여주는 하나님의 창조의 아름다움과 온전함을 학생들이 발견하기를 원합니다. 무엇보다 학교에서 배우는 물리 시간을 통해서 창조의 법칙과 의미, 목적과 가치를 배우기를 원합니다.

이 땅의 과학교육은 자녀들에게 과학은 객관적이라고 말하며, 과학으로 사회의 문제와 형상들을 해석하고 해결할 수 있다고 확언합니다. 그러나 물리교육을 통해 자녀들이 하나님의 진리 안에 담긴 형상들을 해석하여 하나님을 더 온전히 이해하게 하옵소서. 과학의 기본 개념, 구조, 이론들을 조사하여 추론하는 모든 사고의 양식 속에 함께 하셔서 자녀의 앎과 지혜가 자랄수록 하나님을 더 분명히 알아가게 하옵소서. 더불어 인내의 태도와 겸손의 마음을 주시어, 학업가운데 진리를 더 탐구하게 하옵소서. 또한 물리수업이 하나님의 창조의 결과만을 확인하는 것이 아니라 그 과정에서 섭리하신 하나님의 역사를 탐구하고, 그것을 토대로 하나님의 뜻과 진리를 물리의 눈으로 발견하는 시간이 되게 하옵소서. 예수님의 이름으로 기도합니다. 아멘.

Pray

화학교육을 통해 하나님의 뜻과 진리를 발견하게 하소서

만물을 지으시되 다양한 물질을 바탕으로 구성하시고, 어떤 것에는 살아있도록 생명을 주시며, 특별히 사람에게는 하나님의 생기를 주셔서 살아 있을 뿐 아니라 하나님과 사귈 수 있도록 하신 은혜에 감사드립니다.

이처럼 하나님이 구별하여 선물하신 물질의 법칙과 질서를 우리나라의 화학교육이 바르게 섬기기를 원합니다. 화학교육이 만물과 생명체, 사람을 구성하고 살아있게 하는 물질에 대해 바로 알고, 그 물질들이 이루는 물질세계의 법칙과 질서를 알아 하나님의 피조 세계를 온전하고 건강하게 지켜내는 일에 토대가 되기를 원합니다. 뿐만 아니라 바른 화학교육의 선한 지혜를 통해 새로운 물질을 개발하여 피조세계가 더 온전하고 풍성해지는 일에 기여하는 사람이 많이 배출되기를 되기를 원합니다.

더 나아가 물질만으로는 결코 온전할 수 없는 피조세계의 본질을 깨닫고, 물질에 대한 하나님의 주권을 인정하며 하나님의 영이 베푸시는 생명과 생기를 우리나라의 화학교육이 잘 섬기게 하옵소서. 화학교육이 물질 세계 속에 가득한 하나님의 지혜와 섭리를 발견하고 또한 느끼면서 하나님의 완전하신 창조를 깨닫게 하시고, 그 온전함과 완전함을 찬양하는 감동과 은혜의 교육이 되게 하옵소서. 예수님의 이름으로 기도합니다. 아멘.

생물교육을 통해 하나님의 뜻과 진리를 발견하게 하소서

모든 생물을 그 종류대로 이 땅에 있게 하신 하나님을 찬양합니다. 또한 말씀으로 모든 것을 창조하시면서 하나님의 생기와 존재의 목적을 새겨주심에 감사드립니다. 모든 생물과 생명의 주권이 하나님께 있다는 것을 우리의 자녀들이 인정하고, 그 믿음 위에서 세상을 보게 하옵소서. 이를 위해 생물교육을 사용하여 주옵소서.

생물교육을 통해 하나님이 창조하신 생물들에 대한 폭넓은 지식을 얻을 뿐 아니라, 생물들과 그 생물이 살아가는 환경에 대한 청기지로서의 사명을 갖게 하시고, 하나님의 창조물을 대하는 바른 태도를 배우게 하옵소서. 또한 생명에 대한 소중함을 알게 하시고, 하나님의 창조 생명들을 지키고 보전하는 것의 중요성도 새기게 하옵소서.

특별히 기독교 세계관을 토대로 가치관을 형성해야 할 우리의 자녀들이 진화론과의 갈등을 겪고 있습니다. 한 가지 이론만 맞다고 말하며, 그것만을 가르치기 보다는 지적설계론이나 창조론과 같은 하나님의 주권을 인정하는 주장들도 생물교육과정 가운데 있게 하시어 자녀들이 생물을 배우며 괴리감을 느끼지 않고 과학적 지식 안에서 하나님을 알고 발견하게 하옵소서. 이를 위해 기독과학교사들이 기독교적 세계관으로 생물교육을 재구성하는 건강한 시도가 이루어지게 하옵소서. 예수님의 이름으로 기도합니다. 아멘.

Pray

지구과학교육을 통해 하나님의 뜻과 진리를 발견하게 하소서

하나님의 놀라운 창조물인 지구와 환경, 생태계가 하나님의 창조의 온전함과 아름다움을 보전하기를 원합니다. 또한 온 우주에 가득한 창조 질서 또한 선하게 지켜지기를 원합니다. 이를 위해 지구과학교육을 사용하셔서 지구와 우주에 대한 하나님의 주권이 인정되고, 하나님의 뜻이 펼쳐지게 하옵소서.

지구과학을 통해 우리 자녀들이 하나님의 뜻이 펼쳐져야 할 환경과 토대가 되는 지구와 우주에 대한 책임을 알게 하시고, 인간의 교만과 욕심 때문에 병들고 망가진 지구 환경과 생태계를 다시 살려내는 창조의 일꾼들이 되게 하옵소서. 또한 종합 과학인 지구과학을 통해 물리나 화학, 생물의 지식과 지혜를 융합적으로 모아 하나님의 창조의 아름다움과 완전함을 지켜내고 더욱 아름답게 가꾸게 하옵소서. 뿐만 아니라 하나님의 피조물인 지구 자체와 대기, 해양은 물론 기상과 해양, 지구물리학 더 나아가 우주를 연구하는 천문학까지 하나님의 창조를 선포하고, 증언하며, 창조의 법칙과 질서를 지켜가는 전문가들이 많이 배출되기를 원합니다. 지구과학 교육 과정에서 하나님의 창조를 반대하는 시도들이 사라지게 하여 주시고 기독교 세계관을 토대로 지구와 우주에 대한 건강한 시각과 태도가 길러지는 교육과정이 마련되게 하옵소서. 예수님의 이름으로 기도합니다. 아멘.

사회교육을 통해 하나님의 뜻과 진리를 발견하게 하소서

삼위일체 하나님의 거룩하고 온전한 하나 됨을 찬양합니다. 그리고 그 하나님의 연합이 피조세계에, 특히 인간 사회에도 가득하여 온전한 하나 됨이 이루어지기를 간구합니다. 특별히 인간 사회에 대한 지식과 지혜가 우리나라의 사회교과를 통해서 길러지고, 성숙하게 하옵소서.

사회교과를 통해 우리의 자녀들이 인간 사회에서 일어나는 수많은 현상들을 바르게 알고 성찰하기를 원합니다. 우리나라 사회와 다른 여러 나라의 사회의 특성들과 보편성을 알고, 사회 현상들을 통전적으로 이해하는 지식과 지혜를 익혀서, 사회의 여러 문제들을 바르게 풀어내고, 미래로 나아가는 길을 찾게 하옵소서. 사회교과를 통해 사회를 망가뜨리는 악한 생각과 가치관, 악의 흐름들은 바르게 분별하고, 소중한 사회적 가치들은 지켜내고 건강하게 하는 사회교육이 이루어지게 하옵소서.

이를 위해 사회교과의 교육 과정이 각 수준별 교육 과정의 틀 안에서 건강하고 활발하게 일어나게 하시고, 교사들은 사회교과에 대한 전문성을 익히고, 바른 교육을 하여 학생들을 잘 이끌게 하옵소서. 무엇보다 교사와 학생 모두가 하나님이 기뻐하시는 사회를 꿈꾸고 바라보며 그것을 이루는 사명자가 되게 하옵소서. 예수님의 이름으로 기도합니다. 아멘.

Pray

국사교육을 통해 하나님의 뜻과 진리를 발견하게 하소서

역사의 주인이신 하나님, 역사를 이끄시는 하나님의 선하신 통치가 우리나라와 세계에 드러나고 찬양받으시기를 원합니다. 무엇보다 국사교과를 통해 하나님의 역사적 통치와 주권이 알려지고 인정되게 하옵소서.

국사교과를 통해 과거를 올바로 알고, 그로부터 현재와 미래를 바라보는 지혜로운 눈을 갖게 하옵소서. 다양한 관점과 가치관들이 서로 충돌하거나 보다 힘 있는 쪽이 다른 쪽들을 억압하지 않게 하시고, 창조적으로 조화를 이루어 현재와 미래를 위해 보다 건강하고 선한 지혜가 길러지고 또한 힘이 모아지게 하옵소서. 특히 국사(역사)를 왜곡하거나, 바꾸거나, 부정하려는 시도와 힘 있는 사람들이 원하는 대로 국사를 가르치려는 그릇된 시도들을 막아 주옵소서. 국사(역사)교과를 통해 길러진 국사에 대한 바르고 건강한 이해와 태도를 토대로 우리의 역사와 우리나라를 더 사랑할 뿐만 아니라 다른 나라와 문화에 대한 이해와 배려도 함께 길러지게 하옵소서.

이를 위해 다양한 수준에서 국사 교육과정이 개발되게 하시고, 교사의 교과 전문성과 교육 수월성이 성장하여 무엇보다 모든 역사의 주인으로 통치하시는 하나님께 교육의 주권을 넘겨드리는 거룩한 변화가 있게 하옵소서. 예수님의 이름으로 기도합니다. 아멘.

Pray

지리교육을 통해 하나님의 뜻과 진리를 발견하게 하소서

온 세계를 지역적, 지리적으로 다양하고 특색 있게 창조하신 하나님, 하나님의 창조섭리를 찬양합니다. 특별히 지리교과를 통해 지구의 표면에 대해 이해하고, 하나님의 섭리를 발견할 수 있게 하심에 감사를 드립니다. 또한 지리교과를 통해 하나님이 창조하신 땅 안에서 벌어지는 인간과 자연, 사회의 다양한 현상들을 바르게 이해함으로 우리나라는 물론 세계에 선하게 기여하는 사람들이 풍성히 길러지게 하옵소서. 특별히 지리에 대한 하나님의 뜻을 제대로 알고, 하나님 나라를 이루어가기를 원합니다.

지리교과가 우주와 지구를 만드신 하나님이 지리교과에 대한 주권을 가지신 분이심을 바르게 제시하고, 하나님의 뜻 안에서 지리교과의 다양한 영역은 물론 교육 과정이 개발되게 하옵소서. 또한 지리교과를 통해 우리나라와 세계를 아끼고 사랑하게 되며, 자연과 인간의 관계를 건강하게 만들고, 인류가 당면한 여러 문제들을 바르게 해결하는 성숙한 시민이 길러지기를 원합니다.

지리교과는 다양한 교과와 학문들과의 협력이 중요한 만큼 학문적 협력과 융합을 잘 이끌어내는 교육이 일어나게 하옵소서. 이를 위해 전문적인 교사들도 육성되고, 그들이 교육할 자리도 있게 하옵소서. 지리교과에 임하시는 하나님 나라를 소망하며 예수님의 이름으로 기도합니다. 아멘.

Pray

윤리교육을 통해 하나님의 뜻과 진리를 발견하게 하소서

세상의 정의와 공의의 기준이 되시는 하나님을 찬양합니다. 하나님의 법이 온 세상에 가득하여 사람들, 이웃, 공동체, 사회와 나라 모든 곳에서 함께 어울려 살게 하옵소서.

하나님의 윤리교육은 올바른 생활 태도와 가치관 정립을 목적으로 합니다. 그런데 올바름의 기준을 사람이 정하니 태도와 가치관이 혼란스럽고, 충돌하며, 무너지고 있습니다. 끔찍한 범죄가 많아지고, 사람의 관계가 깨져서 가정도, 학교도, 사회도 망가지고 있습니다. 돈과 재산, 성공의 가치가 사람의 가치를 눌러 이기다보니 사람들의 태도가 황폐해지고, 심지어 사람의 욕심이 하늘을 찔러 자연과 생태에 이르기까지 하나님의 선한 통치의 질서가 깨지고 있습니다. 사람들마다 바른 윤리가 아니라 악한 윤리로 살아가게 되었습니다.

하나님, 학교의 윤리교육이 올바름을 회복하게 하옵소서. 하나님의 윤리가 모든 윤리의 기준이 되어 학생들이 세상을 향한 하나님의 뜻과 진리를 알고, 성경적인 태도와 가치관을 배우게 하옵소서. 자녀들이 수없이 마주하는 불확실성이 가득한 상황 속에서 중심을 잡고 갈 수 있는 윤리를 교육을 통해 배우게 하옵소서. 예수님의 이름으로 기도합니다. 아멘.

세계사교육을 통해 하나님의 뜻과 진리를 발견하게 하소서

온 세계를 향한 하나님의 계획과 섭리하심이 완전하고 선하심을 믿습니다. 또한 역사를 통해 자신을 계시하시고 세계 속에서 섭리하시는 하나님의 살아계심을 보게 하심을 찬양하고 감사를 드립니다. 사람을 역사적 존재로 만드신 하나님, 역사를 통해 자녀가 진리의 지혜와 시각, 깨달음을 얻게 하옵소서.

세계사교육을 통해 이제껏 사람들이 어떻게 살아왔고, 발전해 왔는지를 바른 안목으로 보는 실력이 길러지기를 간구합니다. 각 나라마다의 고유한 역사를 알고, 그것을 허락하신 하나님의 뜻을 분별하고 이해하게 하옵소서. 모든 나라의 차원에서 인류의 역사를 바르게 조명하고 깨달음과 지혜를 얻는 것 뿐 아니라 하나님의 뜻과 계획 또한 발견하게 하옵소서. 이것을 바탕으로 역사라고 하는 깊고 넓은 차원의 지혜의 공간을 향유하며, 지식과 지혜를 더하고 그것을 토대로 현재와 미래의 바른 길을 발견하는 거룩한 실력이 길러지게 하옵소서.

세계사교육을 통해 세계 역사를 보는 안목은 물론 세계 여러 나라와 지역의 역사와 문화에 대한 폭넓은 지식과 이해를 바탕으로 자기 자신과 가정, 교회와 나라, 인류의 위치와 사명과 역할을 알게 되고, 인류의 미래에 기여하게 하옵소서. 예수님의 이름으로 기도합니다. 아멘.

23일

Pray

민주시민(정치)교육을 통해 하나님의 뜻과 진리를 발견하게 하소서

하나님, 이땅에 하나님 나라를 건설하시기 위해 법과 질서를 만드시고, 다양한 소통의 장을 만드신 것에 감사를 드립니다. 그런데 이 땅의 정치와 민주주의가 집단의 이익과 가진 자의 욕심을 채우는 도구가 되어 하나님의 섭리를 거스르고, 본래의 의미와 목적을 잃어버리고 있습니다. 방향을 잃은 정치와 민주주의가 하나님의 질서를 회복하고 바로 세워지기를 원합니다.

자녀들이 정치 교육을 통해 정치와 민주주의의 소양을 가진 시민으로 길러지기를 원합니다. 자유와 평등, 정의, 연대 등의 소중한 가치가 하나님이 정하신 질서 속에서 아이들에게 형성되게 하시고, 그것을 바탕으로 사회와 나라가 바르게 작동하게 하옵소서. 학교가 성숙한 민주 시민을 길러내는 환경을 제공하는 구조가 되게 하옵소서. 가정 또한 자녀들에게 하나님이 기뻐하시는 정치와 민주주의를 경험하는 환경이 되게 하옵소서. 이것을 위해 부모와 교사들도 성숙한 민주 시민과 정치적 소양을 갖게 하시기를 원합니다.

학생들이 정부와 정치인들, 국가와 건강한 관계를 가지며 동행하면서 정치에 당당한 주권자로 참여하는 시민으로 자라게 하시고, 무엇보다 하나님 나라에 대한 분명한 확신으로 이 땅의 정치를 바르게 세워가는 사명을 감당하게 하옵소서. 예수님의 이름으로 기도합니다. 아멘.

Pray

경제교육을 통해 하나님의 뜻과 진리를 발견하게 하소서

성경을 통해 경제적 정의의 중요성을 말씀하신 하나님, 하나님 나라의 경제 질서와 뜻이 이 땅에 실현되기를 원합니다. 무엇보다 경제교육을 통해 자녀들이 자신의 용돈을 잘 관리하는 것에서부터 체계적인 경제적 지식과 사고력, 가치관을 형성하는 것에 이르기까지 소양과 태도가 길러지기를 원합니다. 또한 하나님의 정의와 질서가 모든 경제 활동의 기초가 되어야 함을 알게 하시고, 그것을 자신이 감당하는 경제 활동 속에서 구현하게 하옵소서.

시대를 살아가며 경제와 관련된 악의 문제를 바르게 분별하고, 성령을 통해 하나님의 뜻에 따라 악에 도전하고 문제를 해결할 수 있는 지혜와 힘, 실력을 갖추게 하옵소서. 또한 경제 활동의 토대인 재화와 용역에 대해 바르고 정확하게 이해하게 하시고, 그것이 사용되고 활용되는 과정에서 가져야 하는 건강한 질서에 대한 지혜를 얻고 세상에 경제 속에 하나님 나라를 이루게 하옵소서.

이를 위해 가정과 학교의 환경이 바른 경제를 경험하고 소양을 쌓아가는 환경이 되게 하옵소서. 부모와 교사가 경제교육의 실력은 물론 하나님 나라의 경제에 대한 지혜 또한 갖추게 하옵소서. 예수님의 이름으로 기도합니다. 아멘.

Pray

외국어교육을 통해 하나님의 뜻과 진리를 발견하게 하소서

세계 각 나라, 민족, 부족의 말과 방언으로 하나님의 뜻을 알리시고, 하나님의 풍성하신 역사를 기록하시며 전하게 하시는 하나님, 이렇게 모든 형태의 언어를 통하여 온 세계의 사람들이 하나님을 만나고, 알게 하신 것에 감사를 드립니다.

오늘날 외국어교육은 영어와 기타 외국어로 등급이 나누어져서 언어 간 차별이 생겨났고, 언어와 문화의 확장이 국제적 감각과 영향력의 확대가 아닌 성적과 경쟁의 도구로 바뀌어 버렸습니다. 사람의 잘못으로 사교육과 악한 교육의 도구가 되어버린 외국어교육이 그 본질과 바른 방향을 회복할 수 있게 하옵소서.

외국어교육이 대한민국과 세계에 기여하는 다국어 인재가 배출되는 좋은 통로가 되게 하시고, 무엇보다 모든 나라에서 풍성하게 역사하시는 하나님의 풍성한 계시를 더 넓고 깊게 만날 수 있게 하시기를 원합니다. 또한 기독교인으로서 온 세계에 나아가 하나님 나라를 섬기는 인재들이 길러지는 발판이 되도록 외국어교육 가운데 하나님의 주권과 하나님 나라가 임하기를 원합니다. 이를 위해 외국어교육 과정이 계속 발전하게 하시고, 교사들 또한 바른 교육의 길을 따르게 하옵소서. 예수님의 이름으로 기도합니다. 아멘.

음악교육을 통해 하나님의 뜻과 진리를 발견하게 하소서

온 세상을 아름답게 창조하신 하나님, 모든 피조물이 드리는 찬양을 받으시옵소서. 하나님은 모든 피조물이 하나님을 기뻐하고 하나님께 영광을 돌리는 통로로 음악을 주셨습니다. 뿐만 아니라 음악을 통해 하나님의 완전하심과 아름다움을 발견하고, 하나님의 진리를 깨닫게 도 하셨으니 이 땅의 음악이 하나님께로 나아가는 거룩한 통로가 되 기를 원합니다.

하지만, 오늘날 음악은 사람의 뜻을 담고, 사람의 영광을 이루는 도구가 되었고 음악을 듣고 향유하며 삶을 표현하는 교육이 아니라 단지 도구적인 방법으로서 교과로 전락하였습니다. 학교에서는 입시와 성적 중심 문화 때문에 음악 수업이 줄거나 없어져서 음악 자체를 만날 수 있는 시간도 줄어들고 있습니다. 음악을 향유하고, 경험함을 통해 음악으로 표현하며 창작하는 기쁨을 가르치는 교육되게 하옵소서. 회복된 음악교육을 통하여 학생들의 정서가 회복되고, 음악을 통한 영성이 살아나게 하셔서 자라나는 세대가 음악을 통해 하나님을 만나고 하나님의 뜻과 진리를 발견하게 하옵소서. 예수님의 이름으로 기도합니다. 아멘.

Pray

미술교육을 통해 하나님의 뜻과 진리를 발견하게 하소서

완전한 진선미가 되시는 하나님을 찬양합니다. 사람에게 상상과 창조의 능력을 주시고, 예술 활동을 통해 하나님의 아름다움에 참여하게 하신 것을 또한 감사합니다. 이 하나님의 아름다움에 참여하는 거룩한 통로로 우리나라의 미술교육을 사용하여 주시기를 원합니다.

학교와 가정, 학원 등에서 이루어지는 모든 형태의 미술교육이 인간을 높이는 도구가 되지 않게 해주시고, 입시와 진학을 가장 크게 보는 그릇된 인식 또한 치유하여 주옵소서. 입시를 강조하며 미술 교과 시간을 줄이거나 없애려는 시도를 막아주시고, 진리와 지식 그리고 무엇보다 건강한 정서의 토양이 되는 미술교육을 통해 학생들의 바른 학업 성취가 이루어지게 하옵소서.

모든 미술교육이 아름다움을 볼 수 있는 지혜와 감각을 길러 주고, 또한 아름다움을 만들어 낼 수 있는 지혜와 힘 또한 길러 주게 하셔서 자신과 세상을 더 아름답게 할 뿐만 아니라 무엇보다 하나님의 아름다움에 더 가까이 다가가는 통로가 되게 하옵소서. 발달단계에 맞는 적절한 미술교육이 이루어져서 우리의 자녀들이 미술에 대한 관심과 흥미를 잃지 않게 하시고, 지능의 유형이 미술과 잘 맞는 자녀들은 자신에게 주어진 특별한 선물을 잘 개발하여 그것으로 하나님 나라에 기여하게 하옵소서. 예수님의 이름으로 기도합니다. 아멘.

체육교육을 통해 하나님의 뜻과 진리를 발견하게 하소서

사람을 하나님의 영광과 창조의 아름다움을 볼 수 있고, 그것을 다양한 방식으로 표현할 수 있게 하신 하나님을 찬양합니다. 무엇보다 하나님의 형상으로 창조된 우리가 하나님의 시선으로 체육 관련 교육들의 그 본연의 가치와 자리를 바라보기를 원합니다.

입시와 성적에 밀려 점점 줄어들어 가는 체육 시간이 하나님의 창조 섭리에 따라 가치가 인정되고, 적절한 교육의 자리와 시간을 확보하게 하옵소서. 무엇보다 몸의 건강함이 영혼과 연결되는 일임을 우리가 잊지 않기를 원합니다. 책상에 앉아있는 시간만큼 몸을 움직여 자신을 돌보는 것이 중요한 것임을 자녀에게 말하는 부모가 되게 하옵소서.

체육교육을 통해 하나님이 주신 몸과 정신이 건강하게 되고 온갖 움직임을 통해 세상과 소통하며, 자신을 실현할 뿐 아니라 하나님 사랑과 이웃 사랑을 실천할 힘을 얻게 하옵소서. 몸으로 창조 세계 전체를 표현하고 추구하는 실력이 길러지며 건강한 정서와 감성이 형성되며 세상과 소통하는 풍성한 길과 열리게 하옵소서. 발달단계에 맞는 체육교육이 이루어져서 어린아이부터 성인이 될 때까지 적절하게 몸을 사용하고, 발달시켜 자신의 건강한 삶을 누릴 뿐 아니라 사회와 나라에도 기여하게 하옵소서. 예수님의 이름으로 기도합니다. 아멘.

Pray

기술가정교육을 통해 하나님의 뜻과 진리를 발견하게 하소서

창조세계를 아름답고 건강하게 보존하고 지키는 사명을 맡기신 하나님 감사합니다. 하나님이 사람에게 허락하신 온갖 지혜와 기술들이 창조세계를 잘 섬기고 보전하는 일에 선하게 쓰일 수 있도록 선하게 개발되고 훈련되게 하옵소서. 또한 가정이 하나님과 창조세계를 섬기는 소양을 길러내고 바탕을 마련하는 장소가 되게 하옵소서.

이 시대 많은 사람들이 기술을 욕심을 위해 사용하고 온갖 악한 일들을 저지르는 도구로 활용하고 있으며, 또한 가정이 무너지면서 삶과 인생, 가치의 기반을 잃어버리고 있습니다. 기술가정교육을 통해 상처 난 기술과 가정이 치유되고 회복되어 다시 선하고 거룩하게 세워지기를 원합니다.

기술교육을 통해 농경사회, 산업사회, 정보화사회 등 각 시대마다 그 시대를 살리고 건강하게 지켜갈 수 있도록 허락하신 온갖 기술들을 바르게 익히고 사용하며 지혜롭게 활용할 소양과 실력이 길러지게 하옵소서. 또한 기술을 바르게 이끌 지혜롭고 실력 있는 학생들도 많이 배출되기를 원합니다. 또한 가정교육을 통해서 가정의 중요성을 인식하게 되고, 가정생활 전반에 대한 지혜와 필요한 지식과 기능을 익혀서 다시 가정이 개인과 사회의 근간이 되고, 삶의 근본적인 질과 생명력이 살아나게 하옵소서. 예수님의 이름으로 기도합니다. 아멘.

특수교육 선택과목을 통해 하나님의 뜻과 진리를 발견하게 하소서

사람을 다양하게 창조하시고 또 각자를 향한 뜻을 가지시고 부르시는 하나님의 섭리를 찬양합니다. 이 땅의 교육을 통해 모든 자녀들이 자신의 소명을 발견하고 사명으로 응답하게 되기를 간구합니다. 이미 이 땅에 다양한 계열의 특수목적 학교들을 세우셔서 여러 전문 영역으로 진출할 학생들이 일찍부터 길러지게 하신 것을 감사드립니다. 상업, 정보산업, 공업, 농업, 수산과 해양 계열 등의 특수목적 학교의 다양한 교과들을 통해 각 분야를 책임질 실력 있는 인재들이 길러지게 하옵소서. 각 특수 분야 교과마다 마련된 교육 과정이 계속 발전하게 하시고, 이론과 현장을 연결하는 좋은 교수학습 방법이 지속적으로 개발되어 학생들에게 충분한 전문성이 길러지게 하옵소서. 졸업 이후에도 전문분야로의 순적한 진출이 이루어져 각 분야가 이들의 영향력을 받게 하옵소서.

자녀들이 배우는 특수목적의 교과들을 통하여 하나님이 만드신 풍성한 세계의 청지기요 개척자들이 되게 하시고, 각 분야에 대한 전문성뿐 아니라 기독교 세계관을 통해 각 영역에 하나님 나라를 이루어 가는 제자들이 되게 하옵소서. 예수님의 이름으로 기도합니다. 아멘.

Pray

사랑하고 책임지는 공부를 하게 하소서

사랑이신 하나님, 자녀가 하나님을 닮아 책임지고 사랑을 베푸는 삶을 살아가기를 원합니다. 공부를 하면 할수록 감정이 메마르고, 경쟁하며, 승부만을 생각하는 이기적인 사람이 되게 하지 마시고, 오히려 사랑의 넓이와 깊이가 더해지는 사람이 되게 하옵소서. 공부를 하면 할수록 하나님의 사랑 안에서 자신을 사랑하고 소중히 여기며, 하나님께서 주신 인생을 멋지게 펼쳐가게 하옵소서.

형형색색으로 다르게 생긴 수많은 사람들이 함께 살아가는 이 세상에서, 지식의 분량이 쌓여갈수록 다른 사람을 이해하고, 사랑으로 섬기는 지혜를 깨우치게 하옵소서. 하나님이 만드신 이 세상을 믿음의 눈으로 바르게 바라보며, 선하고 성실한 삶을 통해 세상이 하나님께 영광을 돌리게 하는 삶을 살게 하옵소서. 그리하여 자녀가 공부를 하면 할수록 다른 사람과 이 세상이 아름답게 변화되게 하옵소서. 우리의 자녀가 사랑하고 책임지며 돌보기 위해 공부하는 사람이 되게 하여 주옵소서. 예수님의 이름으로 기도합니다. 아멘.

잠언 1 : 7

여호와를 경외하는 것이 지식의 근본이거늘 미련한 자는 지혜와 훈계를 멸시하느니라

The fear of the LORD is the beginning of knowledge,

but fools despise wisdom and instruction.

(Proverbs 1 : 7)

4월의

기도

주님, 누구보다 자녀를 사랑하는 기독학부모로서
아이를 온전히 이해하고 중보하기를 원합니다.
자녀의 신체 발달, 인지 발달, 사회심리 발달, 신앙 발달,
그리고 자녀의 인생의 단계마다 부모가 가져야 할 건강한 역할은
무엇인지 알기를 원합니다.
성숙을 바라는 마음으로 기도 가운데 나아갑니다.

자녀를 온전히
바라보고 이해하는 시간

Pray

4월 첫날의 기도

우리 삶에 생기를 부어주시는 하나님!
온 세상에 봄의 활력이 넘치는 이때,
자연 만물 가운데 임하시는 주님의 섬세한 손길에 감사를 드립니다.
자세히 들여다볼 수 있는 예쁜 풀꽃과 목련꽃 그늘 아래서
주님을 더욱 깊이 알아가는 4월을 보내게 하옵소서.

온 세상 속에 가득한 봄의 활력처럼 교육의 영역에서도
생기 가득한 회복이 일어나게 하옵소서.
꽁꽁 언 땅처럼, 메말라 있는 대지처럼,
소망이 보이지 않는 이 땅의 왜곡된 교육 현실을 일구어
새 생명이 돋아나게 하옵소서.

학생과 학생이 서로 아껴주고 배려하며 우정을 쌓아가게 하시고,
교사와 교사가 서로 협력하는 배움과 나눔의 공동체가 되게 하시고
학교와 부모가 존중하며 인정하며
소통하는 교육의 주체가 되게 하옵소서.
부모와 교사, 사랑하는 우리의 아이들이
생기 있는 교육 속에서 웃음 짓게 하옵소서.
4월에 주님이 원하시는 교육으로 한 걸음 더 나아가게 하옵소서.

예수님의 이름으로 기도합니다. 아멘.

태아기 자녀의 신체발달을 주관하소서

이 땅에 많은 부부들에게 생명의 신비를 허락하여 주신 하나님, 귀한 생명을 감사와 설렘으로, 두려움과 간구함 가운데서 맞이합니다. 태초부터 계획하신 이 아이가 하나님의 계획과 섭리 가운데 태중에서 건강하게 자라길 기도합니다. 하나님의 선한 일을 위해 잠시 맡은 아이임을, 주님이 이 아이의 어머니, 아버지임을 잊지 않게 하옵소서.

아이가 태중에서 자라는 동안 안전할 수 있도록 지켜주옵소서. 하나님의 일을 위해 쓰여질 귀한 손과 발이 자라게 하시고, 열정적으로 살아가기 위해 필요한 장기들이 주님의 첫 창조의 법칙에 어긋남 없이 형성되도록 하여 주옵소서. 몸 안의 뼈와 골격이 단단하게 자리 잡아 강건하며, 안녕하도록 인도 하옵소서. 아이의 생각과 신앙이 담길 마음과 영이 주님 보시기에 아름답게 자라도록 태 밖의 모든 상황과 환경을 지켜 주옵소서.

아이가 세상에 태어나 첫울음을 울 때, 그 때를 오래 기억하게 하셔서 아이가 자라는 동안 감사하기 힘든 일이 생길 때에, 자녀의 존재만으로 감사했던 그 마음을 다시 기억하는 부모가 되게 하여 주옵소서. 예수님의 이름으로 기도합니다. 아멘.

Pray

영유아 유치 자녀의 신체발달을 주관하소서

오늘도 주님이 창조하신 생명의 신비를 깨닫게 하여 주신 하나님, 더더 보이지만 매일의 삶에서 아이가 건강하게 자라는 모습을 보게 하시니 감사합니다. 아이 스스로 하나씩 보이는 발달과 어느 새 무언가를 할 수 있게 되는 학습의 과정이 부모의 눈에는 늘 놀라우며, 다시금 하나님이 만드신 창조와 성장의 법칙을 알아감을 고백합니다.

뒤집기를 시작하더니 걸음마를 떼고 뛰어 놀기까지, 평범할지도 모르는 이러한 발달과정에 세밀한 하나님의 간섭하심과 은혜를 느낍니다. 특별히 이 시기는 아이의 대근육, 소근육 발달이 중요한만큼 몸이 건강하게 발달하게 하시며, 작은 것에 일희일비하며 부모가 조급함을 내기보다는 우리 자녀의 속도에 맞게 인내하며 기다리는 부모가 되게 하옵소서. 자녀가 때에 따라 맞는 신체 성장을 하는지 잘 지켜보고, 자극하는 기회를 제공하는 부모 되게 하소서. 건강하게 몸이 자라는 것처럼 마음과 영혼도 건강하게 성장하게 하옵소서.

몸과 생각이 자라 언젠가는 부모를 떠나는 것이 하나님의 섭리임을 깨닫는 부모 되게 하옵소서. 예수님의 이름으로 기도합니다. 아멘.

아동기 자녀의 신체발달을 주관하소서

지금까지도 변함없이 우리의 자녀를 키워 주시는 하나님, 자녀를 양육하는 모든 날들이 아버지의 돌봄 가운데 있었음을 고백합니다.
어느새 초등학교에 다니는 아이를 볼 때마다 감사함과 동시에 염려가 있습니다. 아이의 모든 일거수일투족을 확인하고 돌보고 싶은 마음을 내려놓기를 원합니다. 하나님의 창조하신 성장 법칙 가운데 필요한 성장 과정을 거치며 자라고 있음을 알고 맡기오니 함께하여 주옵소서.
특별히 이 시기를 통해 아이의 몸이 건강하게 자라게 하여 주옵소서. 건강한 신체로 친구들과 신나게 뛰어 놀고, 협력, 규칙, 배려 등을 배우게 하시고, 지나친 학업 일정으로 신체적 에너지가 넘치는 자녀를 옭아매지 않게 하옵소서. 건강한 몸이 건강한 정신을 낳음을 기억하며, 머리에서부터 발끝까지 하나님이 만든 속도와 법칙에 따라 자라게 하옵소서. 또한 제가 부모로서 한 발 뒤에 서서 인내와 절제로, 그리고 자녀를 온전히 맡김으로 함께 성장하도록 인도하옵소서. 예수님의 이름으로 기도합니다. 아멘.

Pray

청소년기 자녀의 신체발달을 주관하소서

사춘기의 2차 성징이 오기까지 자녀를 지켜 주신 하나님, 태어나서 작기만 하던 우리 자녀가 어느새 성인으로서의 삶을 바라보기 직전까지 자랐습니다. 아이의 모습은 여전히 우리에게 예쁘고 사랑스럽습니다. 부모인 저의 눈에는 아직도 어린 아이 같기만한 자녀가 2차 성징이 일어나고 이성에게 관심을 가지는 등의 여러 변화가 나타납니다. 그러나 여전히 부모로서 염려가 많으니, 아이를 돌보시는 하나님을 더욱 신뢰하게 하여 주옵소서. 아이가 자신의 몸의 변화를 당황하며 받아들이는 것이 아니라, 성인의 준비기로 인식하고 준비하게 하옵소서. 무엇보다 귀하고 거룩한 몸으로 가꾸게 하옵소서. 학교에서 세상에서 또래 친구들과의 관계 속에서 몸을 소중히 여기게 하여 주옵소서. 뿐만 아니라 몸과 하나인 마음도 깨끗하고 순결하게 지키게 하여 주옵소서.

질풍노도의 시기의 자녀를 양육하는 동안 부모인 저는 더욱 더 말씀에서 바른 양육의 길을 발견하게 하시고, 바른 삶으로 본보기가 되게 하옵소서. 예수님의 이름으로 기도합니다. 아멘.

영아기 자녀에게 신뢰감이 형성되게 하소서

늘 우리에게 깨달음을 주시는 하나님, 오늘 하루도 아이의 놀라운 변화를 봅니다. 아이의 변화가 신기하고 감탄스럽지만, 가끔은 부모인 저에게 이 경험이 두렵기도 합니다. 능숙하지 못해 허둥대는 부모이기에 자녀에게 일관되게 반응하지 못할 때가 많고, 그런 경험들이 쌓여 죄책감을 낳기도 합니다. 부모로서 스스로 못마땅해서 아쉽고, 마음이 아플 때도 있습니다.

그러나 주님, 부모의 나약하고 성숙하지 못한 모습이 자녀에게 좋지 못한 영향을 끼치지 않게 하시고, 거룩하고 한결같은 말씀으로 무장하게 하여 주옵소서. 일관성 있고 늘 사랑이 넘치는 저의 양육으로 말미암아 자녀 안에 부모와 세상, 하나님에 대한 신뢰감이 쌓이고, '희망'이라는 힘이 생기길 소망합니다. 안정적인 애착이 형성되어 이 세상을 건강하게 인식하고 탐색하게 하옵소서.

그리하여 부모의 모습을 통해 늘 신실하신 하나님, 좌절할 때 일으키시는 하나님을 배우게 하옵소서. 예수님의 이름으로 기도합니다. 아멘.

Pray

유아기 자녀에게 자율성이 형성되게 하소서

우리 자녀를 창조하신 하나님, 유아기를 맞이한 자녀가 스스로 앉고, 서고, 스스로 먹기 시작하면서 부모로서 '혼자서도 잘한다'는 칭찬을 자주 하게 됩니다. 어떤 점은 아쉽기도 하지만 아이가 스스로 한 것들을 보며 자랑스러워할 때 부모로서 뿌듯하기도 하고 대견스럽습니다. 자기 스스로 밥을 먹고, 신발을 신고, 빨대를 꽂는 것 등이 부모의 눈에는 미숙하고 불완전해 보이지만, 자녀가 자율성을 가지고 행하는 모든 일을 격려하는 부모가 되게 하옵소서. 스스로 해보는 연습을 한 아이가 자기 주도적 삶을 사는 힘이 길러지는 것을 아오니, 불완전함과 실패를 두려워하지 말게 하옵소서. 자녀가 실패했을 때 나무라지 말게 하시며, 건강한 자율성의 확립으로 어떤 일이든 스스로 하고자 하는 '의지'라는 힘이 생기게 하옵소서.

그리하여 우리 자녀가 서서히 부모에게서 독립해 나가는 준비를 할 때, 그 준비를 기쁨으로 돕는 부모가 되게 하여 주옵소서. 스스로 하나님과 독대하는 그 시간까지 바른 자아와 맑은 영으로 성장하도록 오늘도 기도하면서 지키는 부모가 되게 하옵소서. 예수님의 이름으로 기도합니다. 아멘.

유치기 자녀에게 주도성이 형성되게 하소서

어린 자녀를 이만큼 성장시키신 하나님 감사합니다. 젖먹이였던 아이가 이제는 제법 자신의 의사를 표현하기 시작하니 기쁨과 감사가 두 배로 넘침을 고백합니다. 하나님께서 이제 자녀가 스스로 행동하도록 성장시키셨으니, 새로운 것을 계획하고 시도하는 자녀를 보며 부모인 저희가 가능성을 발견하게 하옵소서.

특별히 다른 사람의 입장에서 생각하고 수용하는 능력이 생기는 이 시기에 자녀가 자기 자신보다 다른 사람을 더욱 사랑하는 마음이 커가길 소망합니다. 친구와 함께 교제하는 시간을 통하여 누군가와 협력하여 사는 법을 배우게 하시고, 가정 안에서 자녀가 스스로 무엇인가를 하고자 하는 주도성이 잘 습득되도록 부모인 우리가 환경을 잘 조성하게 하옵소서. 선택하고 책임지는 연습을 시작한 아이가 이 시기에 건강한 경험들을 많이 하여 삶의 목적의식을 가지는 아이로 성장하게 하옵소서.

지금 자녀가 겪어야 할 발달단계를 건강하게 보내어 다음 발달 단계에서 맞이할 과업을 잘 넘을 수 있게 하시고, 부모인 저희가 자녀의 삶을 잘 안내하고 조력할 수 있도록 지혜를 더하여 주옵소서. 예수님의 이름으로 기도합니다. 아멘.

9일

부활절에 드리는 기도

'나는 부활이요 생명이다'라고 선포하신 예수님, 죽음을 이기신 예수님을 찬양합니다. 생명을 주시기 위해 이 땅에 오신 예수님의 사랑을 기억합니다. 예수님의 사랑으로 말미암아 우리의 삶도 죽음이 아닌 생명의 삶으로 이전되었음을 고백합니다.

자녀의 삶, 우리 가정, 그리고 이 땅의 교육에 부활의 생명이 다시금 임하기를 소망합니다. 여전히 교육의 아픔 가운데 놓여있는 이 땅의 아이들을 기억하여 주옵소서. 교육의 끝이 무엇인지 모른 채 달려가는 우리를 긍휼히 여겨 주옵소서. 이제 우리의 믿음을 들어 예수님이 이 땅에 오신 이유와 같이 사랑과 생명을 낳는 교육이 되게 하옵소서. 교실 안에서, 학교 안에서 살리고 함께 가는 것이 교육의 목표가 되게 하옵소서. 모든 교육의 여정을 통하여 자녀들이 하나님의 사랑을 알고, 진리 되신 주님을 만나게 하옵소서. 부활의 기쁜 소식이 교육의 현장에서부터 들려지게 하옵소서.

이를 위하여 기독학부모가, 교사가, 이 땅의 그리스도인들이 교육 가운데 하나님의 뜻을 살피고 펼치게 하옵소서. 예수님의 이름으로 기도합니다. 아멘.

130   4월의 기도

학령기 자녀에게 성실성이 형성되게 하소서

하나님 아버지, 초등학생인 자녀가 자신의 맡은 일에 책임을 다하는 성실한 아이로 자라나길 원합니다. 부모인 우리가 자녀의 성적 향상에만 관심을 두지 않게 하시고, 마땅히 초등학생 때 갖추어야 할 성실함과 책임감에 관심을 두어 결과보다 과정에 관심을 두고 칭찬하게 하옵소서.

때로는 결과가 만족스럽지 못하여 자녀의 노력을 생각하지 못하고 다그쳤을 때도 있었습니다. 저의 말로 자녀에게 열등감을 느끼게 한 것을 용서하여 주옵소서. 혹여나 학교에서 선생님이나 친구들에게 부정적인 비교를 당하여 자신감이 떨어지지 않게 도와주시고, 결과를 포용하고 그것을 통해 배우며, 비교가 아닌 하나님의 시선으로 자신을 바라보며 자긍심을 갖게 하옵소서. 하나님을 경외함으로 사람이 보든지 보지 않든지 성실하고 정직하게 행하는 용기와 의지를 주옵소서.

건강한 성실함이 형성되어 성실함으로 하나님께 구하고 이웃을 위하여 기도하는 자녀로 자라나게 하옵소서. 예수님의 이름으로 기도합니다. 아멘.

Pray

청소년기 자녀에게 정체성이 형성되게 하소서

자녀의 삶에서 가장 중요한 전환과 성장의 시간을 맞이하게 하신 하나님, 감사를 드립니다. 사춘기에 접어든 자녀가 감정 기복이 크고 부모와 부딪힐 때도 있음을 고백합니다. 자녀가 또 다른 객체로서 독립기를 겪는 이 시기를 부모로서 잘 감당하게 하시고, 응원하게 하옵소서. 삶에 대한 의문과 고민들이 생기는 시기이고, 때로는 방황하기도 하는 시기이니 인내로 자녀를 기다리게 하옵소서.

하나님, 특별히 자녀가 하나님 앞에서 자신이 누구인지 발견하는 시간이 될 수 있기를 원합니다. 신앙 안에서 내가 누구이고, 어디에 속해 있으며 무엇을 위해 사는지 답을 찾는 시간이 되게 하옵소서. 이를 위해 부모가 좋은 신앙의 선배가 되게 하시고, 건강한 신앙 공동체 속에서 성장하게 하옵소서. 또래 친구에게 인정받고자 하는 욕구가 큰 이 시기에 좋은 친구들을 허락하여 주시어서 서로 간에 선한 영향력으로 이끌어 주는 동무가 되게 하옵소서.

뿌리 깊은 나무처럼 신앙 안에서 뿌리 내려 앞으로의 삶에서 마주할 과제들, 진로, 진학, 직업, 결혼 등등 속에서도 건강하게 선택하고 삶을 확장시키는 아이 되게 하옵소서. 예수님의 이름으로 기도합니다. 아멘.

자녀가 친구와 건강한 관계를 형성하게 하소서

하나님, 자녀가 평생의 삶을 살아가는 동안 외롭지 않기를 원합니다. 좋은 친구들이 늘 넘치기를 원합니다. 때로는 싸우고, 의견이 달라 미워하거나 갈등이 있을 때도 있지만 자녀와 친구들을 붙들어 주셔서 갈등을 잘 풀어나감으로 그들이 더욱 견고한 관계가 되게 인도하옵소서.

친구를 사랑하고, 존중하고 배려하는 아이로 자라나길 원합니다. 세상에서는 그것이 미련한 방법이라 할지라도 저와 자녀만은 하나님의 방법대로 사랑하고 존중하고 배려하게 하옵소서. 친구와 싸울 때에도 자신의 감정을 솔직하게 말하며 서로 소통하여 건강하게 화해하는 방법을 배우게 하옵소서. 또한 자신들과 다르다고 하여 따돌리거나 따돌림 받는 일이 없게 하옵소서. 성령 하나님이 자녀와 친구 사이에 늘 함께 하여 주옵소서.

부모인 저희도 자녀의 친한 친구가 누구인지, 관심사가 무엇인지 아는 노력을 하게 하옵소서. 자녀와 자녀의 친구들을 위하여 기도하는 중보자로서의 부모가 되게 하옵소서. 예수님의 이름으로 기도합니다. 아멘.

Pray

자녀의 자존감이 건강하게 형성되게 하소서

우리의 아버지 되시는 하나님, 주님께서 빚으시고 만드신 이 자녀가 바른 자아상을 가지길 원하며 간구합니다. 이기적인 마음으로 자기만을 바라보는 것이 아니라 자신을 존중하고 사랑하는 건강한 자존감이 형성되게 하옵소서. 부모와의 신뢰를 바탕으로 자존감이 형성되는데, 저희가 연약하여 때로는 비교 섞인 말투로, 불신과 의심으로 자녀를 대하였음을 고백합니다. 용서하여 주옵소서.

하나님의 눈으로 서로를 바라봄으로 자녀 안에 감춰진 귀한 보물같은 강점을 찾게 하시고, 무엇보다 자녀가 자신을 사랑하며, 아끼는 자로 성장하게 하옵소서. 건강한 자존감이 뿌리내려 삶 속에서 난관에 부딪혔을 때에 포기하지 않고, 긍정적인 마음으로 일어나게 할 줄을 믿습니다. 포기하지 않고 다시 시작하는 마음, 자신을 신뢰하는 마음으로 자라나게 하옵소서.

또한 자신의 몸을 존중하여 함부로 몸을 상하지 않게 하며 건강하게 거절하고 극복하는 방법을 알게 하옵소서. 늘 우리를 격려하시는 예수님의 이름으로 기도합니다. 아멘.

영·유아기 자녀의 인지가 건강하게 발달하게 하소서

생명의 주인되신 하나님, 지혜와 키가 자라가며 하나님과 사람에게 더욱 사랑스러워 가셨던 예수님처럼 우리 자녀 역시 몸과 마음이 강 건한 아이로 자라게 하시고 지혜로운 아이로 자라게 하여 주옵소서.

영유아인 자녀가 작은 입, 작은 눈, 작은 귀, 작은 손으로 세상을 배워 나갈 때이니 만큼 가정 안에서 하나님 나라를 경험할 수 있도록 환경 을 조성하게 하옵소서. 주변에서는 어린 자녀들을 위한 학습교구들이 넘쳐나고, 다른 부모들이 하는 것처럼 다양한 교구들로 아이들을 자 극해줘야 할 것 같은 부담감이 부모인 우리에게 있습니다. 그러나 하 나님, 가르쳐야 한다는 부담감이 아니라 자녀 스스로의 속도에 맞게 만지고 맛보고 경험하고 교감하는 모든 일상이 배움임을 깨닫게 하옵 소서.

하나님의 지혜와 하나님의 마음을 부어주셔서 하얀 백지장과 같은 우 리 자녀들의 생각과 마음 속에 사랑의 하나님, 참 좋은 아버지 하나님 을 그려 주는 부모, 우리가 하나님을 신뢰하는 것처럼 우리 자녀들에 게 참으로 신뢰할 만한 부모가 되게 하여 주옵소서. 예수님의 이름으 로 기도합니다. 아멘.

Pray

유치기 자녀의 인지가 건강하게 발달하게 하소서

말씀으로 세상을 창조하신 하나님, 창조 속에 숨겨진 하나님의 놀라운 지혜와 상상력을 봅니다. 하나님께서 지혜를 사용해 세상을 아름답게 만드셨듯이 우리 자녀들이 하나님 주신 지혜와 상상력으로 이 세상을 더욱 아름답고 행복한 하나님 나라로 변화시키는 일꾼들이 되게 하여 주옵소서.

유치기를 지나는 자녀가 이제 조금씩 입이 열리고 언어가 발달하고 있습니다. 세상의 언어들을 그 입에 넣어 주기보다 하나님의 말씀을 넣어주는 부모가 되게 하옵소서. "왜요?"라고 끊임없이 질문하는 자녀를 귀찮다고 외면하는 것이 아니라 성심성의껏 답변하게 하시고, 수많은 역할놀이들을 통해 다른 사람의 마음을 이해하게 하시고, 규범을 가르치게 하시며, 사물에 생명을 불어넣고 사고하는 우리 자녀의 상상력 가운데 제한을 두지 않게 하옵소서.

또래 친구들과 좋은 관계를 이루게 하시고 함께 놀며 배우며 지식이 자라고 마음이 자라고 건강한 사회성이 발달할 수 있도록 도와주옵소서. 예수님의 이름으로 기도합니다. 아멘.

학령기 자녀의 인지가 건강하게 발달하게 하소서

한 사람 한 사람을 신묘막측하게 디자인하신 하나님, 자녀를 하나님의 최고의 작품으로 만들어 주셔서 감사합니다. 자녀가 하나님께 사랑받는 자임을 기억하게 하여 주시고 남들과의 경쟁 속에, 비교 속에 자존감을 잃지 않게 하여 주옵소서.

체계적이고 논리적인 사고가 가능해 지는 이 시기에 학교에서 배우는 학업을 통해 사고의 확장이 일어나기를 원합니다.

원인과 결과에 대한 이해와 분류하고 서열하는 사고의 확장 등은 하나님께서 만드신 창조섭리임을 압니다. 그러나 여전히 자신의 경험 속에서 이해하는 자녀에게 추상적인 사고, 가설 안에서의 사고가 어려움을 인정하고 자녀의 발달에 맞게 학업을 제안하는 부모가 되게 하옵소서. 인지 구조에서 벗어난 선행학습은 오히려 자녀에게 해가 됨을 알고, 불안감을 내려놓고 자녀의 속도에 맞게 사고하고 확장하는 즐거움을 제공하는 부모가 되게 하옵소서. 부모의 넉넉한 품으로 인해 아이가 하나님의 눈으로 세상을 바라보며 하나님의 지혜로 세상을 분별할 줄 아는 자가 되게 하여 주옵소서. 예수님의 이름으로 기도합니다. 아멘.

17일

Pray

청소년기 자녀의 인지가 건강하게 발달하게 하소서

오늘도 살아계셔서 역사하시는 아버지 하나님, 우리 자녀의 삶 깊숙이 임재하셔서 지키시고 인도해주심에 감사를 드립니다. 자녀가 믿음의 눈을 떠서 하나님의 동행하심과 일하심을 보게 하시고, 신앙 안에서 삶의 의미와 목적을 찾게 하옵소서.

청소년기의 자녀가 구체적인 자료나 경험이 없이도 가설을 세우고 검증이 가능할만큼 사고와 인지가 확장되는 시기를 보내게 하심에 감사를 드립니다.

학업을 통하여 세상의 이치들을 배우며 직면한 문제들에 대해 체계적으로 검증하고 논리적으로 구성하여 해결하려는 모습을 봅니다. 자녀들에게 힘과 지혜를 주시고, 확장된 사고와 신앙이 분리되지 않게 하시며 여호와를 경외하는 것이 그들의 선택과 결정에 가장 큰 기준이 되게 하여 주옵소서. 또한, 지식을 자신의 논리와 기독교 세계관으로 잘 받아들일 수 있도록 인도하여 주옵소서.

하나님을 이해하는 폭도 넓어지게 하시고, 말씀을 읽을 때에도 자녀의 모든 이성과 감성을 사용하여 하나님을 만나게 하여 주옵소서. 자녀의 가진 능력을 한계 짓지 않는 부모가 되게 하옵소서. 예수님의 이름으로 기도합니다. 아멘.

영유아기 자녀의 신앙이 건강하게 성장하게 하소서

사람의 신앙도 발달하게 하신 하나님, 부모가 자녀의 신앙발달을 돕는 좋은 통로와 환경이 되기를 원합니다. 태중에 아이를 품었을 때부터 하나님께서는 자녀를 향한 믿음의 여정을 시작하심을 믿습니다.

무엇보다 아주 어린 네 살 이전의 시기에 신앙의 기초가 되는 요소와 덕목들이 건강하게 갖추어지기를 원합니다. 불신, 좌절, 비겁 대신 신뢰, 희망, 용기 등의 덕목이 갖추어지게 하시고 이를 기초로 신앙이 건강하게 발달할 발판이 마련되게 하옵소서.

또한 이 시기에는 무의식이 형성되게 하시고, 모든 신앙 관련 요소들이 무의식에 새겨져 평생에 큰 영향을 미치게 하셨습니다. 주님의 청지기로서 이 시기가 신앙의 형성을 위해 매우 중요한 시기임을 깊이 알아 자녀에게 일관적인 태도로 양육함으로 깊은 신뢰를 형성하게 하옵소서.

부모의 이미지를 통해 절대자 하나님의 이미지를 투영하는 시기인만큼 따뜻한 눈맞춤, 환대의 미소, 너른 품으로 자녀에게 하나님의 사랑을 경험하게 하는 부모 되게 하옵소서. 예수님의 이름으로 기도합니다. 아멘.

Pray

유치기 자녀의 신앙이 건강하게 성장하게 하소서

유치기 자녀들에게 감정과 상상력을 주시고, 그것을 토대로 신앙이 형성되고 발달하게 하신 하나님께 감사를 드립니다. 이 시기에 부모가 신앙교육의 책임과 주권을 세속적인 교육의 흐름에 빼앗기지 않고 잘 지켜내고 행사하게 하옵소서.

하나님은 이 시기의 자녀들이 논리나 이성보다 감정과 도덕적 방식 그리고 상상력을 사용하여 세상을 받아들이게 하셨습니다. 특히 유치기 자녀가 부모를 닮기를 좋아하게 하셨으니 예배하기, 성경 읽고 암송하기, 헌금하기 등 신앙생활에서 자녀들이 따를 좋은 본이 되게 하옵소서. 또한 부모인 우리를 통해 사랑, 선함 등의 감정에 더 영향을 받아 건강한 신앙 발달의 양분이 제공되게 하옵소서. 그리고 교회와 가정에서 자녀의 신앙적 상상력이 자극되어서 신앙과 관련된 건강하고 좋은 이미지들이 간직되고 지속적으로 영향을 미치게 하옵소서.

하나님과 세상에 대해 질문이 많아질 때 부모는 인내와 성실로 대답하게 해주시고, 대답해 줄 좋은 교사도 만나게 하옵소서. 예수님의 이름으로 기도합니다. 아멘

학령기 자녀의 신앙이 건강하게 성장하게 하소서

하나님, 우리의 자녀들이 부모와의 울타리에서 주로 살아가다가 학교에 처음 입학하여 선생님과 친구들을 만나고 공동체 생활을 진지하게 시작하게 하시니 감사합니다. 소속감이 중요한 이 시기에 학교생활도 잘 적응하여 가정과 학교 모두에서 신앙의 좋은 양분들을 얻게 되기를 간구합니다.

가정과 교회는 물론 학교에서 듣게 되는 여러 이야기와 관습들에 영향을 받게 하셨으니, 곳곳에서 선한 이야기들과 좋은 신앙 이야기들을 많이 만나게 하시기를 원합니다. 또한 그것을 토대로 세상을 바라보는 눈이 건강하게 형성되게 하옵소서. 다른 사람의 관점에서 바라보는 힘을 주셨으니 그를 통해 공정하고 바람직한 도덕 개념이 형성되게 하시기를 원합니다. 아직은 성경의 메시지를 온전히 알지 못할 때가 많고 문자적으로 이해하는 자녀에게 넉넉한 여유로 가르치는 부모 되게 하옵소서.

가정과 교회에서 부모와 교사를 통해 바람직한 신앙생활 태도가 형성되고, 좋은 신앙 습관들이 자리 잡게 하옵소서. 건강한 신앙공동체를 허락하여 주셔서 아이가 꾸준히 공동체 안에서 성장하고 선한 영향력을 발하게 하옵소서. 예수님의 이름으로 기도합니다. 아멘.

21일

청소년기 자녀의 신앙이 건강하게 성장하게 하소서

하나님, 우리의 청소년들이 성장의 고통을 느끼고 흔들리면서도 아름답게 꽃 피워가게 하신 것을 감사드립니다. 인생의 어떤 시기보다 경험이 늘어나는 이 시기에 다양한 경험 속에서 신앙의 길을 잃는 것이 아니라, 오히려 정리되고 종합되는 건강한 성장을 이루게 하옵소서.

논리적이고 추상적인 사고를 하게 되는 이때에 성경과 신앙의 여러 주제들에 대한 관심을 갖게 하시며, 신앙의 중요한 주제와 개념이 잘 정리되고 또한 개인의 고백으로 간직되게 하옵소서. 나를 찾아가는 혼란기와 방황기를 건강하게 지날 수 있도록 가정과 교회에서 바른 길을 만나게 하시고, 자신의 자리와 인생의 방향을 찾게 하옵소서.

자신이 속한 공동체의 신앙을 깊은 인식이나 반성 없이 수용하게 되므로 그릇된 진리에 뿌리내린 곳으로부터 지켜주시고 건강한 신앙에 기초한 공동체를 만나게 하옵소서. 본받을 만한 좋은 인생의 모범이 되는 신앙의 멘토도 만나 신앙의 든든한 기초를 얻게 하시고, 또래 친구들과도 좋은 영향을 주고 받게 하옵소서. 예수님의 이름으로 기도합니다. 아멘.

청년기 자녀의 신앙이 건강하게 성장하게 하소서

하나님, 청년기를 맞이한 자녀가 의존적 신앙에서 이제는 하나님 앞에 스스로 바로 서는 신앙인으로 자라기를 원합니다. 스스로 서야 하는 고통과 아픔을 품어내게 하시고 하나님이 허락하신 성찰하고 반성하는 능력을 통해 신앙과 인생의 도약을 이루게 하옵소서.

지금까지 의존하고 있던 것들로부터 스스로 서야 하지만 신앙 안에서 또한 세상 속에서 스스로 서기 어려운 환경 앞에 좌절하거나 무너지지 않도록 지켜주시고 자신만의 신앙의 태도와 삶의 모습, 하나님 앞의 헌신자로 안전하게 성장하도록 하나님이 이끌어 주옵소서.

비판과 성찰이 늘어나면서 교회의 전통과 신앙에 회의를 품기도 하고 교회의 약한 모습에 저항도 하겠지만 그것 때문에 교회를 떠나거나 신앙을 잃어버리는 것이 아니라 더 성숙하게 자라기를 원합니다. 또한 모든 것을 비판적으로 사고하는 과정이 더 깊은 신앙의 색을 만들어가는 과정이 되게 하옵소서. 오히려 반성과 성찰의 에너지와 힘이 하나님과 교회를 향하게 하시고 성경에 대한 건강한 숙고로 이어져 다음 단계의 신앙이 잘 자리할 토대가 형성되게 하옵소서. 예수님의 이름으로 기도합니다. 아멘.

Pray

30대 이후 자녀의 신앙이 건강하게 성장하게 하소서

인생 전체에 걸쳐 신앙이 지속적으로 발달하게 하신 하나님을 찬양합니다. 하나님이 정하신 질서에 따라 우리의 자녀가 장년이 되어서도 아름다운 신앙을 갖기를 소망하며 기도합니다.

청년시기의 비판적이고 반성적인 신앙의 경계를 넘어서서, 나와 다른 신앙의 색깔과 가치관을 인정하고 포용하게 하옵소서. 신앙의 중심과 토대는 분명하게 지키면서도 다양한 신앙의 입장들과도 대화를 통해 관계를 형성하여 그들과도 함께 하나님을 향한 사랑과 헌신을 이루어 가는 성숙을 이루게 하옵소서. 자신이 속한 공동체와 사회의 문화와 가치관을 넘어 또 다른 문화와 가치관들까지도 이해하고 신앙의 테두리 속에 담아 하나님의 마음으로 세계까지도 품게 하옵소서.

가정과 교회에서 다음 세대를 신앙으로 양육하는 신앙의 전수자로 굳게 서게 하시고 인생의 좌절과 고통, 모순까지도 하나님의 깊으신 경륜을 묵상하는 가운데 성찰하고 받아들여 신앙의 선배요 멘토로 여러 사람을 바른 길로 이끌게 하옵소서. 예수님의 이름으로 기도합니다. 아멘.

Pray

인생의 후반기를 보낼 때 신앙이 건강하게 성장하게 하소서

역사 속에서 하나님의 마음을 뜨겁게 해드린 신앙의 선배들을 통해 신앙의 모범을 보게 하시고, 성숙의 소망을 갖게 하시니 감사를 드립니다. 우리의 인생 속에서 그리스도의 장성한 분량에 이르기까지 자라고 성장하게 하옵소서.

오직 하나님 한 분을 향한 절대적 신앙 안에서 세상의 모든 다양함들을 품어 내고, 모든 차이마저도 하나님의 뜻 안에 묶어 낼 수 있는 신앙적 영향력을 갖게 하옵소서. 이로써 세상의 모든 교만의 소리들과 자기를 드러내는 시도들이 부끄러움을 알고 겸손하여 하나님의 뜻과 하나님 나라를 섬기는 일에 동참하도록 하는 길이 되게 하옵소서.

세상의 모든 어그러짐과 고통, 아픔과 소외, 문제들과 정의롭지 못한 것들에 대하여 오직 십자가 사랑 하나로 답이 되시고, 치유와 해결이 되신 예수님처럼 이 땅 곳곳에 하나님이 보내시는 곳에 기꺼이 달려가 예수님처럼 답이 되어주고, 치유가 되고, 해결이 되어 주게 하옵소서. 하나님 나라를 위해 헌신하기를 기뻐하는 사람이 되게 하시고, 하나님의 지혜와 인격과 품성을 가지고 행동하는 신앙인이 되게 하여 주옵소서. 예수님의 이름으로 기도합니다. 아멘.

Pray

성경적 부모상을 가진 부모 되게 하소서

(태아기 자녀를 둔 부모를 위한 기도)

하나님 아버지, 부부가 서로 사랑하여 연합하게 하시고 태의 열매를 허락하여 주셔서 감사합니다. 아이를 열 달 동안 품고, 기다리면서 가졌던 마음과 기도를 평생 간직하기를 원합니다. 그와 함께 해산하는 수고를 통하여 제가 참 부모이신 하나님의 마음을 알기 원합니다. 하나님처럼 자녀를 사랑하되 끝까지 사랑하기를 원합니다.

하나님이 허락하신 이 아이가 어떤 존재이며 부모로서 첫 걸음을 내딛는 우리가 어떤 교육관과 신앙관을 가지고 양육하여야 하는지, 건강하고 바른 부모의 이미지를 세워가는 시간이 되게 하옵소서. 세상에서 듣고 보는 솔깃한 정보에 마음을 빼앗기지 않게 하여 주시고, 하나님께서 원하시는 부모는 어떠해야 하는지 성경을 통해 보고 듣고 경험하게 하옵소서.

저희 부부를 긍휼히 여겨 주시어 함께 기독학부모로서 참된 길을 가게 하시고, 자녀양육에 책임을 다하게 하시며 자녀와 함께 가정의 비전을 이루어가게 하옵소서. 예수님의 이름으로 기도합니다. 아멘.

기본적인 양육을 성실히 감당하는 부모 되게 하소서
(영아기 자녀를 둔 부모를 위한 기도)

하나님, 남편과 아내로만 존재하던 우리에게 자녀를 주셔서 가족을 이루게 하시니 감사합니다.

하나님의 은혜로 부모가 되고 이제 막 자녀를 양육하는 첫 걸음을 내딛은 이 길이 어렵고 고됨을 고백합니다. 혼자 제 삶을 책임지던 삶과는 달리 밤새워 우는 아이를 먹이고, 재우는 이 일이 가끔은 버거움을 고백합니다. 저를 보며 미소 짓는 아이를 보면 힘든 마음이 없어지다가도 가끔씩 찾아오는 버거움에, 제 삶을 잃은 것 같은 허무함에 눈물 흘릴 때도 있습니다. 연습 없이 맞이하는 '부모'라는 이 길에 하나님이 함께 하여 주시길 원합니다. 우리의 시행착오를 겸손히 인정하고 넉넉히 하나님이 주신 자녀를 대하게 하옵소서.

주님, 하나님이 맡기신 양육의 사명을 우리 부부가 마음을 모아 잘 감당할 수 있도록 지혜와 힘을 주옵소서. 부모가 된 첫 마음을 간직하게 하시고, 양육을 위한 부부의 건강한 대화가 풍성하게 하옵소서. 무엇보다 성경대로 양육하는 기쁨을 누리게 하여 주옵소서. 예수님의 이름으로 기도합니다. 아멘.

Pray

성경적 권위를 가진 부모 되게 하소서

(유아기 자녀를 둔 부모를 위한 기도)

우리 가족을 믿음 안에서 자라게 하시는 하나님, 감사를 드립니다. 부모인 저도, 사랑하는 자녀도 오늘까지 지키시고 자라게 하여 주신 것은 모두 하나님의 은혜입니다.

하나님, 이제 막 또래 집단 속에서 새로운 사회관계를 시작한 자녀가 친구들과의 마찰이 생기기도 하고 자기 의사표현도 확실하여 고집을 부리거나 떼를 쓸 때도 있습니다. 그 때 중재자인 부모로서 강압적으로 자녀에게 다가가지 않게 하시고, 성경적인 권위로 서는 부모가 되게 하옵소서.

자녀가 자라면서 부모의 마음에 들지 않을 때 내 욕심대로, 부모의 힘을 사용하여 고치려하지 말고, 먼저 그 모습을 인정하게 하옵소서. 자녀에게 권위를 형성하는 시기인만큼 말씀으로 권위를 세우게 하시고 말씀에 토대를 두고 양육하는 부모가 되게 하소서.

주님, 저의 감정과 생각이 앞서려 할 때마다 아이의 주인이 하나님임을 분명히 알게 하시고, 우리 부부는 다만 청지기가 되게 하여 주옵소서. 말씀의 권위로 살아가는 우리 부부를 통해 자녀도 말씀 안에서 순복하게 하소서. 예수님의 이름으로 기도합니다. 아멘.

기독교세계관으로 해석해주는 부모 되게 하소서

(학령기 자녀를 둔 부모를 위한 기도)

살아계신 하나님 아버지, 부모의 손을 벗어나 학교에서 더 큰 세상을 만나고 있는 자녀를 위하여 기도합니다. 새로운 세계에서 공부를 통해 친구들 간의 만남을 통해 하나님 앞에서 고유하고 독립된 한 사람으로 자라나게 하시니 감사합니다.

주님, 혹여나 제가 가진 그릇된 세계관으로 자녀를 이끌고, 그것대로 세상을 보도록 하는 것은 아닌지 두려움이 앞설 때가 있습니다. 초등학생이 된 자녀가 세상을 보며 호기심 가득한 질문을 던지기도 하고 세상을 경험하며 당면한 문제들에 대해 어떻게 해결해야 할지 고민하기도 합니다. 부모로서 새로운 역할들에 대해 요구받을 때에 두려움으로 대하는 것이 아니라 기독교 세계관으로 설명해 주고 해석하는 부모 되게 하옵소서.

예전에는 부모의 권위로 자녀의 문제를 해결하였다면 이제는 부모가 상황과 문제를 해석해주고 권면하는 것들을 자녀가 스스로 대면하고 해결하는 힘을 허락하여 주옵소서. 부모와 아이가 점점 수평적 관계로 발전할 때 하나님이 그 중심에 임하여 주옵소서.

자녀의 삶에 어려움이 생길때 먼저 기도할 수 있는 부모가 되게 하시고, 성경 안에서 하나님의 답을 구하는 가족이 되게 하옵소서. 예수님의 이름으로 기도합니다. 아멘.

Pray

성령 안에서 상호의존하는 부모 되게 하소서

(청소년기 자녀를 둔 부모를 위한 기도)

사랑의 하나님 아버지, 어느덧 우리 자녀가 자라서 십대가 되었고, 사춘기를 맞이하게 되었습니다. 그 전에는 부모에게 순종하며 부모와 끊임없이 이야기하고 함께 하던 아이가 이제는 많이 변한 것 같아 아쉽기도 합니다. 언성을 높이며 부모의 뜻을 받아들이려 하지 않을 때는 아프고 섭섭하기도 하지만 그 아이의 생각과 마음이 자라고 있음을 인정하게 하여 주옵소서. 이전의 권위적인 태도로 자녀와의 문제가 해결되지 않고, 자녀의 생각과 신념들을 어른처럼 대하는 것만으로도 문제가 해결되지 않음을 압니다. 자녀의 선택과 생각을 인정하고 지원하는 과정 속에서 아이와 부모의 관계가 상호의존적인 관계로 발전되게 하옵소서.

특별히 삶에서 가장 중요한 십대를 보내고 있는 우리 아이가 하나님 앞에서 '나는 누구인지' 바로 알게 하시고, 하나님 나라와 영광을 위하여 자신의 삶을 어떻게 드릴지 확립하게 하여 부모로부터 건강한 분리가 일어나게 하옵소서.

성령의 법이 아이와 저 가운데 임하여 마찰보다 서로 이해하고 존중하는 마음이 가득하게 하여 주옵소서. 예수님의 이름으로 기도합니다. 아멘.

건강하게 떠나보내는 부모 되게 하소서

(청년기 자녀를 둔 부모를 위한 기도)

자라게 하시는 하나님, 품 안에 있던 아이가 어느덧 성인이 되어 스스로 자신의 인생을 선택하고 책임지는 때가 되었음을 고백합니다. 언젠가 성인이 되고 내 품을 떠날 것이라 생각하였지만 막연했던 생각이 현실이 되니 또 두려움이 앞서는 것도 사실입니다. 더 이상 부모가 자녀의 삶에 개입할 수 없고, 기도로 지원할 뿐이니 아이 삶의 주인 되신 하나님께서 그 삶을 더 전적으로 붙들어 주옵소서.

또한 지금까지 자녀에게 어떤 부모였는지 스스로 모습을 돌아보고는 합니다. 이제 자녀를 독립시킬 준비하는 시기를 맞이하오니 그를 위한 부모로서의 여정도 붙들어 주옵소서. 이제는 한 걸음 물러서서, 인생에 새로운 과제들을 계속 맞이하는 자녀에게 좋은 신앙의 선배로 다가갈 수 있는 부모 되게 하옵소서. 나의 삶의 주인 되신 하나님을 자녀에게 보여줌으로써 성인이 된 자녀가 자신의 삶의 주인도 하나님이심을 잊지 않고 흔들리더라도 한 걸음씩 걸어가는 삶 되게 하옵소서. 예수님의 이름으로 기도합니다. 아멘.

5월의

월의

기도

이 땅에 많은 가정을 허락하신 하나님,
각 가정마다 하나님의 손길을 소망하며 중보하기를 원합니다.
자녀의 삶을 온전히 이해하기 위해
문화를 이해하고, 마음을 열고 대화하기를 원합니다.
하나님의 생기를 기대하는 마음으로 기도 가운데 나아갑니다.

이 땅의 가정과 아이들을
하나님의 시선으로 보는 시간

Pray

5월 첫날의 기도

가정의 주인 되신 하나님.
주님의 놀라운 계획과 섭리로 우리의 가정을 세워주시니 감사합니다.
남편과 아내로 만나게 하셔서 부부 됨의 기쁨을 알게 하시고,
자녀를 선물로 주셔서 부모가 되게 하셨습니다.
누군가의 남편으로, 아내로, 부모로 살아간다는 것이
얼마나 큰 행복인지, 그리고 기도로서 이 사명을
온전히 감당할 수 있음을 늘 깨닫습니다.

그러나 주님, 돌아보면 부족한 것이 너무나도 많습니다.
배우자를 향해 존중하고 감사하는 것 보다 원망과 불평이 많았고,
자녀를 향해 그릇된 욕심을 가지며 세속적이고 왜곡된 교육에
젖어 있었습니다. 부모님을 공경하며 일가친척에게 사랑을
펼쳐야 하는데도 늘 내 가족 챙기기만 바빴습니다.

하나님,
다시금 우리 가정의 주인이 되어 주시길 기도합니다.
연로하신 부모님과 일가친척들, 남편과 아내, 자녀들을 주님 앞에
내려놓습니다. 믿음으로 하나 되어 가정에서부터 하나님 나라를
경험하게 하옵소서. 또한 주님이 세우신 이 땅의 모든 가정들이
굳건하게 서게 하옵소서.

예수님의 이름으로 기도합니다. 아멘.

탈북민 가정을 기억하소서

사람의 중심을 보시며 차별하지 않으시는 하나님 아버지, 우리 주변에는 새로운 땅에 정착하여 가정을 이루어 살아가기 위해 목숨 걸고 국경을 넘은 탈북민 가정들이 있습니다. 혹여나 정치적으로, 경제적으로, 사회적으로 소외되기 쉬운 탈북민 가정들을 살펴주옵소서.

무엇보다 교육적인 혜택에서 소외되지 않게 해 주시고 모든 아이들이 의무적으로 받는 교육의 기회가 탈북민 자녀들에게 공정하게 적용될 수 있도록 하나님께서 모든 정책과 환경을 조성해 주옵소서. 하나님의 공평과 정의가 물과 같이 그들과 우리 가운데 동일하게 임하게 하여 주옵소서.

또한 이 땅의 모든 자녀가 탈북민 가정의 자녀들을 편견과 선입견으로 대하지 않고 사랑으로 대할 수 있도록 하옵소서. 함께 공존하는 교육을 회복시켜 주사, 국경의 울타리를 넘어 각 가정 가운데 하나님의 생기가 넘쳐나게 하옵소서. 예수님의 이름으로 기도합니다. 아멘.

Pray

다문화 가정을 기억하소서

함께 더불어 사는 것을 즐거워하시는 하나님, 이 시대 가정은 다양한 민족과 인종과 문화를 이룹니다. 그러나 모든 사람에게 하나님의 사랑이 절대적으로 필요하며 그 사랑 없이는 살 수 없는 존재임을 고백합니다. 또한 하나님의 섭리에 따라 서로 다른 문화권의 사람들이 함께 가정을 이루어 살게 해 주시니 감사합니다.

다문화 가정의 자녀들이 학교현장 속에서 혼혈인이라고 하여 손가락질 받는 일이 없게 해 주시고 또래 친구들로부터 놀림을 받거나 상처를 받지 않도록 하나님께서 다문화 가정의 자녀들을 보호해 주옵소서. 오히려 문화적 다양성이 자녀들에게 배움의 기회가 되게 하옵소서. 특별히 사람들이 가지고 있는 편견으로 인해 정상적으로 교육을 받지 못하는 일이 없게 해 주시고 학교에서 공정한 대우를 받을 수 있도록 모든 환경과 여건을 조성해 주옵소서.

기독학부모로서 다문화 가정 자녀들의 처지와 입장, 마음을 잘 살필 수 있는 여유와 이해할 수 있는 넓은 마음을 주옵소서. 예수님의 이름으로 기도합니다. 아멘.

가정 속의 상처를 치유하소서

가정을 창조하신 아버지 하나님, 하나님이 만드신 것이 모두 선하며 쓸모없는 것이 하나도 없음을 고백합니다. 우리에게 가정을 만들어 주시고 가족도 허락해 주셔서 부모로 살아갈 수 있게 축복해 주시니 감사합니다.

이 땅에 다양한 모습의 가정이 존재하며, 각 가정마다 하나님의 사랑과 긍휼이 필요한 부분이 많습니다. 가정 속에 서로를 해치고 상처주는 부분이 있다면 돌이켜 하나님의 사랑으로 상처를 치유하고 회복하게 하옵소서. 혹여나 자녀의 마음에 채울 수 없는 공허함, 외로움이 존재한다면 사랑의 하나님이 채워주시고 회복시켜 주시길 소망합니다.

가정의 상처로 인하여 자녀들이 이 사회에서 소외되지 않게 하시고, 갈등으로 지쳐버린 부모에게도 힘과 위로를 주시어서 건강한 교육이 가정 안에서 회복될 수 있도록 인도하여 주옵소서. 예수님의 이름으로 기도합니다. 아멘.

Pray

어린이날에 드리는 기도

우리의 자녀를 빚어 구별된 선물로 주신 하나님 아버지, 태초부터 예정하시고 주님의 놀라운 섭리로 자녀를 주심에 감사드립니다.

어린아이들을 만지시며 안수하신 주님처럼 따뜻한 마음과 정성으로 자녀들을 더 많이 사랑하게 하옵소서. 사랑의 근원이신 주님을 알도록 부모가 먼저 믿음의 삶을 살아가게 하옵소서. 말로만 신앙을 가르치는 것이 아니라 몸소 행함으로 경건한 신앙을 물려주게 하옵소서.

또한 날마다 축복의 말이 넘치게 하옵소서. 자녀가 축복의 존재로 살아가도록 격려하며 옳은 것을 선택하고 믿음의 삶을 살아가도록 늘 기도하며 기대하게 하옵소서.

어린이날을 주셔서 어린이의 소중함을 일깨워 주신 하나님. 이 땅의 어린이들을 위해서 기도합니다. 바른 마음과 좋은 성품으로 이 땅을 살아가게 하시고 하나님과 사람들에게 사랑받는 사람으로 자라나게 하옵소서. 어린이들의 눈에서 눈물이 흐르게 하는 여러 아픔들이 이 땅에서 사라지게 하옵소서. 예수님의 이름으로 기도합니다. 아멘.

한부모, 조손 가정을 기억하소서

모든 가정의 주인이 되신 하나님 감사합니다. 하나님의 말씀과 방법대로 가정을 이루시고 세우신 은혜를 기억합니다. 세상의 많은 형태의 가정 중에 한부모, 조부모 가정들을 위해 기도합니다. 모든 가정의 주인은 하나님이심을 고백합니다.

교육의 현장에서 한부모, 조부모 가정의 자녀들이라 하여 소외되는 일이 없게 하옵소서. 틀린 가정의 형태가 아니라 우리 삶 속에서 일반적으로 마주칠 수 있는 또 다른 가정의 모습이라는 사실을 알게 하옵소서.

하나님의 교육의 생기가 모든 가정에 임하여 자녀들이 교육을 통해 회복되게 하시고, 기독학부모들이 부모의 상황이나 가정의 상황들을 한계로 규정짓지 않고, 하나님이 주시는 은혜를 마땅히 누리고 자녀들에게 흘려보내게 하옵소서. 각기 다른 모양을 한 가정들 안에 하나님의 사랑과 은혜가 가득하게 하옵소서. 그리하여 이 땅의 모든 자녀들이 공평한 하나님의 교육의 은혜로 세워지게 하옵소서. 예수님의 이름으로 기도합니다. 아멘.

Pray

건강하게 학부모 교육권을 실천하게 하소서

교육의 제1 주체로 부모를 부르신 하나님, 자녀를 교육하는 것이 우리의 책임임을 알고, 건강하게 교육에 대한 권리를 행사하기를 원합니다. 교육의 다양성이 보장되지 않는 한국의 교육 구조 속에서 부모가 신앙의 기준으로 교육을 선택하고, 학교를 선택할 수 있는 권리들도 보장받지 못하고 있습니다. 오히려 권리가 보장될수록 학교의 서열화가 심각해지니 좋은 정책도 부모들의 두려움으로 인해 왜곡되거나 축소시켜 버리니 안타까울 따름입니다.

이 땅의 학교들이 수직적으로 다양화되는 것이 아니라 수평적으로 다양화되어, 자녀의 고유성에 맞게 학교를 선택할 수 있는 기회가 확대되게 하옵소서. 기독학부모도 우리의 교육적 가치와 신념, 신앙의 기준에 따라 학교를 선택할 수 있도록 하옵소서. 우리의 욕망과 왜곡된 성공관으로 인해 마땅히 누려야 할 권리들이 왜곡되지 않도록 마음을 지켜 주옵소서. 기독학부모인 우리가 잃어버린 교육의 주도권을 되찾고, 하나님의 교육이 이 땅 가운데 건강히 세워질 수 있도록 헌신하는 운동이 일어나게 하옵소서. 예수님의 이름으로 기도합니다. 아멘.

어버이날에 드리는 기도

살아계신 아버지 하나님, 연약하고 부족한 저희를 부모로 세워주시니 감사합니다. 어버이날, 많은 사람들이 부모의 은혜를 생각하며 감사하고 있는데 부모된 저희가 먼저 주님 앞에서 아름다운 부모의 사명을 감당하도록 인도하여 주옵소서.

예수님의 사랑을 전하고, 신앙의 대를 이어가며, 자녀들에게 믿음의 본을 먼저 보이며 묵묵히 제자의 길을 걸어가게 하옵소서. 또한 자녀들에게 효를 말로 가르치기보다 먼저 우리의 연로하신 부모님들을 기억하고 사랑하는 삶을 통해 본을 보이게 하옵소서. 우리 부모님들에게 건강을 주시고 믿음의 거룩한 유산을 남기는 귀한 삶이 되게 하옵소서. 어버이날만이 아니라 평생을 살아가며 효도를 실천하게 하옵소서. 무엇보다 살아계신 아버지 하나님의 마음을 시원하게 하는 아들, 딸로 이 땅을 살아가게 하옵소서. 이 땅 어딘가에 소외되고 고통당하는 부모들의 눈물을 닦아 주시고 우리 가정과 사회가 더 훈훈하고 따뜻한 정이 깃든 터전이 되게 하옵소서. 예수님의 이름으로 기도합니다. 아멘.

Pray

이단의 학교 설립 확장을 막아주소서

하나님, 올바른 하나님 나라가 무엇인지 알게 하여 주셔서 감사합니다. 하지만 우리가 이 땅을 살아가는 동안에는 하나님 나라가 온전히 세워지는 것을 방해하는 요소들이 많습니다. 특별히 말씀이 뿌려질 때에는 가라지와 같은 이단과 거짓 교사들의 씨앗들이 같이 자라납니다.

엘리야에게 거짓 선지자들을 대할 수 있는 담대함을 주신 것처럼 이단 세력에 대항하는 기독교 단체들을 보호하시고, 세력의 확장을 막아 주옵소서. 특별히 이단 세력들이 학교를 설립함으로 다음 세대를 미혹하게 하고 있습니다. 주님, 교육에 있어 이단 세력들이 자신들의 영역을 넓히는 일을 그치게 하여 주옵소서. 성령 하나님께서 지혜를 주시고 담대함을 주셔서 교육현장을 통한 하나님 나라의 확장을 온전케 하옵소서.

하나님의 자비하심을 우리 자녀들의 교육현장에 비추사 다음세대에 참다운 기독교교육이 이어져가게 하심으로 하나님이 살아계심을 알게 하옵소서. 예수님의 이름으로 기도합니다. 아멘.

인터넷에 대한 절제의 힘을 주소서

우리의 눈과 마음, 생각을 주장하시는 하나님, 긴박하게 변해가는 세상 속에서도 우리의 자녀가 거룩한 사람으로 서기를 원합니다.

주님, 우리 자녀들의 눈과 마음, 생각이 하나님을 향하기를 원하지만, 아직은 성숙하지 못하여 인터넷이라는 엄청난 도전 앞에 무력하고, 그 문화에 금방 젖어드는 존재임을 고백합니다. 돌이켜보면 자녀에게 늘 시간을 정하고 절제하여 인터넷을 하라고 잔소리하지만, 사실 저부터 스마트폰과 컴퓨터로 의미 없게 시간들을 낭비한 적이 많았습니다. 우리를 긍휼히 여겨 주옵소서.

저희 부부와 우리 자녀가 인터넷 생활을 절제하기를 원합니다. 그리고 더 나아가 건강한 인터넷 생활을 하기를 원합니다. 혹시나 인터넷 중독에 걸렸다면, 자신의 모습과 상태를 빨리 발견하게 하시고 중독에서 벗어날 수 있도록 이끌어 주옵소서. 또한 좋지 못한 인터넷의 문화 가운데 살아도, 그 문화에 물들지 말게 하시고, 선한 인터넷 문화를 만들어가는 지혜와 힘을 주옵소서. 예수님의 이름으로 기도합니다. 아멘.

Pray

방송 매체에 대한 절제의 힘을 주소서

우리를 거룩한 세대로 구별되게 세우신 하나님 아버지, 자녀가 방송 매체에 매여 자신의 본분을 잊고, 하루 하루 살아가는 삶을 긍휼히 여겨 주옵소서. 아침에 일어나서 밥을 먹을 때에나 가족이 함께 모였을 때 무의식적으로 텔레비전을 켜는 우리의 삶의 습관을 하나님의 두 손 위에 올려놓습니다. 무심코 틀어놓은 텔레비전에 자녀가 노출됨을 알면서도, 우리의 삶의 습관이 변하지 않았음을 고백합니다.

부모된 우리가 자녀에게는 텔레비전을 절제하라고 다그치면서 막상 부모의 습관은 버리지 못하는 것을 회개합니다. 먼저 불필요한 시간에 텔레비전을 보는 것이 아니라 절제하는 삶을 보이게 하옵소서. 또한 자녀와 함께 텔레비전 보는 시간을 정하고, 함께 더 나은 시간을 만들어 가게 하소서.

그리하여 가정의 여가시간을 텔레비전을 보는 것으로만 보내는 것이 아니라 함께 대화하고, 삶을 나누는 가정이 되게 하옵소서. 부모뿐 아니라 자녀도 텔레비전의 악한 영향으로부터 자유롭게 하옵소서. 하나님의 은혜의 해가 우리 가족의 삶 가운데 미치게 하옵소서. 예수님의 이름으로 기도합니다. 아멘.

스마트폰에 대한 절제의 힘을 주소서

좋은 것을 우리 손에 쥐어주시는 하나님 아버지, 주님을 본받아 우리도 자녀에게 좋은 것을 쥐어주는 부모가 되기를 원합니다. 하지만 막상 현실은 식당에서나 외출을 해서나 자녀가 무료해 하는 시간에 스마트폰을 쉽게 내어주는 부모임을 고백합니다. 또 자녀의 친구들이 모두 가지고 있기에 시대의 흐름을 따라 자녀에게 스마트폰을 개통해 주는 것도 사실입니다. 하지만 하나님, 자녀가 더 이상 스마트폰으로 인해 자신의 학업뿐 아니라 삶을 방해받지 않기를 원합니다.

또 부모인 우리도 스마트 폰으로부터 자유로운 사람이 되길 원합니다. 출퇴근 길, 집에서의 여가 시간 등에 무심코 하는 SNS나 인터넷 기사, 동영상 보기 등이 이미 우리의 삶 속 깊숙이 지배하여 스마트폰이 없으면 불안하거나 조급해 하는 마음도 생깁니다.

먼저 부모인 제가 자녀 앞에서 스마트폰을 절제하는 모습을 보이게 하옵소서. 이 결단이 우리의 삶의 변화로 이어지게 하옵소서. 또한 가정에서 부모와 자녀가 함께 스마트폰을 절제할 수 있는 약속을 하고, 삶을 다른 것들로 풍성히 채우게 하옵소서. 예수님의 이름으로 기도합니다. 아멘.

Pray

게임에 대한 절제의 힘을 주소서

하나님 아버지, 하나님께서 우리에게 허락하신 24시간을 귀한 것, 선한 것들로 채우기를 원합니다. 자녀가 특별히 게임으로 인해 하나님께서 허락하신 시간을 낭비하는 일이 없도록 막아주옵소서. 자녀가 자신의 여가 시간을 컴퓨터 게임, 오락기 게임, 스마트 폰 게임만으로 채우는 것이 아니라 하나님의 말씀을 더욱 사랑하며, 하나님이 좋아하시는 방법으로 선용하기를 원합니다. 게임에 대한 적당한 선을 지키게 하시고, 오히려 친구들과 가족들과 건전한 놀이를 하는 시간이 늘어나게 하옵소서.

이를 위해 부모인 우리가 자녀가 바르게 여가 시간을 보낼 수 있도록 함께 운동하며, 취미생활을 할 수 있기를 원합니다. 자녀가 무엇을 할 때 기뻐하고 좋아하는지 관찰하는 부모가 되어, 게임이 아닌 다른 것으로 자신의 시간을 활용하는 법을 가르치게 하시고, 자녀의 평생에 지속될 건강한 여가생활의 기반을 마련하게 하옵소서. 게임으로부터 자유롭게 된 자녀의 마음과 육신, 그리고 영혼이 날로 건강하게 하옵소서. 예수님의 이름으로 기도합니다. 아멘.

음란물로부터 자녀를 보호하소서

거룩하신 하나님. 우리 자녀들을 이 세상과 구별되게 거룩한 자녀로 택하시고 불러 주셔서 감사합니다. 대중매체와 온라인 게임 등을 통해 여러 음란한 문화들이 우리 자녀들의 영혼을 부지불식간에 삼키려 합니다. 우리 자녀들 안에 있는 죄성은 빛 되신 예수님을 따르기보다 어둡고 음란한 곳에 거하길 즐겨 하게 할지라도 주님, 이 죄악된 세대를 용서하여 주옵시고 마음을 새롭게 변화시켜 주옵소서.

우리의 자녀들이 복음 안에서 바른 분별력을 가지고 하나님이 기뻐하시는 생각과 뜻을 좇게 하여 주옵소서. 쉽게 접할 수 있는 음란물의 유혹으로부터 생각과 마음과 영혼을 지키게 하여 주셔서, 음란물로 인해 잠깐 느끼고 허무하게 사라지는 쾌감보다 구별되게 자신을 지켜 건강한 성의식을 갖게 하옵소서.

그리하여 건강한 가정을 이루기까지 스스로의 몸을 거룩히 지키게 하여 주시고, 다른 사람의 몸을 존중히 여기며 생명과도 직결된 성의 문제를 함부로 다루지 않게 하여 주옵소서. 자연스레 생겨나는 성적인 욕구들을 건전한 방법으로 해결할 수 있는 지혜와 용기를 주옵소서. 예수님의 이름으로 기도합니다. 아멘.

Pray

스승의 날에 드리는 기도

하나님, 오늘 스승의 날에 교사들을 위해서 기도할 수 있도록 인도하시니 감사합니다.

먼저 우리 스승이신 예수님을 생각해봅니다. 진리를 가르치기에 주저함이 없으셨고, 사랑 가득한 마음과 눈길로 연약한 사람을 민망히 여기시며 고쳐 주시고 싸매어 주셨던 예수님, 그 예수님처럼 교사의 직분을 감당하는 신실한 교사들을 이 땅에 세워주옵소서. 교사의 사명이 소중한 것임을 알아 충성스럽게 감당하게 하시고 자라나는 생명들을 가르치는 데 부족함이 없도록 전문성을 채워 주옵소서.

날로 교육의 현장이 피폐하다는 소식을 많이 듣게 되는 이때에 가르침에 헌신하고 배움에 열정을 가지며 사람을 소중히 여기는 교사들이 일어나도록 하시고 교육의 회복을 일으키는 교육의 주체가 되게 하옵소서.

학교와 교회에 교사들을 위해 지원할 수 있는 여건과 환경을 열어주옵소서. 선생님을 더 많이 존경하는 우리 가정이 되게 하옵소서. 예수님의 이름으로 기도합니다. 아멘.

외모지상주의로부터 자녀를 지켜주소서

하나님 아버지, 자녀가 자신의 가치를 누구보다 잘 아는 사람이 되기를 원합니다. 세상은 예쁘고, 몸매가 좋고, 명품을 가진 사람이 가치 있고 잘 살 수 있다고 암묵적으로 가르치고 있습니다. 그런 가치관 속에서 우리의 자녀들은 자신은 가치가 없다고 생각하거나, 연예인처럼 되고 싶어 지나치게 자신을 가꾸려는 모습을 볼 때 참으로 마음이 아픈 것을 고백합니다. 자녀들에게 있는 하나님의 형상이 최고의 가치인 것을 알게 하옵소서. 그것을 위해 먼저 부모가 하나님 형상의 가치를 알고 그것을 간직하기를 원합니다.

하나님이 자녀에게 선물하시고 심어두신 보석 같은 아름다움들을 발견하고, 그것을 인정하고 기뻐하며 사랑하게 하옵소서. 그리하여 자녀가 세상의 풍조를 따르기를 멈추고 하나님이 선물하신 자신만의 아름다움과 하나님의 형상을 기뻐하고, 사랑하며 살아갈 수 있기를 원합니다. 부모는 하나님이 지으신 최고의 창조물인 자녀를 그 모습 그대로 아끼고, 가꾸어주며 평생 하나님이 맡기신 보물로 섬기게 하시고, 자녀는 세상의 기준이 아닌 하나님의 기준으로 살아가게 하옵소서.

이런 부모와 자녀들을 통해 왜곡된 아름다움의 가치와 기준이 하나님의 기준으로 변화되게 하옵소서. 예수님의 이름으로 기도합니다. 아멘.

Pray

아름다운 언어를 사용하는 자녀 되게 하소서

입술의 열매를 맺으시는 하나님 아버지, 자녀가 하나님이 주신 입술
과 혀로 아름답고 긍정적인 말들을 하길 원합니다. 때로는 부모인 우
리들이 알아들을 수 없는 은어들을 내뱉고 그 은어들의 뜻을 들을 때
마다 안타깝고 속상함을 고백합니다. 친구들이 쓰기 때문에, 친구들
과의 소통을 위해서 비속어와 은어를 사용하는 우리의 자녀들을 긍휼
히 여겨 주옵소서.

하나님께서 자녀의 입에 아름다운 언어, 배려와 존중이 넘치는 언어
를 담아주시길 원합니다. 특별히 부모인 우리가 먼저 아름다운 언어
를 사용하게 하시고, 늘 자녀에게 배려와 존중이 넘치는 언어를 사용
하게 하옵소서. 화가 나거나 속이 상할 때 무심코 던지는 비속어나 부
정적인 말들이 부모인 우리를 지배하고, 자녀들을 무의식적으로 가르
쳐왔음을 회개합니다. 우리의 입술을 주장하여 주옵소서.

가정에서부터 늘 배려와 존중, 사랑이 넘치는 언어를 사용하여 자녀
의 입술이 변화되고, 이 세상의 풍조가 변화되게 하옵소서. 구별된 말
로 세상을 밝히는 그리스도인들이 되게 하옵소서. 예수님의 이름으로
기도합니다. 아멘.

분노를 조절하는 자녀 되게 하소서

하나님, 자녀가 분노를 무작정 표출하는 것이 아니라 건강하게 조절하는 아이로 자라나길 원합니다. 하나님께서 소망 중에 즐거워하고 환난 중에 참으며 기도에 힘쓰라고 말씀하셨으니 속상하고 곤란한 상황에서도 순종함으로 인내하게 하옵소서.

마음의 서운함을 인내하지 못하게 하는 것은 사탄이 기뻐하는 일임을 압니다. 그렇기에 분노로 인하여 관계가 깨지지 않게 하옵소서. 분을 내어 하나님의 이름을 거룩하게 하는 것에 방해받지 않도록 자녀의 마음을 지켜 주옵소서. 건강하게 분노를 조절하고 화를 표출하여 속상한 말과 상황에 흔들리지 않는 아이로 자라나게 하옵소서.

분노의 상황에 처할 때에 마음을 돌이켜보고 하나님의 말씀대로 그 상황을 판단하고 해결할 수 있는 지혜 또한 허락하여 주옵소서. 하나님의 말씀이 자녀의 심령에 뿌리 깊게 내려서 어떤 상황에서도 흔들리지 않고 모든 것을 참으며 바라며 견딜 수 있는 항상 푸른 나무같게 하옵소서. 예수님의 이름으로 기도합니다. 아멘.

Pray

자녀의 정서적 불안, 우울감을 위로하소서

하나님, 자녀가 무엇보다 마음이 건강한 아이로 자라기를 소망합니다. 우리를 공동체적인 존재로 부르신 하나님, 자녀가 혼자 고립되고 외로워하며 때로는 외로움에 우울감을 표현하기도 합니다. 때로는 자녀가 마음의 불안 때문에 몸까지 괴롭힐 때도 있었습니다.

마음의 병은 몸의 병과 달리 쉽사리 발견되지 않아 '그렇게 마음이 약해서 어떻게 하냐'며 나무라기도 하고, 심각하게 받아들이지 않고 지나칠 때도 많았습니다. 그러나 상한 갈대를 꺾지 않으시는 주님, 아이가 우울감이나 정서적인 불안으로 인해 눈물 흘릴 때 함께 해 주셔서 감사합니다.

삶이 분주하다고 하여 무심코 넘기고, 시간이 지나면 해결되겠지라는 안일했던 마음을 버리고 자녀의 감정을 온전히 받아들이며 사랑하게 하옵소서. 기독학부모인 우리의 마음에 이해의 폭을 넓혀 주셔서, 자녀의 아픔을 공감하고 받아들일 수 있게 하옵소서. 예수 그리스도의 사랑으로 자녀의 마음이 치유되어 스스로를 가두었던 틀에서 벗어나 세상에 나가 타인을 받아들이고, 함께 공동체 속에서 사는 용기도 허락하여 주옵소서. 예수님의 이름으로 기도합니다. 아멘.

학교가 관계성을 배우는 교육의 장이 되게 하소서

올바른 성품으로 우리 자녀들이 자라나길 원하시는 하나님께 감사를 드립니다. 하나님은 늘 우리와 관계하시며 사랑하기를 원하시는데, 오늘날 우리의 교육은 그렇지 못함을 고백합니다. 학교에서 학생들에게 서로를 사랑하고 올바른 관계를 맺도록 가르치기보다는 서로를 경쟁자로 만들고 적대심을 지니게 하고 있습니다. 주님, 그러한 교육의 현실 가운데 있는 친구들을 불쌍히 여겨 주옵소서.

하나님, 학교가 친구들끼리 바른 관계를 지니도록 가르치는 교육의 장이 되게 하옵소서. 독불장군처럼 살아가는 법, 유일하게 생존하는 법을 배우는 것이 아니라 선생님과의 건강한 관계를 통하여, 친구들과 건강한 관계를 통하여 공존하고 더불어 살아가는 성품을 갖추게 하여 주옵소서.

이 땅의 모든 학교가 인성교육에 관심을 가져 자녀들의 성품이 회복되게 하시고, 다른 사람을 이해하고 포용하는 자녀로 자라나게 하옵소서. 우리가 그런 교육을 꿈꾸게 하옵소서. 예수님의 이름으로 기도합니다. 아멘.

Pray

자녀의 문화를 이해하는 부모 되게 하소서

우리의 부모되신 하나님, 머리털 하나까지 우리의 마음 하나 하나까지 아시는 하나님이 계심에 감사를 드립니다. 하나님이 우리를 부모로 불러 주셨는데, 자녀가 무엇을 좋아하는지, 무엇을 할 때 기쁜지 모르고, 사는 것에 치여 지나갔을 때가 많음을 고백합니다. 어느덧 커버린 자녀는 자신만의 문화를 소유하고 있는데, 그것을 터부시하고, 무시할 때도 있었음도 고백합니다. 자녀가 무엇을 할 때 즐거운지, 왜 그런 취미생활을 가지는지 등 조금 더 마음과 눈을 열고 자녀를 바라보게 하옵소서. 자녀가 좋아하는 노래는 함께 부르고, 좋아하는 게임은 함께 해보고, 좋아하는 연예인이 있다면 누군지 세심히 살펴보는 등, 자녀의 눈높이에 시선을 맞추는 부모가 되게 하옵소서.

부모가 원하는 방향으로 자녀의 삶을 조정하는 것이 아니라 자녀가 즐거워하는 것을 인정하며, 조율하고, 안내하는 부모가 되게 하옵소서. 하나님이 우리를 있는 모습 그대로 인정하며, 용납하고 기다리시는 것처럼 자녀의 문화와 삶을 있는 모습 그대로 수용하며, 때로는 기다리고 인내하고 훈육하게 하옵소서. 우리에게 지혜와 풍성한 마음을 주시는 예수님의 이름으로 기도합니다. 아멘.

자녀와 대화의 기회를 만들게 하소서

말씀으로 세상을 창조하신 하나님, 늘 기도를 통해 저와 대화하시고 저의 작은 신음에도 귀 기울여 주심에 감사와 찬양을 올려드립니다. 많은 사람들의 곁에 머무시고 대화하시면서 마음으로 그들의 삶과 영혼을 돌보신 예수님을 본받기 원합니다.

삶이 바쁘다는 이유로 자녀와 많은 시간 대화하지 못했습니다. 가족이 함께 모여 마음으로 대화하며, 삶을 나누지 못한 것을 회개합니다. 그러면서도 학원에 보내고, 열심히 가르치면 좋은 부모라고 생각했던 저의 좁은 생각을 내려놓습니다.

주님, 이제부터라도 매일 자녀와 대화하기를 원합니다. 막상 하려고 하니 어색하지는 않을지, 시간이 날지, 무슨 말을 할지 주저되는 것도 있지만 용기와 믿음을 주시어서 우리 아이의 아픔과 기쁨을 듣는 시간을 놓치지 않게 하옵소서. 가족이 함께 둘러 앉아 거리낌없이 진솔하게 삶을 나눌 시간과 공간을 마련하게 하옵소서. 그 아이의 삶의 이야기를 온 몸과 마음을 기울여 듣기를 원합니다. 대화의 시간을 통해 저와 자녀의 막혔던 담이 허물어지며 관계가 회복되게 하옵소서. 그 용기를 내는 첫 걸음에 성령님 동행하여 주옵소서. 예수님의 이름으로 기도합니다. 아멘.

Pray

자녀와의 대화에서 좋은 태도를 가진 부모 되게 하소서

사랑의 하나님, 항상 웃음과 사랑으로 가족들과 함께 대화하는 시간을 주셔서 감사합니다. 자녀와의 대화가 시작되는 곳에 주님의 지혜가 있기를 기도합니다.

지혜의 하나님, 자녀와의 대화가 은혜의 시간이 되게 하옵소서. 대화가 일방통행이 아닌 쌍방통행임을 잊지 않고 자녀에게 일방적인 요구와 확인을 하는 대화가 아니라 인격적으로 존중하는 사랑의 대화를 하길 원합니다. 비교하거나 단정짓는 태도로 대화하는 것이 아니라 자녀를 존중하며, 모든 마음과 귀를 열어 경청하게 하옵소서. 경청이 자녀를 존재 자체로 받아들이고 인정하는 것임을 잊지 않게 하옵소서. 그리고 진심을 담아 가르칠 때, 인생의 바른 지혜들이 자녀들에게 흘러들어가게 하옵소서. 인생의 법칙을 세상의 책과 세상의 선생님들에게 배우는 것이 아니라 부모를 통해 대화함으로써 배우고 삶의 길을 같이 가는 친구가 되게 하옵소서.

자녀와의 대화가 모든 교육의 시작이 되게 하옵소서. 예수님의 이름으로 기도합니다. 아멘.

자녀와의 대화에서 바른 언어를 사용하는 부모 되게 하소서

자신을 나타내시며 표현하시는 사랑의 하나님, 우리에게 자신을 표현할 수 있는 언어를 주셔서 감사합니다. 자녀와의 대화 가운데 하나님 나라가 임하기를 소원합니다. 특별히 자녀와의 대화에서 자녀를 존중하며 자녀도 부모와의 대화에서 자신의 소중함을 만나는 시간이 되게 하옵소서. 자녀에게 "~하라, ~하지 말라"을 사용하는 일방적인 대화를 하는 것이 아니라, 분노를 품은 폭력적인 언어와 짜증 섞인 말투로 다가가는 것이 아니라, "I 메시지"로서 자녀가 납득할 수 있는 언어를 사용하며, 존중하는 언어, 친절한 말투로 자녀를 세우는 부모가 되게 하옵소서. 여전히 부족한 우리에게 예수님의 시선과 언어를 허락하여서 사람을 세우고 살리는 언어로 자녀와 대화하게 하옵소서.

사랑의 하나님, 진정한 삶의 교육은 부모의 뒷모습을 보고 배운다고 배웠습니다. 부모들의 삶의 태도와 마음을 전달하는 언어가 자녀를 살리고 그들의 교육을 살리는 통로가 되게 하옵소서. 예수님의 이름으로 기도합니다. 아멘.

25일

Pray

자녀의 감정을 이해하는 부모 되게 하소서①

언제나 우리의 삶의 모습에 공감해주시는 하나님, 오늘도 기도할 수 있는 시간을 주셔서 감사합니다. 오늘도 우리는 자녀와의 관계에서 기쁨과 사랑, 긍휼과 슬픔 같은 감정도 나누지만, 절망과 분노와 같은 부정적인 감정도 주고 받음을 고백합니다. 그러나 자녀의 그러한 감정을 대할 때, 그 마음을 읽어주고 인내하며 공감하기 보다는, 야단을 치거나 해결 방법을 찾기에 급급했던 저의 연약한 부모됨을 긍휼히 여겨주옵소서.

지혜의 하나님, 자녀의 눈과 목소리와 모습에 담긴 마음을 읽는 부모가 되게 하옵소서. 자녀가 부정적인 감정을 표출할 때, 나무랄 때도 있었고 모른 척할 때도 있었음을 고백하오니, 우리의 감정이 앞서기보다 자녀의 감정을 인식하며 그것이 기쁨, 감탄, 행복, 슬픔, 짜증, 억울함인지 함께 인식하며, 자녀가 그런 상황에서 감정을 표출할 수밖에 없었음을 공감하는 부모가 되게 하옵소서. 이러한 감정 공감의 과정이 자녀와 친밀감을 조성하고, 신뢰의 관계를 회복하는 기회가 되게 하옵소서.

가정에서부터 시작된 자녀의 감정과 마음을 읽는 노력들이 자녀가 어떠한 혼란과 문제 속에서도 자신의 감정을 다스릴 뿐 아니라 다른 사람들의 마음을 존중하고 공감하며 이해하는 건강한 사람으로 자라나도록 돕는 등불 같은 교육이 되게 하옵소서. 예수님의 이름으로 기도합니다. 아멘.

자녀의 감정을 이해하는 부모 되게 하소서②

언제나 우리의 필요를 채우시며 돌보시는 하나님, 오늘도 기도의 무릎으로 당신께 나아갑니다. 자신의 감정을 속이며 타인의 감정을 무시하는 이 시대의 문화와 죄된 본성으로 인해 부정적인 감정에 끌려갈 수밖에 없는 연약한 존재인 우리를 불쌍히 여겨 주옵소서.

자녀들이 자신의 감정을 숨기는 것이 아니라 가정에서부터, 친구와의 대화에서부터 솔직하게 표현하고 순종할 수 있는 마음을 갖게 하옵소서. 그러한 자녀들의 표현을 위해 기회를 잘 파악하고 자녀들에게 격려할 수 있는 지혜를 부모들에게 주옵소서.

자녀들이 스스로의 마음을 표현할 때에 그러한 감정의 경험도 소중히 여겨주며 받아줄 수 있기를 원합니다. 또한 부적절한 행동에 대해서는 스스로 깨닫게 하여 주셔서 그 행동의 의미와 감정을 정직하게 표현하는데 장애가 되는 행동을 깨달을 수 있는 지혜를 부어 주옵소서.

자녀가 감정을 추스르며 회복하는 길을 찾아나갈 때에 함께해 주시고, 자녀의 심령이 하나님의 사랑안에서 평안과 기쁨으로 충만하여 지는 은혜를 허락하여 주옵소서. 예수님의 이름으로 기도합니다. 아멘.

Pray

청소년 성범죄에서 자녀들을 지켜주소서

내가 거룩하니 너희도 거룩하라고 말씀하신 하나님, 하지만 예수님께서는 이 세상 죄악이 가득함을 보시며 눈물 흘리셔야 했습니다. 하나님의 말씀으로 바로 세워져야 할 청소년기의 자녀들이 세상의 가치관과 문화에 젖어들고 악한 영들에 사로잡혀 생각과 마음과 삶을 지배당하고 있습니다. 갈수록 증가되는 성범죄는 그 도를 지나쳐 상상조차 하기 힘든 수준에 이르렀습니다. 이로 인해 귀한 생명들이 버림을 받고, 삶의 소망을 잃고 고통 가운데 처해 있는 있는 청소년들과 가정들이 늘어나고 있습니다.

하나님, 이 세대를 불쌍히 여기사 고쳐주옵소서. 어둡고 혼탁한 세상의 문화 속에서 말씀으로 자신을 지켜 낼 뿐만 아니라 세상에 선한 영향력을 끼칠 수 있는 거룩한 하나님의 자녀들이 일어나게 하여 주시고, 하나님의 바른 가치관을 말씀과 삶으로 가르치고 보여주는 부모들이 되게 하여 주옵소서. 고통 가운데 있는 자들을 위로하고 치유하며, 사회에 대안을 제시하는 교회가 되게 하여 주시고, 우리 자녀들이 안전하게 보호받고 마음껏 그들의 꿈을 키울 수 있는 건강한 사회가 되게 하여 주옵소서. 마지막 시대에 부어주시겠다고 약속하신 성령의 역사가 이 땅의 청소년들에게 임하기를 간절히 소망하오며 예수님의 이름으로 기도합니다. 아멘.

자녀들에게 바른 성 가치관을 심어 주소서

그리스도 안에서 우리를 새 피조물 되게 하신 하나님, 감사합니다. 우리의 몸이 하나님이 거하시는 성전임을 깨달아 오늘도 하나님이 기뻐하실 거룩한 산 제사를 드려야 함이 마땅하지만 빠른 가치관의 변화 속에서 이성 교제관, 결혼관, 동성애 등, 성에 대한 가치관 역시도 급속도로 변화되고 있는 이 세대를 긍휼히 여겨 주시고, 세상이 보는 시각으로는 융통성이 없고 미련해 보여도 그것이 하나님이 명하신 생명의 길이기에 하나님의 뜻을 좇아 살아가는 자녀들이 되게 하여 주옵소서. 성경적인 가치관과 기준을 올바르게 제시할 수 있는 성교육이 가정에서부터 이루어지게 하여 주시고, 자라나는 자녀들이 건강한 성정체성을 갖도록 가정과 교회와 학교가 함께 협력하게 하여 주옵소서.

상업적인 이익을 위해 선정적인 문화를 도구 삼는 부끄러운 세대가 되지 않게 하시고, 이 땅의 미래를 준비하며 자녀들의 몸과 마음을 건강하게 지켜주는 일에 힘을 쏟는 사회가 되게 하여 주옵소서. 하나님의 생명 역사를 이루어가기 위해 주신 성을 소중히 여기고, 자신의 몸을 사랑할 뿐 아니라 타인의 몸과 마음을 존중하고 지켜줄 수 있는 다음 세대들이 되게 하여 주옵소서. 예수님의 이름으로 기도합니다. 아멘.

Pray

미혼모 청소년의 삶을 돌보소서

생명의 주인 되신 하나님, 개인적, 사회적, 문화적인 요인과 더불어 청소년들의 성에 대한 의식의 변화 속에서 임신 사실을 숨기거나 자녀를 포기하거나, 보호를 필요로 하는 미혼모들이 있습니다. 사회의 따가운 시선 속에서 앞으로 그들이 살아내야 하는 삶이 참으로 힘들고 어렵겠지만 하나님께서 그들의 위로자 되어 주시고, 소망의 하나님 되어 주셔서 시련을 극복할 수 있는 믿음과 힘을 주시기 원합니다.

무엇보다 어머니라는 이름으로 당당히 그 책임을 다하고자 힘쓰는 자들에게 사회의 구성원으로 자립할 수 있는 교육의 기회와 취업의 기회들이 열리게 하여 주시고, 그들의 자녀들이 행복하고 건강하게 사회 속에서 적응하고 자라날 수 있도록 돌봄 공백이 없는 사회의 제도들이 만들어지고 따뜻한 사회의 분위기들이 마련되게 하여 주옵소서.

사회적으로 소외받던 자들의 친구가 되어 주셨던 예수님처럼 이 땅의 교회들이 먼저 그들의 친구가 되어 주고, 아무도 정죄치 않으시고 용서하고 품으시는 하나님의 사랑으로 그들의 아픔과 고통을 함께 나누고 치유하는 그리스도인들이 되게 하여 주옵소서. 예수님의 이름으로 기도합니다. 아멘.

아동, 청소년 성폭력 피해자의 삶을 돌보소서

억압받고 고통 받는 자들을 신원하시는 공의로우신 하나님, 이 땅에 원치 않는 상처로 고통 속에 신음하는 이들의 눈물을 닦아 주옵소서. 힘의 지배 속에 성을 착취당하고 인권을 유린당한 자녀들이 있습니다. 누구도 원치 않았지만 인생 가운데 찾아온 커다란 시련으로 몸과 마음이 병들고, 꿈과 미래를 송두리째 빼앗긴 우리의 자녀들이 있습니다.

하나님, 그들을 위로하여 주시고, 이 땅에 다시는 성폭력으로 고통 받는 자들이 생겨나지 않도록 가해자들이 심판을 받으며, 억울함을 당한 피해자들이 신원을 받고, 인권이 침해당하지 않는 공정한 사회가 되게 하여 주옵소서.

아픈 기억이 자녀들의 마음과 영혼까지 잠식시키지 못하도록 하나님의 영으로 그들을 보호하여 주시고, 장래에 대한 소망을 잃지 않도록 하나님이 그들의 소망이 되어 주옵소서. 피해자가 아닌 상처 입은 치유자로 삶을 살아가도록 영혼을 살피고 돕는 교회가 되게 하여 주시고, 사회 속에서 또 한 번의 상처를 입지 않도록 건강한 사회의 구성원으로 자리매김하기 까지 그들을 지원할 수 있는 교육제도와 사회제도가 마련되게 하여 주옵소서. 예수님의 이름으로 기도합니다. 아멘.

Pray

하나님의 부르심에 응답하는 믿음을 주소서

우리를 부르신 하나님, 하나님이 자녀를 부르실 때 자녀가 주저 없이 응답할 수 있기를 원합니다. 세상의 길과 비교하며 머뭇거리거나, 하나님의 부르심을 의심하여 선뜻 나서지 못하는 약한 믿음이 사라지고 아브라함처럼 무언가 보이지 않아도, 하나님이 부르신 것이기에 가장 확실한 길로 여기고 힘차게 걸음을 옮기는 믿음을 갖게 하여 주옵소서.

또한 자녀가 가려 하는 결단과 사명의 길에 부모인 제가 방해가 되지 않기를 원합니다. 제가 믿음의 길을 막아서서 세상의 길을 소개하며, 하나님 나라를 방해하는 고향과 친척과 아버지의 집에 우리의 자녀를 옭아매는 잘못을 저지르지 않게 하옵소서. 더불어 세상적인 열심과 소명을 좋고 옳은 것으로 소개하며 부모와 자녀들을 잘못 이끌고 있는 학교와 학원 등 교육생태계 곳곳에 숨어 활동하는 세력을 결박하여 몰아내 주옵소서.

이 땅의 부모와 자녀들이 하나님이 보여주시는 땅에 이르도록 하나님의 부르심을 듣게 하시고, 그것을 확신하고, 열정으로 헌신하는 사명자가 되게 하옵소서. 예수님의 이름으로 기도합니다. 아멘.

잠언 11 : 30
의인의 열매는 생명 나무라 지혜로운 자는 사람을 얻느니라

The fruit of the righteous is a tree of life,
and the one who is wise saves lives.
(Proverbs 11 : 30)

6월의 기도

여호와를 경외하는 것을 기뻐하시는 하나님,
기독학부모가 하나님을 기꺼이 사랑하기를 원합니다.
말씀으로, 교제로, 섬김으로, 기도로, 예배로
여호와를 경외하는 가정이 되기를 원합니다.
경외의 마음으로 기도 가운데 나아갑니다.

여호와 경외를 통해
삶의 우선순위를 회복하는 시간

Pray

6월 첫날의 기도

생명의 근원 되시며 나라의 기초가 되시는 하나님,
새 생명의 운치가 날로 더해가는 6월, 플라타너스 너머로 보이는
푸른 하늘과 맑은 구름이 마음을 시원하게 합니다.
주님이 온 세상의 주인으로서 조성하여 주신 이 땅이 참으로 귀하게
여겨지는 이때에 우리나라를 생각하며 주님께 기도합니다.

하나님,
우리나라 역사 굽이 굽이마다 어렵지 않은 시대가 없었습니다.
외세의 침략과 정치적 위기, 경제의 어려움과 국민 화합의 위기 등
환난 속에서도 특유의 지혜와 민족성으로 세계 속에서 당당하게
'대한민국'으로 서가게 하시니 감사합니다.
이 모든 것이 주님의 은혜임을 고백하며, 믿음의 사람으로서
국가에 대한 책무성으로 더욱 기도하게 됩니다.
하나님, 북한과 대치되어 있는 이 안타까운 현실 가운데서
마음과 분열의 터전에 화해와 평화가 싹트고 열매 맺게 하시고
분단국가의 설움이 다음세대에 이어지지 않도록 도와주옵소서.
북한과 우리나라의 교육 현실이 너무나도 많은 차이가 있어
통일 이후의 교육에도 어려움이 예상되지만 하나님의 화목케 하는
은혜로 인해 회복되게 하옵소서. 교육을 통하여 먼저
통일을 준비하며 하나 됨의 기쁨을 맛보게 하옵소서.
예수님의 이름으로 기도합니다. 아멘.

Pray

여호와를 경외하는 것이 지식의 근본임을 알게 하소서

여호와를 경외하는 것이 지식의 근본이라고 하신 하나님, 지금까지 세상의 지식과 실력을 쌓는 것, 인기와 명예를 얻는 것에 관심을 가지고 있었던 우리를 돌아봅니다. 예수님을 믿는다고 하면서도 어느 한쪽에서는 자녀에 대한 왜곡된 기대감이 있었습니다. 하나님을 믿는 신앙과 자녀의 학업은 관계가 없다고 생각한 적도 많았습니다.

그러나 말씀에 분명히 '여호와를 경외하는 것이 지식의 근본'이라고 기록되어 있음을 봅니다. 자녀의 삶에 무엇보다 하나님을 경외하고 예배하는 것이 제1 우선순위가 되어야 함을 잊지 않게 하옵소서. 아이가 단지 똑똑하고 공부 잘 하게 되는 것을 기뻐하기보다 지식의 근본이신 여호와 하나님을 경외하는 자녀로 양육하기를 힘쓰는 부모가 되게 하옵소서.

신앙은 자녀의 삶의 뿌리가 되고, 태도를 결정하는 것이기에 무엇보다 여호와 경외의 신앙이 자녀에게 뿌리 내리게 하옵소서. 흔들리지 않는 뿌리를 가진 자녀가 건강한 생각과 태도로 학업에 임하고, 학업을 통하여 진리 되신 하나님을 깊게 알아가는 은혜를 누리게 하옵소서. 예수님의 이름으로 기도합니다. 아멘.

부모가 먼저 여호와 경외의 삶을 살게 하소서

우리를 창조하셔서 주님을 바라는 삶을 살게 하신 하나님 감사를 드립니다. 불순종이 만연한 이 세상 가운데에서, 주님을 앙망함이 얼마나 감사한 삶인지요. 하지만 우리가 경건치 못함으로 앞일의 근심에 머물러 있을 때가 있사오니 저희를 불쌍히 여기소서.

주님이 주신 귀한 부모의 직분을 수행함에 앞서 기도하는 사람이 되기를 간절히 원합니다. 매일 공급받는 주님의 영의 양식으로 무장하게 하소서. 그리하여 세상의 미혹에 자녀들이 빠지지 않도록 지킬 힘을 주옵소서.

자녀를 하나님보다 소중히 여기거나, 하나님을 멸시하는 일들을 책망하시는 하나님, 부모된 우리의 하루 하루의 삶이 주님의 사랑으로 가득 적시어지기를 엎드려 기도합니다. 여호와를 경외하는 것이 우리 삶의 근본이 되어 자녀들이 산 경험을 통해 여호와 경외의 삶을 전수받게 하옵소서.

하나님의 말씀을 기준으로 삼게 하시고, 기도로 하나님과 교제하며 동행하게 하시며, 찬양으로 삶을 올려드리는 부모 되게 하옵소서. 그리하여 여호와를 경외하는 백성에게 약속하신 축복이 가정 가정마다 흘러가게 하소서. 예수님의 이름으로 기도합니다. 아멘.

주일을 거룩하게 지키는 가정 되게 하소서

성령을 통해 역사 속에서 주일을 예배의 날로 정하신 하나님, 매주일 예배를 통하여 하나님을 만나는 기쁨을 누리게 하시니 감사합니다. 우리 가족이 주일을 하나님의 날로 거룩하게 구별하기 원합니다.

먼저 저희 부부가 예배를 최우선으로 여기고, 중심을 드리며 전심으로 예배하게 하옵소서. 또한 안식일의 주인이셨던 주님과 같이 선을 행하시며 생명을 살리신 사역에 동참함으로 하나님을 사랑하고 섬기는 하나님의 백성으로 분명히 구별되는 사람이 되기를 원합니다.

이를 위하여 자녀의 공부와 성적 앞에서 믿음이 약해지는 그릇된 모습이 바르게 회복되기를 원합니다. 학교와 학원, 성적이 예배를 대신하는 것을 거부하게 하시고, 주일을 온전하게 하나님의 날로 보내는 신앙을 부모의 삶으로 가르치게 하옵소서. 예수 안에서 몸과 마음과 영혼이 참된 안식을 누릴때, 교육의 고통으로 고단한 자녀들이 위로와 힘을 얻고 진리 위에 굳게 서게 하옵소서. 또한 가정에서의 예배도 살아있게 하셔서 주일의 예배가 주중에도 거룩하게 이어지게 하옵소서. 그리하여 우리 가정이 주일을 온전하게 구별함을 통해 하나님의 영광을 보게 하옵소서. 예수님의 이름으로 기도합니다. 아멘.

Pray

가정예배가 가정 안에 정착되게 하소서

우리 가정의 주인이 되신 하나님 감사합니다. 하나님께서 세워주시고 만들어 주신 이 가정이 온전히 주님만을 기억하며 예배하기를 원합니다. 가정 안에 신앙의 문화, 예배의 문화가 형성되고 근력이 생겨 자녀의 몸에 자연스럽게 배어질 수 있기를 원합니다.

특별히 시간을 정하여 드리는 가정예배가 잘 정착되게 하여 주옵소서. 가정예배의 중요성과 소중함을 알지만 결단하여 드리지 못하였던 점을 용서하여 주시고, 우리의 연약함을 도우사 온 구성원이 결단하여 가정예배에 동참하게 하옵소서. 부모가 들려주는 말씀을 통하여 하나님을 알아가는 지혜 속에 자라게 하시고, 기도와 찬양으로 말미암아 굳은 마음이 부드러워지고 서로에게 마음을 돌이키는 기쁨과 감격을 회복하게 하옵소서.

기독학부모의 가정마다 예배의 삶이 중심을 이루게 되기를 원합니다. 모든 가정 안에 예배가 정착되고, 살아나고, 번져가도록 인도하옵소서. 가정의 회복과 성장이 예배로부터 시작될 수 있도록 인도하옵소서. 예수님의 이름으로 기도합니다. 아멘.

교육을 통하여 평화가 회복되게 하소서

진정한 평화가 무엇인지 가르쳐 주신 하나님, 그러나 우리는 개인과 가족, 교회와 민족, 더 나아가 환경을 비롯한 삶의 기반에서 진정한 평화를 이루지 못하고 살아감을 고백합니다. 우리나라는 남북으로 갈라져서 아직까지도 군사적으로 대립하는 가운데 있으며, 세계 곳곳에서는 내전이 그치지 않고 있습니다.

하나님, 평화를 회복시켜 주옵소서. 갈등과 분쟁이 사랑 안에서 협력과 공존으로 변화되게 하옵소서. 하나님께서 원하시는 평화의 사람을 키워 내는 평화 교육이 신앙교육의 자리마다 함께 이루어지게 하옵소서. 자녀들이 학교 안에서 평화가 얼마나 중요한 것인지 배워 갈 수 있도록 도와주시고, 그 안에서 실제로 평화를 경험하게 하옵소서. 그리스도인인 우리가 이땅의 평화를 만들어 가는 사람이 되도록 도와주옵소서.

가정과 교회의 신앙교육이 반목과 갈등을 초월하고 주님의 참된 평화를 이루는 토대가 되게 하셔서, 이웃과 세상에 화해가 임하고 평화를 누리는 나라 되게 하옵소서. 예수님의 이름으로 기도합니다. 아멘.

7일

Pray

하나님의 창조세계와 함께 공존하게 하소서

하늘과 땅을 만드시고, 피조세계의 주인 되신 하나님, 하나님께서 우리를 청지기로 세우시고, 하나님의 뜻대로 돌보라 하셨음에도 불구하고, 우리의 욕심에 미혹되어 피조세계의 주인이 되었을 때가 많았음을 고백합니다.

이제 우리가 가던 길을 돌이켜 회개함으로 피조세계 가운데 하나님의 돌봄과 사랑이 임하기를 원합니다. 가정에서 뿐 아니라 사회에서 탄소 배출을 줄이고, 이 땅을 돌보는 일에 힘쓰게 하옵소서. 특별히 학교의 교육 과정 안에서 지속가능한 삶을 같이 고민하고, 실천할 수 있는 교육이 만들어지게 하옵소서. 그리하여 자녀가 발을 딛고 살 그 시대에 푸른 하늘을 보고 맑은 공기를 마시며, 자녀뿐 아니라 모든 생태 속에 하나님의 샬롬이 임하게 하옵소서.

주님, 우리에게 믿음을 실천할 수 있는 용기, 불편을 감수할 수 있는 용기가 필요합니다. 단지 머리로만 기후 위기를 걱정하고, 말로만 떠드는 것이 아니라 기독학부모인 우리가 먼저 한 걸음 불편을 기꺼이 선택하며, 자녀의 삶 속에도 영향력을 미치게 하옵소서. 예수님의 이름으로 기도합니다. 아멘.

가정예배가 지속되고, 영향을 미치게 하소서

가정 안에서 하나님 경외하기를 가르치신 하나님, 오늘도 주님의 이름을 찬양합니다. 저희 가정에 여호와 하나님의 이름이 떠나지 않게 하시고 자손 대대로 예배의 기쁨을 알게 하여 주옵소서.

주님, 가정이 함께 가정예배를 드리며 하나님을 기억하는 일에 힘쓰고 있습니다. 가정예배를 통해 하나님을 함께 높이고, 하나님께서 우리에게 행하신 일을 함께 기억하고, 감사를 고백하게 하옵소서. 분주함과 어색함으로 인해 가정예배가 지속되지 못할 때가 많이 있습니다. 용기를 내어 지속하는 걸음을 통하여 가정예배가 은혜의 사건이 되고, 자녀들과 마음을 나누는 소통의 자리, 성경을 토대로 세상을 보게 되는 믿음의 자리가 되게 하옵소서.

부모세대와 자녀세대의 다리인 가정예배를 통하여 하나님을 가정의 중심에 모시게 하시고 철따라 열매를 맺고 시냇가의 나무처럼 마르지 않는 생수를 주시는 주님을 만나게 하옵소서. 사랑하는 자녀가 자라서 가정을 꾸릴 때에 이 기쁨을 알고 그들의 자녀와 함께 가정예배를 이어가게 하옵소서. 예수님의 이름으로 기도합니다. 아멘.

Pray

기도의 능력을 아는 부모 되게 하소서

믿는 사람들의 기도를 통해 세상을 변화시키신 하나님, 우리 가족이 기도의 능력을 알게 하시고, 하나님이 보여주시는 응답의 놀라운 역사를 보게 하옵소서. 이것을 위해 저희 부부가 먼저 기도의 능력을 경험하고, 깨닫기를 원합니다.

"너희가 악한 자라도 좋은 것으로 자식에게 줄 줄 알거든 하물며 하늘에 계신 너희 아버지께서 구하는 자에게 좋은 것으로 주시지 않겠느냐"(마 7:11)라고 말씀하신 것처럼 하나님께서는 자녀 된 제게 가장 좋은 것을 예비하고 계신 분이심을 믿습니다. 또한 기도하면 좋은 것을 주시되 풍성히 넘치도록 주시는 참 좋으신 하나님 아버지이심을 기억합니다. 이것을 기억하고, 저희 부부가 기도에 빈곤하여 은혜에도 궁핍한 자가 되지 않게 하시고 기도를 통해 은혜의 부요함을 알고 누리게 하옵소서. 그래서 그 풍성한 기도의 은혜와 능력을 자녀에게도 전하게 하옵소서.

저희 부부와 자녀의 기도가 예수님처럼 습관이 되게 하시고, 그것이 저희 가정의 문화가 되게 하옵소서. 이런 기도가 거룩한 운동이 되어 믿음의 가정마다 퍼져나가게 하옵소서. 예수님의 이름으로 기도합니다. 아멘.

기도하는 자녀 되게 하소서

우리와 함께 하신다는 약속을 지키시는 하나님, 자녀가 하나님께 귀하게 쓰임 받았던 믿음의 사람들처럼 하나님과 함께 하는 시간들을 쌓아가길 소망합니다.

분주하고 소란한 세상의 계획 가운데에서도 하나님께 기쁨으로 떼어 드리는 기도의 시간을 만들고, 그 시간만큼은 구별하여 하나님께 드림으로써 하나님을 최우선으로 사랑하는 우리의 자녀가 되게 하옵소서.

삶의 우선순위가 하나님이 되어, 어떤 이유나 문제 앞에서도 기도의 시간을 정확하게 드리게 하옵소서. 또한 하나님의 약속이 가장 가치 있는 것처럼 하나님께 드리는 우리의 약속 역시 귀중하고 소중한 가치를 지니고 있다는 것을 삶으로 살아내고 그것이 능력이 되는 우리의 자녀가 되게 하여 주옵소서.

다니엘과 같이 어떠한 순간에도 기도하게 하시고, 우리 자신을 위해 기도하는 것뿐 아니라 이웃과 세상을 향해 중보하게 하옵소서. 예수님의 이름으로 기도합니다. 아멘.

Pray

가정 속에 기도의 문화가 정착되게 하소서

하나님, 우리 가정이 기도하는 가정이 되기를 원합니다. 기쁠 때에든지 슬픈 때에든지 감사할 때에든지 근심이 앞설 때에든지, 늘 무릎으로 주님 앞에 엎드리길 소망합니다. 기도 외에 다른 길이 없음을 알면서도 그 자리를 외면하는 부모인 저희와 자녀를 불쌍히 여겨 주옵소서.

기도하는 가정을 꿈꾸며 먼저 기도 처소를 마련하게 하옵소서. 그곳에서 먼저 기도하는 부모의 모습을 통하여 자녀가 기도를 배우게 하옵소서. 또한 저희 가정이 시간을 정하여 기도하게 하옵소서. 가정의 기도제목을 나누고, 정리하여 붙인 후에 함께 기도할 수 있는 시간이 있어 서로를 위한 중보가 끊이지 않게 하옵소서. 기도의 습관이 자녀의 삶 속에 귀한 유산으로 남아 자녀가 언젠가 부딪힐 난관과 어려움 속에서 꽃피우게 하옵소서. 자녀에게 손을 얹고 기도하는 우리의 손길 위에 하나님의 은혜가 늘 넘치게 하옵소서.

기도의 문화가 꽃 피워 저희 가정 안에 하나님의 생기가 가득하게 하시고, 들불처럼 번져 한국의 모든 가정을 살리는 기도운동이 되게 하옵소서. 예수님의 이름으로 기도합니다. 아멘.

말씀을 사랑하는 부모 되게 하소서

말씀으로 우리를 살리시는 하나님, 우리가 믿음으로 구원에 이르는 지혜를 주시는 말씀을 날마다 사모하며, 정기적으로 성경을 읽고, 말씀을 따라 사는 부모가 되기를 원합니다. 제가 먼저 하나님의 말씀을 열망하기를 원합니다. 그 마음으로 우리 자녀와 함께 말씀을 사랑하고 읽고 묵상하며 암송하게 하옵소서.

성경이 구원의 길로 안내할 뿐 아니라 형통의 길로 이끄는 안내서와 같음을 알게 하시어서, 꿀보다 더 단 말씀을 붙들며 사는 부모 되게 하옵소서.

성경 말씀에는 관심이 없고 자녀의 학업과 성적에만 관심을 두는 어리석은 부모가 되지 않게 하시고 자녀와 함께 성경을 읽고 말씀의 은혜를 함께 나누며, 자녀에게 가르치기에 앞서 말씀으로 먼저 성장하는 부모 되게 하옵소서. 말씀을 통해 제 삶이 변화되고 깨어진 부분이 치유되고 회복되게 하시며 새롭게 하시는 말씀의 능력, 은혜의 역사를 경험하게 하옵소서. 주님이 말씀하시면, 그대로 듣고 따르기를 원합니다. 예수님의 이름으로 기도합니다. 아멘.

Pray

말씀을 사랑하는 자녀 되게 하소서

늘 우리에게 말씀으로 가르치시는 하나님, 감사합니다. 하나님의 뜻을 가장 잘 알 수 있는 통로인 하나님의 말씀을 자녀가 어려서부터 가까이 하기를 소망합니다. 부모인 제가 이를 위하여 더욱 기도하고, 가르치게 하옵소서. 단순히 말씀을 읽으라고 권면하는 것에 그치는 것이 아니라 함께 말씀을 읽고, 묵상할 수 있는 가정 환경을 만들 수 있는 지혜를 더하여 주옵소서.

또한 하나님의 말씀을 가까이할 수 있는 여러 방법들을 가르치고, 자녀에게 맞는 적합한 방법을 찾게 하옵소서. 말씀을 읽고, 쓰고, 암송하고, 묵상하는 방법들을 통하여 자녀가 말씀 속에 담겨진 하나님의 뜻을 찾고, 하나님의 숨결을 느끼고, 자신의 삶의 열쇠를 발견하게 하옵소서.

더불어 단순히 말씀을 읽고, 하나님의 뜻을 알기에만 그치길 원하지 않습니다. 말씀대로 순종하며 살아가는 용기와 믿음을 자녀에게 더하여 주셔서 믿음의 조상들처럼 말씀의 능력이 살아 숨 쉬는 자녀로 자라나게 하옵소서. 예수님의 이름으로 기도합니다. 아멘.

말씀으로 가정이 회복되게 하소서

하나님, 말씀이 능력 됨을 믿습니다. 그 능력의 말씀이 제 삶에 임하였던 것처럼 자녀의 삶에 임하고 더 나아가 우리 가정 가운데 임하기를 소망합니다. 말씀을 읽고, 말씀대로 살아가는 저희 가정의 말씀 문화를 통하여 가정이 바르게 회복되게 하옵소서.

부부의 관계, 자녀들의 관계, 부모와 자녀의 관계 속에서 분명히 어그러지고 아픈 부분들이 있습니다. 가정의 모든 구성원들이 이 문제를 가지고 기도하며 해결해 나아갈 때, 말씀이 해결책이 되고, 방법이 되기를 원합니다. 다른 곳에서 해답을 찾기보다 말씀을 통하여, 말씀에 순종하며 살아갈 때 문제가 해결되고, 더 견고히 서가는 가정이 되게 하옵소서.

그리하여 저희 가정 안에 말씀이 흥왕하여 세력을 얻게 하시고, 새로운 피조물이 되는 역사를 목도하게 하옵소서. 늘 말씀 안에 역사하시는 예수님의 이름으로 기도합니다. 아멘.

Pray

가정 안에 신앙의 문화가 세워지게 하소서

우리 가정의 주인되신 하나님 아버지, 가정의 곳곳에서 자녀가 하나님을 느낄 수 있기를 원합니다. 부모 된 저희가 가정 안에서 자녀가 하나님을 느끼도록 교육해야 함에도 불구하고, 신앙의 문화를 만들지 못한 것을 회개합니다.

식탁 공동체를 통하여 가정이 신앙의 문화를 만들게 하옵소서. 함께 식사하는 시간을 가지게 하시고, 하루의 일을 이야기하며, 부모가 자녀의 삶의 문제를 신앙 안에서 해결할 수 있도록 교육하는 장이 되게 하옵소서. 또한 가정 곳곳에 하나님을 경험할 수 있는 말씀과 상징들을 놓아서 자녀가 무의식 중에도 하나님을 생각하고, 찬양하며 하나님과 만날 수 있게 하옵소서. 가정 안에서 기독교적인 가치관과 생활습관이 잘 정착되게 해 주시고 이것이 삶의 활력소가 되게 해 주옵소서.

부모인 제가 하나님을 경험하는 존재가 되어 아이를 더 깊이 사랑할 수 있는 마음을 주옵소서. 부모와 자녀 사이를 가로막고 있는 장벽들을 깨뜨려 주시고, 사랑을 위협하는 어떠한 장애물도 극복할 수 있는 믿음과 지혜를 주옵소서. 예수님의 이름으로 기도합니다. 아멘.

친밀함이 가득한 가정 되게 하소서

하나님, 저희 가정에 주님의 사랑으로 서로를 사랑하고 축복하는 친밀함이 형성되기를 원합니다.

죄인 된 우리를 찾아오셔서, 가까이 해주시고, 친구로 친밀하게 대해주신 주님처럼 저희 부부도 자녀에게 친밀하기를 원합니다. 우리 자녀들이 부모의 기대를 충족할 때만 사랑하는 것이 아니라, 주님께서 하신 것처럼 자녀의 허물과 연약함까지도 끝까지 품어 안을 수 있도록 지식과 한계를 초월한 그리스도의 사랑을 지닌 부모가 되게 하옵소서.

주님께서 우리를 아시듯 친밀하게 서로를 이해하고 존중하며 따뜻하게 격려하는 가정이 되어 학교와 세상에서 받은 여러 상처와 아픔들이 치유되고 회복되는 힘이 우리 가정에 있게 하시고, 그 친밀감이 우리 자녀들에게 높은 자존감이 되어서 다른 사람과 친밀한 관계를 맺는 사람으로 자라가게 하옵소서.

이렇게 가족에게, 친구에게, 이웃에게, 더 나아가 세상을 향해 주님의 친밀함을 흘려보내는 가정들이 많아지게 하옵소서. 예수님의 이름으로 기도합니다. 아멘.

Pray

섬김을 실천하는 가정 되게 하소서

하나님, 섬김의 본으로 예수님을 이 땅에 보내 주셔서, 자신의 만족과 유익을 위해 살아가는 우리의 눈을 들어 이웃과 세상을 바라보게 하시니 감사합니다.

저희가 아무리 많은 것을 소유하고 누린다 해도 사랑이 없으면 아무것도 아님을 깨닫게 하시고, 가진 것이 없을지라도 사랑하고 섬길 수 있는 넉넉한 마음을 허락하여 주옵소서.

가정에서부터 나눔과 섬김을 실천함을 통해 자녀들로 하여금 작은 하나님 나라를 경험하게 하길 원합니다. 이웃을 위해, 친구를 위해 시간과 물질을 내어주는 것을 아까워하지 않게 하시고, 사랑할 만한 친구뿐 아니라 사랑이 필요한 친구들에게 나아가 우리가 주님께 받은 사랑의 섬김을 실천하게 하옵소서. 어릴 때부터 제자들의 발을 씻어주신 주님의 마음을 품는 우리 자녀가 되게 하시고 삶을 사랑으로 단단하게 뭉치게 하사 인생의 연수가 길어질수록 섬김의 깊이도 깊어지게 하옵소서. 그리하여 학교와 세상에서, 친구들과 이웃과의 관계 속에서 작은 예수로 사랑을 실천하는 믿음의 자녀와 우리의 가정이 되게 하옵소서. 예수님의 이름으로 기도합니다. 아멘.

가정 안에서 바른 헌금생활 교육을 하게 하소서

하늘의 새도, 들에 핀 꽃도 먹이시고 입히시는 하나님, 우리 삶의 모든 것을 책임져 주심에 감사를 드립니다. 우리의 영육의 모든 것을 책임 져 주시는 하나님께 감사하며 드리는 헌금이 어느 날부터 주일 아침 급하게 자녀의 손에 쥐어 주는 지폐 한 장이 되어버림을 용서하여 주 옵소서.

가정에서부터, 기독학부모인 우리로부터 바른 헌금관이 세워지기를 소망합니다. 혹시나 부모인 우리가 잘못된 재정관이나 헌금생활을 하 고 있다면 성령 하나님께서 저희를 만져 주시고 가르쳐 주옵소서. 부 모로부터 바른 신앙 습관이 대물림되게 하여 주옵소서. 어려서부터 자신의 것을 하나님께 드리는 훈련이 시작되게 하옵소서. 물질을 하 나님께 드리는 것뿐 아니라 자신의 삶, 시간도 하나님께 드리는 것을 아까워하지 않게 하옵소서.

그리하여 자녀가 세상의 물질과 가치관을 따라가는 인생을 사는 것이 아니라 살아계신 하나님께 소망을 두며 신앙의 가치를 따라 살아가게 하시며, 하나님의 부요함과 참된 만족을 경험하며 살게 하옵소서. 예 수님의 이름으로 기도합니다. 아멘.

Pray

신념 차원의 신앙이 형성되게 하소서

다양한 차원의 신앙을 갖게 하신 하나님, 우리 부모와 자녀들의 신앙의 다양한 차원이 일깨워지고 지원받고 도전받아 건강하게 형성되기를 원합니다.

이 시대는 신앙의 차원이 인간적 차원에만 머무르거나, 거짓 진리에 기초한 그릇된 믿음이 만들어져 교회가 세속화되고 있으며, 이단들의 위협을 받고 있습니다. 하나님, 교회와 가정마다 진리의 성경에 뿌리를 내린 건강하고 바른 믿음이 형성되게 하옵소서. 말씀을 읽고, 외우며, 기독교의 교리를 배우는 것이 고리타분한 것이 아니라 믿음 가운데 바른 것을 선택할 수 있는 기본적인 신념으로서의 신앙을 키우는 것임을 알게 하옵소서.

전통안에서 기독교의 진리를 전달하는 가운데 성령께서 능력으로 임하여 주시고, 자녀들이 깨닫고 기억나게 하심으로 신념으로서의 신앙이 교회와 가정 안에서 건강하게 형성되어 하나님과의 신뢰 관계로까지 이어지게 하옵소서. 우리의 신앙이 믿음을 무시하고, 하나님의 말씀이 말하는 본질을 무시하는 공허한 신앙이 되지 않도록 성경을 중심으로 한 바른 신앙 양육이 이루어지게 하옵소서. 예수님의 이름으로 기도합니다. 아멘.

관계 차원의 신앙이 형성되게 하소서

사랑과 신실한 관계 속에서 신앙이 자라게 하신 하나님, 우리의 자녀가 자라나면서 삶의 한복판에서 역사하시는 살아계신 하나님을 만나고, 그 하나님과 평생 친밀한 관계를 맺으면서 살기를 원합니다.

하나님을 아는 것이 지식에만 머물러 형식적으로 예배드리는 모양 뿐인 신앙으로 그치지 않기를 원합니다. 하나님은 살아계신 분이며, 지금도 우리를 만나시는 분이기에 자녀가 하나님을 인격과 마음으로 만나고 하나님을 사랑하고 신뢰하는 관계를 형성하기를 소망합니다.

특별히 하나님께서 신앙공동체를 허락해 주셨으니, 믿음의 친구들, 선배들, 선생님들을 만나며 신앙이 성장하게 하옵소서. 인격적인 나눔과 소통이 이루어지고 사랑과 신뢰의 사귐이 나타나는 신앙공동체가 되게 하옵소서. 성경에 기초하여 신앙이 잘 형성되도록 지원받고, 도전받는 참여적 관계가 만들어지게 하옵소서. 예수님의 이름으로 기도합니다. 아멘.

Pray

헌신 차원의 신앙이 형성되게 하소서

하나님을 향한 헌신을 통해 신앙이 형성되고 성숙하게 하신 하나님, 부모와 자녀들이 하나님과 하나님 나라를 위한 부르심에 즐겁게 참여하고 헌신하기를 원합니다.

신앙이라는 것이 머리와 마음에만 머무는 것이 아님을 압니다. 하나님을 사랑하기에 기꺼이 헌신으로 나아가는 신앙이 되게 하옵소서. 예수 그리스도의 이야기로 새로운 정체성 이야기를 만들어 하나님 나라의 소명과 사명을 위해 시간, 돈, 재능, 몸 등을 구체적으로 투자하는 의지의 결단까지 나아가게 하옵소서. 그러나 행위를 통해 빚어진 신앙이 나의 의와 공로가 되지 않게 하시고, 또 다른 신앙의 차원인 하나님과의 신뢰 관계와 신비 차원도 건강하게 자리잡기를 원합니다. 우리 부모와 자녀가 헌신을 통해서만 맛볼 수 있는 신앙의 깊고 성숙한 차원까지 이르기를 원합니다.

교회와 가정의 신앙교육이 의지, 긍정적 사고 등 인간적 차원의 헌신이 아니라 나와 함께하시고, 사랑으로 역사하시는 하나님께 헌신의 토대를 두도록 돕는 진정한 헌신 교육이 있게 하옵소서. 예수님의 이름으로 기도합니다. 아멘.

신비 차원의 신앙이 형성되게 하소서

사람의 지식과 능력으로 다 알 수 없는 신비를 하나님과 세상에 가득하게 하신 하나님을 찬양합니다. 인간이 더 이상 알 수 없는 것 앞에서, 하나님께서는 우리와 완전히 다르신 분인 것과 우리는 피조물인 것을 겸손히 인정하는 신앙의 깊이를 이루게 하옵소서.

우리 부모와 자녀들 모두 하나님은 우리와 다르신 분임을 깊이 깨닫고, 하나님을 경외하는 참 신앙이 형성되게 하시며, 다 알려고 하거나, 다 알 수 있다고 하는 교만을 물리치게 하옵소서. 오히려 언젠가 하나님께서 모든 것을 알려 주실 그때를 소망하면서 우리를 초월하시는 하나님의 자리를 언제나 삶의 가장 소중한 부분에 구별하여 내어 드리기를 원합니다.

부모와 교사는 하나님의 신비를 전달하는 '하나님의 비밀을 맡은 자'가 되어 우리의 경험과 지식을 넘어서고 초월하시는 하나님을 받아들이고 돕게 하셔서 인정하면서 신앙의 신비를 형성하게 하는 통로로 섬기게 하옵소서. 예수님의 이름으로 기도합니다. 아멘.

북한의 교육이 변화되게 하소서

세상 모든 민족에게 복음이 전파되기를 원하시는 하나님, 그 복음의 물결이 북한의 교육에도 미쳐서 북한 교육이 변화되기를 원합니다. 유물론과 주체사상을 중심으로 폐쇄적이고 획일적으로 이루어지는 북한의 교육이 하나님을 인정하고, 하나님이 기뻐하시는 바른 세계관과 가치관, 그리고 교육철학을 중심으로 변화되게 하옵소서.

닫혀 있는 교육의 문이 열리게 하셔서 다른 나라의 교육들, 특별히는 민주주의 진영의 교육과 교류가 일어나 민주적인 교육이 시작되고 정착되게 하시기를 원합니다. 여러 나라의 앞서가는 교육들이 북한에 선하게 영향력을 미쳐서 북한 교육이 변하고 발전되기를 원합니다. 또한 체제와 사상이 바탕이 되는 정치적 교육이 아니라, 사람 자체를 생각하는 진정한 교육이 중심이 되어 교육 정책이 개발되고 사업이 추진되게 하시기를 원합니다. 하지만 무엇보다, 하나님이 기뻐하시는 기독교적 교육이 영향력을 갖게 하셔서 북한의 교육이 복음을 중심으로 근본적으로 변하기를 원합니다. 예수님의 이름으로 기도합니다. 아멘.

북한에 기독교교육의 자유가 임하게 하소서

우리 민족을 사랑하시는 하나님, 주체사상과 유물론에 세뇌당하여 하나님을 부인하는 북한 땅에 종교교육의 문, 무엇보다 참 신이신 하나님을 섬기는 신앙을 교육할 수 있는 문을 열어 주시기를 원합니다. 그래서 사람을 신으로 만들고, 사람을 신으로 모시는 악한 일이 중단되고, 참 신이신 하나님을 배우고, 알고, 인정하고, 섬기는 생명의 역사가 시작되게 하옵소서.

모든 종교를 거부하는 그릇된 사상으로 진정한 사람됨의 길을 잃었을 뿐 아니라, 참 생명을 지닌 기독교를 거부하여 영의 길마저 잃은 북한의 자라나는 세대를 비롯한 모든 사람들에게 인간의 유한함을 알려 주고, 초월자를 향한 겸손한 순례의 길을 떠나게 하는 종교교육이 실시되게 하시되, 모양만 종교교육이 아니라 진정한 영성이 추구되는 교육이 실시되게 하여 주옵소서. 하지만 종교교육이 다리가 되어 결국에는 복음이 심겨지고, 구원이 임하는 기독교 신앙이 심겨지고 풍성하게 열매를 맺기를 간절히 원합니다. 하나님 나라와 구원의 역사가 북한의 종교교육을 통해서도 이루어지기를 원합니다. 예수님의 이름으로 기도합니다. 아멘.

Pray

북한의 열악한 교육환경이 개선되게 하소서

가난한 자에게 복이 있다고 하신 하나님을 기뻐합니다. 절대 빈곤 속에서 더욱 열악해지는 북한의 교육 실상을 불쌍히 여기시고 긍휼을 베풀어 주옵소서. 하나님의 눈길을 북한 땅을 향하여 드사 북한의 교육환경이 개선되게 하여 주옵소서.

북한의 자라나는 세대의 배고픔의 문제를 해결하여 주옵소서. 먹지 못해 생명이 위협 받을 뿐 아니라, 계절에 따라 폭염과 혹한 속에서 생명이 위협받는 북한의 학생들을 지켜 주옵소서. 깨끗하지 못한 주거 및 학교 환경의 위험에서도 건져 주실 뿐 아니라, 좋지 못한 환경을 고쳐 주옵소서. 외적인 환경 뿐 아니라 사회주의 교육사상을 주입해 어려서부터 인권이 유린되고 영혼이 왜곡되고 오염되는 집단주의의 내적인 환경문제도 바꾸어 주옵소서.

하나님, 북한의 교육환경이 개선되는 일에 한국의 교회와 기독학부모들을 부르시고 사용하여 주옵소서. 방법이 마련되고, 필요한 재정이 모아지며, 길이 열리게 하옵소서. 예수님의 이름으로 기도합니다. 아멘.

Pray

하나님이 기뻐하시는 통일교육이 이루어지게 하소서

막힌 담을 허시고 둘로 하나를 만드시는 주님의 십자가 사랑을 찬양합니다. 하나님 우리 민족에게 긍휼을 베푸사 남한과 북한이 한 민족으로 하나님을 섬기는 거룩한 나라가 되게 하시기를 원합니다. 그래서 이 민족 어느 곳에서나 하나님을 주인으로 모시고, 하나님의 뜻에 따라 살아가는 사람들로 가득하게 되기를 원합니다.

거룩한 한 민족이 될 수 있도록 모든 형태의 학교에서 통일교육이 실시되게 하옵소서. 자라나는 세대가 통일의 소중함을 알고, 통일을 위한 바른 의식과 지식, 전문성을 갖추게 하옵소서. 무엇보다 하나님이 기뻐하시는 거룩한 통일을 준비하면서, 하나님이 정하신 때가 되면 복음 안에서 성령이 이끄시는 대로 통일의 전 과정을 섬길 기독학생들이 많아지기를 원합니다.

통일교육을 위한 구체적인 교육 과정과 교육 환경이 갖추어지고, 교사가 준비되되 하나님을 섬기는 사람들이 이 일에 주도권을 갖게 하옵소서. 통일을 위한 교육에 하나님의 생기가 가득하길 원합니다. 예수님의 이름으로 기도합니다. 아멘.

27일

Pray

기독학부모의 정체성이 훈련되게 하소서

배우고 확신한 일에 거하라고 하신 하나님, 이 땅의 모든 부모들이 기독학부모로서의 정체성을 분명히 새기고 그 확신 위에서 살아가기를 원합니다. 무엇보다 기독학부모로서의 정체성이 삶으로 이어져 분명한 삶의 모습으로 정착될 수 있도록 그 삶이 훈련되게 하옵소서.

기독학부모로서의 확고한 정체성이 있다 말하면서도 기독학부모로서의 삶이 보이지 않아 스스로 속이는 것이 되고 성령을 근심하게 하는 것이 아니라, 앎과 삶이 하나가 되어 그 입의 고백에서나 삶에서나 누구나 인정할 수밖에 없는 분명한 기독학부모가 되게 하옵소서. 이를 위해 입으로 시인하여 구원에 이르듯 스스로 기독학부모인 것을 늘 입으로 고백하여 자신이 누구인지를 분명히 새기게 하옵소서. 또한 자녀들을 신앙 안에서 양육하는 분명한 삶의 증거를 갖되 무엇보다 가정이 신앙공동체로 굳게 세워지도록 가정예배가 살아있게 하옵소서.

성령을 통해 기독학부모인 것을 흔들림 없이 붙들 수 있는 삶의 구체적인 모양들이 만들어지고 또 그것이 삶에 완전히 새겨지도록 훈련하게 하셔서 그 입의 고백이 없어도 삶만으로도 기독학부모인 것을 세상이 알게 하옵소서. 예수님의 이름으로 기도합니다. 아멘.

기독학부모가 자기를 계발하는 훈련을 하게 하소서

하나님의 놀라운 계획과 사랑 가운데 우리를 불러주신 하나님, 우리의 형편과 상황을 보면 실망하지만 그럼에도 불구하고 여전히 우리의 삶을 기대하시는 아버지 하나님, 성실하게 주님이 주신 소명을 잃지 않고 날마다 정진하는 삶을 살아가길 원합니다.

그러나 주님, 제 모습을 살펴보면 아쉬움이 큽니다. 자녀들에게는 소명을 강조하면서 하루 하루 충실히 살아라, 공부도 열심히 하여라, 독서 및 자기계발에 충실해라, 독려도 하고 이곳저곳 기웃거리며 정보도 얻고 가르치는데 정작, 부모인 '나'의 소명과 '나'의 자기계발에는 관심도 기울이지 못하고 하루하루 의미 없이 보내는 모습을 발견합니다.

이제부터라도 '자녀'에게 쏟는 관심 못지않게 '나'의 삶을 규모 있게 가꾸며 주님 기뻐하시는 소명의 삶을 살아가기 위해 부지런히 자기계발을 하도록 인도하여 주옵소서. 그리하여 부모가 소명을 향한 걸음을 충실히 걷기 위해 자신을 돌아보고 성장해가며, 참된 행복을 만들어가는 그 모습이야말로 어린 자녀들에게 선한 영향을 끼치는 제일 좋은 본임을 깨닫게 하옵소서. 예수님의 이름으로 기도합니다. 아멘

Pray

기독학부모의 전인적 건강이 훈련되게 하소서

하나님의 형상을 따라 사람을 선하게 창조하신 하나님, 기독학부모들이 의와 진리의 거룩함으로 지으심을 받은 새사람을 회복하여 자녀들이 하나님의 형상을 닮은 하나님의 자녀의 삶을 상속받는 축복의 역사를 만들어 가게 하옵소서.

기독학부모들이 하나님의 손에 자신을 맡겨드림으로 자존감과 상처 난 모든 곳들이 치유되고 건강하게 하셔서 하나님의 형상이 온전히 회복되고 사랑스러운 존재가 되기를 간구합니다. 비록 자녀를 가진 어른이지만 그 안에 숨어 있는 어린아이의 모습, 약한 모습, 아직 더 자라야 하는 곳곳들이 건강하게 자라게 하옵소서. 또한 그 몸도 하나님을 섬기는 거룩한 도구로 건강하고 순결하게 지켜지기를 간구합니다. 여러 사람들과도 선하고 건강한 관계를 맺어 기독학부모로서의 사회성도 성숙하기를 원합니다. 이것을 위해 교육의 영역에서 자녀에게 삶의 양식과 태도를 전수하고 신앙적인 가치를 전수하는 전인적으로 온전한 기독학부모로서의 삶이 훈련되게 하시고, 하나님이 기뻐하시는 그리스도의 장성한 분량까지 자라게 하옵소서. 예수님의 이름으로 기도합니다. 아멘.

기독학부모가 공동체를 형성하는 노력을 하게 하소서

합심하여 기도하면 이루어주시는 하나님, 모든 사람이 서로 다른 생각을 갖고는 있지만 '나'자신의 유익만이 아니라 하나님 나라를 생각하는 교육 회복에 한마음을 갖게 하여 주옵소서. 우리가 선한 뜻과 의지로 하나의 마음을 가지고서 기도할 때 우리와 함께 계시다는 말씀을 확인하며 '혼자'가 아닌 '공동체'로 서게 하옵소서.

주님, 나의 삶 속에서 주체적으로 기독학부모로 서려고 하지만, 교육을 회복하려는 마음을 가지고 이것을 함께 풀어갈 동역자가 주위에 없음을 고백합니다. 한 사람이라도 만나게 하시고, 함께 기도하며 서로를 격려하기를 원합니다.

혹시 교회와 여러 다른 곳에 이런 네트워크가 있다면 그 소식을 접하게 하시고, 기꺼이 동참하여 교육 회복에 기독학부모의 건전한 공동체가 사용되게 하옵소서. 혼자 아무리 애써도 안 된다는 우리의 의식을 기독학부모 공동체를 형성하여 풀어가게 하시고, 힘없는 부모인 우리가 아무리 해도 안 된다는 나약함과 좌절의 벽에서 일어나게 하옵소서. 예수님의 이름으로 기도합니다. 아멘.

7월의
기도

주님, 하나님의 형상으로 빚어진 우리가
그리스도의 장성한 분량에까지 자라기를 원합니다.
하나님의 성품을 알지못하고
향방 없이 달려가는 이 땅의 교육을 아파하며
성품을 지향하는 교육, 성령의 열매를 성품으로 드러내는 삶을
소망하는 마음으로 기도 가운데 나아갑니다.

하나님의 성품으로
빚어지는 시간

Pray

7월 첫날의 기도

흰 구름 뭉게 뭉게 피는 하늘, 은빛 찬란한 강물, 청포도 상쾌한 맛을
누리도록 하신 주님을 찬양합니다.
올해의 반이 지나고 새롭게 시작하는 7월에도 하나님의 은혜가
가정과 교회, 학교와 이 사회에 가득하기를 소원합니다.
이 땅 모든 교육의 길에 하나님의 성품으로 회복된 자녀들이
가득하게 하옵소서.
우리 자녀들이 성령안에서 하나님을 기쁘시게 하는 성품의 사람이
되기를 구하오니 예수님께서 십자가에서 이루신 회복의 놀라운
은혜가 자녀의 삶속에 임하고, 그 은혜에 대한 응답으로서
성령의 열매를 맺는 삶이 뒤따르게 하옵소서.
하나님이 선물로 주시는 성품의 열매가 교육의 영역에서
기꺼이 보여지고 가르쳐지게 하옵소서.
가정과 교회, 학교에서 한 학기 동안 열심히 달려온 우리의 자녀들을
축복하여 주시고, 학업 가운데 진리를 발견하고 장차 나아가야 할
길들을 생각하는 일상들이 이루어지게 하옵소서.
여름 방학을 맞이하게 하신 하나님!
쉼과 충전의 시간을 주셨사오니 학기 중에 갖지 못했던 시간들을
짜임새 있게 보낼 수 있도록 하여 주옵소서.
특히 교회 공동체 가운데서 이루어지는 신앙훈련의 여정 속에
주님이 동행하여 주셔서 주님을 더 깊이 알아가고 만나는
귀한 시간이 되게 하옵소서.
예수님의 이름으로 기도합니다. 아멘.

시험을 앞둔 자녀가 바른 태도를 갖게 하소서

하나님 아버지, 자녀가 마디 마디 성장하는 과정을 곁에서 함께 바라보며 선물 주신 분의 마음을 느끼는 기쁨을 허락해 주심에 감사합니다.

이 시간 학업의 자리로 부르신 자녀에게 인생의 관문처럼 다가오는 시험을 앞두고 기도드립니다. 무엇보다 시험의 결과만을 중시하는 가치관과는 구별된 태도를 부모와 자녀에게 심어주시기를 원합니다.

시험이 자녀에게 부족한 부분을 깨닫고 채워가는 과정, 자신의 은사와 소질을 찾아가는 여정이 되게 하시고 획일적 평가에 매몰되어서 초조해 하거나 조급해 하지 않기를 원합니다. 의연하게 그것을 바라보게 하시고, 담대하게 준비하게 하옵소서.

특별히 벼락치기와 같은 단기간의 공부로 좋은 성과를 내는 것에 초점을 맞추지 말게 하시고, 한 단계 한 단계 차분히 준비하며 시험의 현장에서도 정직하게 시험에 임할 수 있기를 원합니다.

또한 공부하는 것만큼 결과가 나오게 하시어 하나님은 심은 대로 거두시는 분임을 잊지 말게 하옵소서. 부모인 저희 또한 성적으로 자녀를 평가하지 않게 하시고 최고보다 최선을 바라게 하옵소서. 예수님의 이름으로 기도합니다. 아멘.

3일

Pray

기말고사를 앞둔 자녀를 도우소서

한 학기의 마지막을 맞이하게 하신 하나님, 수많은 아이들이 시험을 통해 자신의 세상적인 가치를 조금이라도 더 높이기 위해 노력하고 있습니다. 시험을 치르기 위해 경쟁하고 열등감을 느끼거나 주변의 친구들을 적대시하는 자녀들을 긍휼히 여겨 주옵소서.

자녀가 기말고사를 대할 때, 개인주의와 학업성취에 기울어진 마음보다는 자신의 가능성을 발견할 뿐 아니라, 섬기고 포용하는 마음을 갖게 하옵소서. 특별히 친구들과 함께 시험을 준비하며 서로의 가치를 높여주고, 서로 도우며 공부하는 분위기가 형성되게 하옵소서. 그리하여 학급 전체가 서로의 부족함을 채워주고 격려하고 지지하는 공동체가 되게 하옵소서.

기말고사를 통해 한 학기 동안의 배움 속에서 진리를 더욱 깨닫고 앞으로의 배움과 새로운 학기를 준비하는 지표로 삼는 동시에 함께 하는 모든 친구들을 더욱 사랑하고 아끼게 되는 성장의 기회가 되게 하옵소서. 예수님의 이름으로 기도합니다. 아멘.

학기 말 학교생활을 붙들어 주소서

끝까지 사랑하시는 하나님, 자녀가 은혜 가운데 한 학기를 마무리하는 기말고사를 치렀습니다. 노력한 모습대로 결과가 나오지만 때로는 기대보다 더 좋은 성적으로, 때로는 기대보다 더 못한 성적으로 자녀들의 마음이 복잡할 때가 있습니다. 낙심한 자녀에게 위로자가 되어주시고, 겸손하게 학업의 길에서 최선을 다하도록 인도하여 주옵소서.

특별히 기말고사를 치르고 난 이후 학교생활을 위해서 기도합니다. 기말고사 후 수업 분위기가 잡히지 않아 선생님들도 학기말 수업을 어려워하고 학생지도를 버거워하시는 듯 보입니다. 아이들도 긴장이 풀어져서인지 방황하는 기색이 역력한데 사고라도 나면 어찌하나 걱정도 됩니다.

주님, 시험이 끝나고 학기가 끝났다고 해서 시간이 지나가도록 내버려두는 것이 아니라 긴장을 풀어가면서도 건전하게 마무리를 잘 하도록 선생님들과 우리의 자녀들을 도와주옵소서. 더 많은 웃음과 대화, 기분 좋은 탐구 시간이 자리하도록 인도하여 주옵소서. 예수님의 이름으로 기도합니다. 아멘.

5일

성품에 무관심한 교육현장을 긍휼히 여기소서

아버지 하나님, 이 땅을 바라볼 때 곳곳에서 탄식소리와 신음하는 소리를 듣습니다. 특히 왜곡된 교육 아래에서 우리의 자녀들이 얼마나 많은 고통을 당하며 신음하고 있는지 보시옵소서. 지금 이 사회는 아이의 인성과 성품에 관심을 두기 보다는 성적 향상의 비법을 제시하며 지식을 팔고 있습니다. 수많은 소리들은 부모의 불안감을 자극하여 지식을 팔고 있습니다.

주님, 신앙을 중요하게 여긴다고 했으나 공부에 지장을 줄까 걱정했고, 성품을 소중하게 여긴다고 했으나 오히려 손해보지 않을까 우려했으며, 다른 사람을 배려하라고 했으나 자기 유익을 먼저 생각할 때가 많았습니다. 여러 가지 다양하고 협동심이 돋보이는 교육 활동보다 더 많이 알고, 더 많은 점수를 얻고, 더 좋은 명문대를 보내기 위해 아이를 재촉하기도 했습니다. 우리 안에 경쟁주의, 입시 지상주의의 문화를 식혀 주시고, 이제는 돌이켜 아이에게 사람 됨됨이와 성품에 초점을 맞추는 교육을 만들어 가게 하옵소서. 교육에 대한 올바른 방향을 찾게 인도하시고, 한 사람을 온전히 세우는 것에 있어 성품이 중요함을 놓치지 않게 하옵소서. 예수님의 이름으로 기도합니다. 아멘.

성품 회복을 지향하는 교육이 이루어지게 하소서

사람의 중심을 보시는 하나님, 우리를 하나님의 형상대로 빚어주시고, 하나님의 성품을 발현하며 성장하게 하시니 감사합니다. 여전히 가정과 학교, 교육의 문화는 하나님의 성품보다 다른 것이 더 중요하다 말하지만, 사람됨이 입시와 성적의 문화를 이기게 하시고, 바른 성품에 기초한 가정, 학교의 스승과 제자, 친구관계가 만들어지게 하옵소서.

바른 성품과 인격을 무시하는 세상의 문화를 거부합니다. 이제 우리가 하나님의 성품을 닮은 자녀들을 최우선적으로 길러내는 교육을 고민하기를 원합니다. 무엇보다 교육의 현장에서 '성품, 인성'이 무엇인지 깊게 고민하고, 교육과정으로 풀어내기를 원합니다. 성품이란 것이 수치로 잴 수 없고, 교육의 결과가 지금 당장 보이는 것이 아니기에 중요함을 알아도 놓치기 쉽습니다. 주님, 우리가 중요한 것을 놓치지 않게 하옵소서. 성품 교육을 개발하고, 펼치는 지혜를 주시고, 교실 곳곳에서 학교 곳곳에서 건강한 웃음 소리가 넘쳐나게 하옵소서. 예수님의 이름으로 기도합니다. 아멘.

Pray

성품을 등한시하는 가정의 교육풍토를 변화시켜 주소서

하나님, 지금까지는 자녀의 삶이 어른이 되기 위한, 대학을 가기 위한, 성공한 인생을 위한 준비 기간이라고 생각하였습니다. 힘들어하는 자녀를 보면서도 참고 견디라고만 다그친 우리의 모습을 봅니다. 어떤 사람으로 살아가느냐보다 오직 공부만 잘하면 자녀 삶의 모든 것이 해결된다고 생각하였던 부모 된 우리를 용서하여 주옵소서. 자녀가 좋은 성품을 가지고 있어도 세상이 원하는 기준에 미달되면 성에 차지 않아 다그치고 평가절하했던 모습을 돌이킵니다.

이제는 잘못된 길에서 돌이켜 무엇보다 하나님을 기쁘시게 하는 성품을 물려주는 부모가 되게 하옵소서. 우리 마음 가운데 여유를 주시고, 세상의 기준이 아닌 하나님의 기준을 확고히 자리 잡게 하셔서 자녀가 바른 성품으로 하나님께 칭찬받는 것을 기뻐하는 부모가 되게 하소서. 하나님께서 자녀에게 허락하신 아름다운 성품이 무엇인지 관찰하게 하시고, 온전한 사람이 되어서 그리스도의 완전한 충만함에 이르기까지 자라나게 하옵소서. 예수님의 이름으로 기도합니다. 아멘.

성품의 본을 보이는 부모 되게 하소서

우리의 부모가 되시고 교사가 되어주시는 하나님, 하나님께서는 최고의 모범이시며 최고의 스승이심을 고백합니다. 사람으로, 그리스도인으로서 갖춰야 할 것들을 알려주시고, 그 말씀 안에서 아름다운 성품으로 세워질 수 있도록 기준을 제시하여 주시니 감사합니다.

하나님께서 주신 말씀의 틀 안에서 예수 그리스도의 사랑을 닮은 인격의 사람이 될 수 있도록 저와 우리 부부의 성품을 다듬어 주옵소서. 예수님을 믿는다고 고백하지만 여전히 부족하고 모난 성품들이 많이 있음을 고백합니다. 자녀에게 바른 성품을 교육하고 말하기에 앞서 하나님께서 보시기에 또 사람이 보기에 누구나 인정할 수 있는 아름다운 성품을 채운 부모가 되게 하옵소서.

그리하여 먼저 변화된 부모로 살아내는 모습을 보고 우리의 자녀들도 삶으로 체득하며 살게 하여 주옵소서. 백 번 말하기보다 한 번의 실천을 먼저 보여주는 부모가 되기를 원하오니 우리의 부족함을 하나님의 성품으로 채워주옵소서. 예수님의 이름으로 기도합니다. 아멘.

Pray

성령의 열매를 맺는 자녀 되게 하소서

우리 아이를 심으시고 자라게 하시는 하나님 아버지, 우리 자녀들이 무성한 잎을 지니면서 성령의 열매를 맺어가는 신앙을 갖게 하옵소서. 예수님께서 우리를 사랑하셨듯이 친구와 이웃을 사랑하는 열매를 맺게 하시고, 고통스럽고 힘든 상황에서도 하나님을 바라보며 기뻐하는 희락의 열매를 맺게 하시고, 다툼과 싸움이 있을 때 먼저 용서하고 사과하는 화평의 열매를 맺게 하시고, 어려움 속에서도 하나님의 인도를 신뢰하고 오래 참는 열매를 맺게 하시고, 타인의 시선을 의식하지 않고도 선한 마음을 베푸는 자비의 열매를 맺게 하시고, 말과 행실을 다듬어 사람들에게 친절하게 대하는 양선의 열매를 맺게 하시고, 주님께서 부탁하신 것을 신실하게 지켜나가는 충성의 열매를 맺게 하시고, 비록 적이라도 함부로 하지 않고 온화한 인격으로 이길 수 있는 온유의 열매를 맺게 하시고, 쾌락에 빠지지 않고 자신을 옳은 길로 이끌어 가는 절제의 열매를 맺게 하옵소서.

우리 자녀가 맺은 성령의 열매들이 자신을 위한 것이 될 뿐 아니라 또 하나의 새싹을 틔우는 씨앗이 되길 소망합니다. 예수님의 이름으로 기도합니다. 아멘.

사랑의 성품을 맺게 하소서

늘 동일한 사랑을 베푸시는 하나님, 모든 것 중에 가장 위대한 것이 사랑이고 가장 필요한 것이 사랑임을 잊지 않기를 원합니다. 하지만 주님, 이 땅은 셀 수 없이 많은 사랑의 대상들이 넘쳐나고 어떤 것을 사랑해도 모두 다 옳다고 하는 거짓들이 판치는 곳이 되었습니다.

이제 저와 자녀뿐만 아니라 우리의 모든 자녀들이 진정한 사랑으로 돌아가길 원합니다. 하나님을 사랑하고 이웃을 사랑하는 두 가지 사랑 안에 모든 것이 다 들어 있다고 하신 예수님의 말씀처럼, 하나님을 먼저 사랑하는 사람들이 되게 하시고, 그 사랑으로 이웃을 사랑하는 사람들이 되길 원합니다. 내가 아직 죄인이었을 때에 먼저 나를 사랑하셨듯이 부모인 제가 먼저 자녀에게 조건 없는 사랑의 삶을 보이게 하옵소서. 그리하여 자녀가 하나님의 인격적 사랑 안에서 성장하여 이 땅의 사람들을 사랑하고, 더욱더 하나님을 사랑하는 아이로 자라가게 하옵소서.

태초부터 지금까지 하나님의 사랑으로 우리와 함께 하신 예수님의 이름으로 기도합니다. 아멘.

Pray

화평의 성품을 맺게 하소서

화평케 하는 자는 복이 있다고 말씀하신 사랑의 하나님 감사합니다. 부모 된 우리가 먼저 따뜻하고 깨끗한 심령을 갖지 못한 것을 용서하여 주옵소서. 주님의 사랑이 부모인 우리로부터 흘러 자녀들이 화평케 하는 자가 되고 하나님의 아들이라 일컬음 받기를 원합니다. 그리하여 가정 곳곳마다 평강의 하나님이 함께하심을 알게 하옵소서.

막힌 담을 허무신 예수님, 예수님을 통하여 자녀가 하나님과 화평하길 원합니다. 자녀 안에서 주님이 주시는 마음의 평강이 그의 삶을 주장하게 하셔서 이웃과의 관계에서도 화평을 누리는 자로 성장하게 하옵소서. 화평의 성품을 통하여 자녀가 자신과의 갈등 뿐 아닌 가족과의 문제도 해결 받게 하옵소서.

자녀가 가는 곳마다 분쟁과 시기와 미움이 사라지고 이 땅에 화평으로 심어 의의 열매를 거두길 소망합니다. 화평할 뿐 아니라 화평하게 하는 은혜 또한 자녀와 우리 가정에 내려주시어 하나님의 화평의 생기가 넘쳐나게 하옵소서. 예수님 이름으로 기도합니다. 아멘.

오래 참음의 성품을 맺게 하소서

우리의 죄로 인해 아파하시고 괴로워하시는 가운데서도 끝까지 참으시는 하나님, 하나님께로 돌아올 것이라고 우리를 믿어주시며 참고 또 참으시는 하나님의 마음을 제가 닮기를 원합니다. 자녀를 볼 때에도 늘 기다림과 오래 참음으로 보게 하옵소서.

특별히 자녀가 이 세상을 살면서 간혹 맞을 고통과 시련 가운데에서도 하나님을 향한 신뢰를 저버리지 않는 오래 참음의 성품을 빚어 주옵소서. 믿음으로 인해 고난 받을 때에도 오래 참지 못하고 안락함을 좇아가는 우를 범하지 말게 하옵소서. 그리하여 환난은 인내를, 인내는 연단을, 연단은 소망을 이루는 기쁨을 누리게 하여 주옵소서.

오래 참음 가운데 하나님의 뜻이 있고 그 끝에 하나님의 기뻐하심이 있다는 소망을 가지고 끝까지 견디어 구원을 얻는 하나님의 강한 용사가 되게 하셔서, 세상이 하나님의 오래 참으심과 관용을 볼 수 있도록 비추는 믿음의 거울이 되게 하옵소서. 예수님의 이름으로 기도합니다. 아멘.

Pray

신실함의 성품을 맺게 하소서

사람이 자기의 길을 계획할지라도 그 걸음을 인도하여 주시는 하나님 아버지, 주께서 경영하시고 이루실 것을 믿으며 우리의 모든 행사를 주님께 맡깁니다. 하나님께서 신실하게 우리의 평생을 이끄신 것처럼 자녀 또한 그러하길 원합니다. 무엇보다 하나님을 신실하게 붙드는 자녀가 되게 하옵소서.

자녀가 예수 그리스도 안에서 함께 지어져가길 원합니다. 먼저 자신을 온전히 드리며 절대적으로 주님의 것이 되길 원합니다. 예수님의 성품을 본받아 신실함으로 자신의 삶에서 하나님 나라를 이루기 위한 훈련에 임하게 하옵소서. 환난 속에서도 흔들리지 않는 우직한 충성심을 허락하옵소서.

달란트는 받은 종이 신실하게 주인에게 충성함으로 갑절의 달란트를 남긴 것처럼 자녀 또한 하나님께 받은 사명을 끝까지 붙들고 신실하게 믿음으로 나아가게 하옵소서. 자녀의 삶 속에서 드러나는 신실한 모습을 통하여 주님을 모르는 자들이 하나님을 만날 줄 믿습니다. 예수님 이름으로 기도합니다. 아멘

친절의 성품을 맺게 하소서

선하신 주님, 우리의 심령을 순전케 하여 주시어 우리가 악덕과 분노를 버리고 친절을 사모하길 원합니다. 그리하여 겉으로 드러나는 언행에도 친절함이 배어 있어 다른 이를 돕는 자가 되고, 이 사회와 나라에도 유연함과 믿음의 결단력으로 선한 영향력을 끼치며 그리스도와 연결하는 자가 되게 하옵소서.

부모된 저희가 엄격함으로 자녀를 대하는 권리를 포기함으로 하나님의 자비와 친절이 자녀의 삶으로 흘러가게 하옵소서. 그리하여 자녀가 존중과 공감으로서 친절을 베풀고, 거친 말이나 공격적 불편함이나 부담을 주는 자 되지 않게 하여 주옵소서. 자녀들이 자신이 중요한 사람이라고 알리기에 애쓰기보다 상대방이 중요한 사람임을 알고, 하나님의 사랑 받는 사람임을 느낄 수 있도록 친절함을 베풀게 하여 주옵소서.

다른 이들을 보살피고 북돋아 주는 것에 게으르지 않게 하시고 주님 사랑을 힘있게 실천할 수 있도록 몸의 건강도 더하여 주옵소서. 예수님을 닮아 말과 행실의 친절과 자비로 하나님의 교육의 모델이 되었던 신앙의 선배들처럼 사랑의 증인으로 세워주실 것을 간구하오며 예수님의 이름으로 기도합니다. 아멘.

Pray

선한 성품을 맺게 하소서

빛 되신 주님, 날이 갈수록 악해져만 가고 죄악의 물결이 넘쳐흐르는 이 시대에는 하나님을 대적하는 문화와 죄악된 본성으로 인해 고통당하는 일들이 곳곳에서 일어나고 있습니다. 주님, 먼저 제 마음속에 있는 악한 마음과 추한 생각과 입술의 더러운 말들을 제하여 주옵소서. 우리의 자녀가 하나님의 사랑을 받은 자녀로서 먼저 선함의 열매를 맺으며 살기를 원합니다. 무엇보다도 하나님이 원하시는 선함이 무엇인지 알고, 선한 일에 힘쓸 수 있는 믿음과 건강한 성품을 갖게 해 주옵소서.

선한 일을 위해 지으심을 받은 대로 마음에 선함의 뿌리를 내려 선한 생각을 하고 선한 것을 말하고 선한 것을 행하는 아이로 자라나기를 원합니다. 자녀가 선한 일에 지혜롭고 악한 일에 미련하게 하옵소서. 사람을 살리는 일과 사랑하는 일에 부지런하고 악한 일과 죄 짓는 일에 게으르게 해 주옵소서. 스스로 선한 사람이 되기보다는 하나님을 온전히 신뢰하여 하나님과 온전한 관계를 맺음으로 선을 찾게 하옵소서. 예수님의 이름으로 기도합니다. 아멘.

기쁨의 성품을 맺게 하소서

우리의 기쁨이 되시는 하나님 아버지 감사합니다. 하나님께서 우리에게 베풀어주신 은혜와 섭리를 생각하면 우리의 삶에 늘 기쁨이 넘쳐야 함에도 불구하고, 여전히 불평과 불만이 앞서는 연약한 우리를 불쌍히 여겨 주옵소서.

하나님, 우리의 자녀가 주님 안에서 영혼이 행복한 아이, 주님이 주신 '기쁨'의 성품을 가진 자녀로 자라나길 원합니다. 인생의 길을 걷다보면 불현 듯 마주하게 되는 슬픔과 고통, 근심 가운데서도 근심하는 사람 같으나 항상 기뻐하는 사람이 되게 하시고, 주님이 공급하시는 힘과 기쁨으로 찬양하는 자녀로 자라나게 하옵소서. 환난 가운데서도 믿음으로 맺는 기쁨의 열매가 삶 속에 가득 차고 넘치게 하옵소서. 예수님께서 십자가의 길 끝에서 우리를 되찾으신 기쁨을 얻으셨던 것처럼, 자녀 안에 죄로 인해 끊어졌던 하나님과의 관계가 회복되고, 구원이 되시는 예수님을 노래하며, 그 은혜로 인해 기쁨 안에 살아갈 수 있게 하옵소서.

늘 심령 깊은 곳에서부터 나오는 기쁨의 성품을 지닌 자녀를 통하여 이 땅의 눈물 흘리는 많은 이들이 하늘의 위로를 받게 하옵소서. 예수님의 이름으로 기도합니다. 아멘.

Pray

절제의 성품을 맺게 하소서

늘 좋은 것을 주시는 사랑의 하나님, 모든 것이 다 주께로부터 왔음을 고백하며 감사드립니다. 그러나 주님, 때때로 하나님이 주신 선물을 낭비하며 그 가치를 가볍게 여기는 죄를 범할 때도 있습니다. 하나님 이 주신 시간을 낭비하고 물질을 허비하며 건강을 아무렇게나 취급하 여 돌보지 않을 때도 있었습니다. 분명한 목표가 없음으로 인해 삶이 쉽게 혼란 속에 빠지기도 하고, 무절제한 생활 때문에 삶의 의미를 잃 어버릴 때도 있었습니다. 주님, 저를 불쌍히 여기시어 부모로서 아이 들에게 절제의 삶의 본을 보이게 하옵소서.

주님, 사랑하는 자녀가 절제가 힘들 수 있는 때이지만 잘못된 길에 빠 지지 않고 하나님이 기뻐하는 뜻에 맞게 기꺼이 절제할 수 있는 은혜 를 베풀어 주옵소서. 컴퓨터와 게임의 무절제로부터 건져주시고, 모 든 시간을 지혜롭게 사용하여 낭비하지 않고, 자신의 건강을 잘 돌봄 으로 몸으로 하나님께 영광을 돌리게 하옵소서. 참고 견디는 것을 잘 훈련받아 하나님이 원하시는 '절제'의 삶을 사는 자녀가 되게 하옵소 서. 예수님의 이름으로 기도합니다. 아멘.

온유의 성품을 맺게 하소서

늘 온유함으로 우리를 기다리시고 바라보시는 하나님, 저와 자녀가 주님의 성품을 닮기를 원합니다. 이 땅에 살아가면서 만나는 수많은 일들과 사람들 앞에 부드러움과 온화함으로 다가가는 자가 되게 하옵소서. 주님이 주신 온유의 성품이 자녀 안에 자라나 마음의 심지가 깊은 자가 되게 하셔서 때로는 이해하지 못하는 상황, 억울한 상황 속에서도 숨 한 번 크게 쉬고 온유하고 담대하게 대처하게 하옵소서.

하나님, 자녀가 비록 적이라 할지라도 대항하거나 맞서 싸우는 것을 즐겨하지 않기를 원합니다. 오히려 주님이 주신 온유함으로 그것을 포용하고 이해하는 자녀가 되게 하옵소서. 이 세상의 방법과 다른 방법으로 대처하며 살아가는 자녀 가운데 하나님의 땅을 기업으로 받는 은혜가 임하게 하옵소서.

또한 부모인 제가 누구보다 자녀의 성품에 관심을 가지고, 먼저 온유함으로 다가가는 통로가 되게 하셔서 온유함의 은혜가 저희 가정으로부터 이 땅 가운데 흘러넘치는 샘의 근원이 되게 하옵소서. 예수님의 이름으로 기도합니다. 아멘.

Pray

성령의 열매를 맺는 성품훈련을 하게 하소서

하나님, 이 땅의 교회와 가정, 학교에 속사람의 성품과 겉 사람의 태도가 일치하는 진정한 하나님의 성품을 지닌 교회 지도자와 부모, 교사가 세워지고 협력하여 이들이 변화를 주도해가는 교육문화가 만들어지기를 원합니다.

학교에서 바른 인격과 성품을 길러 주기 위해 재정된 인성교육 진흥법의 정직, 책임, 존중, 배려, 예, 소통, 협동, 효의 덕목들이 다양한 교육적 경험을 통해 길러질 수 있는 수업과 훈련 프로그램이 만들어지고 정착되게 하시고, 전인적 교육을 위한 교과 편성도 균형을 잡기를 원합니다. 인격과 성품을 방해하는 입시중심 문화와 학원의 방해가 힘을 잃게 하시고 사람됨의 가치가 중요하게 여겨지는 분위기와 문화가 만들어지게 하옵소서.

하나님, 자녀의 성품을 가장 방해하는 사람이 바로 부모인 것을 깨닫습니다. 생각과 말, 태도에서 부모인 저희가 먼저 변화되기를 원하오니 하나님의 크신 은혜를 날마다 더 깊이 깨닫고 주님을 닮아가고 따르는 구체적인 훈련이 이루어지게 하옵소서. 예수님의 이름으로 기도합니다. 아멘.

하나님의 성품을 닮게 하소서

새롭게 하시는 하나님, 아이가 거룩한 하나님의 성품을 닮게 하옵소서. 주님께서 이미 이 아이를 거룩한 하나님의 형상으로 만들어 주셔서 우리 아이를 볼 때마다 주님의 형상을 떠올리게 하시니 감사합니다.

그러나 주님, 하나님의 내면을 닮은 존귀한 존재로 지음받았지만, 죄와 허물로 얼룩져 있는 우리들을 주의 사랑으로 감싸 안아주시길 원합니다. 특별히 성령 하나님께서 자녀에게 은혜를 주셔서 온전한 하나님의 형상인 예수 그리스도를 닮아가게 하옵소서. 자녀가 주를 믿는 확실한 믿음 위에 서서, 하나님의 성품을 닮아 주변 사람들과 좋은 관계를 유지해 나가고, 감사하며, 기뻐하며, 용서를 구하며, 사랑하는 아름다운 삶을 살아가게 하여 주옵소서.

불의를 보거나 누군가의 도움이 필요한 상황이 올 때 타협하지 않고 고난이 있더라도 하나님의 성품대로 행할 용기와 믿음 또한 허락하여 주옵소서. 하나님의 성품에 참여하는 자녀를 통해 하나님 나라가 이 땅에서 이루어지길 소망하며 예수님의 이름으로 기도합니다. 아멘.

Pray

교회가 성품교육의 중심이 되게 하소서

하나님, 이 땅의 자녀들이 예수 그리스도의 성품을 닮아가길 원합니다. 이를 위해 가정과 학교가 힘쓰는 것뿐 아니라 교회도 동역자로 세워주심에 감사를 드립니다. 교회가 그동안 오직 말씀, 오직 은혜만을 외치면서 신앙의 문제를 삶으로 끌어내리지 못한 것을 회개합니다. 이제는 교회가 돌이켜 아는 신앙에서 그치는 것이 아니라 자녀들이 행하는 신앙인이 될 수 있도록 교육하게 하옵소서.

성령님께서 교회 가운데 생기를 불어 넣어 주시어서, 교회가 자녀들을 하나님의 성품을 가진 자로 자라도록 교육하는 교육의 중심이 되게 하옵소서. 교회가 책임감을 가지고 예수님의 성품을 닮아가도록 자녀들을 교육할 때, 사랑, 희락, 화평, 오래 참음, 자비, 양선, 충성, 온유, 절제의 성령의 열매가 맺혀질 줄을 믿습니다.

우리 자녀가 속한 환경인 가정, 교회, 학교, 지역사회가 함께 건강한 성품의 자녀를 굳건히 세워 학원폭력, 왕따 등과 같은 어려움 속에서도 왜곡된 가치관을 거슬러 선을 이루며 화목케 하는 축복의 통로가 되게 하옵소서. 예수님의 이름으로 기도합니다. 아멘.

한 학기를 마무리하며 드리는 감사의 기도

때를 따라 도우시는 참 좋으신 하나님, 처음 학기가 시작 될 때에 여러 모로 걱정과 기대가 가득했습니다. 하루 동안 자녀가 무엇을 배우고, 어떤 친구와 밥을 먹고, 선생님의 수업지도에 어떤 마음과 태도로 대하는지 일거수일투족이 다 궁금했고, 함께 할 수 없어 답답하기도 했습니다. 하지만 늘 신실하신 하나님이 도와주실 것을 믿고 기도하며 기대했습니다.

특히 귀한 선생님을 만나기를, 좋은 친구 만나 우정을 쌓아가기를, 학과목 가운데서 하나님의 진리를 발견하고, 성실하게 공부하기를 기도하며 걸어온 길을 돌아보면 어느 것 하나 주님이 간섭하지 않으신 일이 없었음을 고백합니다.

또한 학교와 우리 자녀를 위해서 기도하며 '기독학부모'로 살아가려는 노력을 아시고 저를 성숙하도록 훈련시키시는 주님께 감사합니다. 그릇되고 왜곡된 교육관으로 하마터면 소중한 자녀와 주님을 놓치고 향방 없이 방황하였을 것인데 '기독학부모'로 이끌어주신 주님께 감사를 드립니다. 주님의 뜻 가운데서 다음 학기도 인도하심을 받게 하옵소서. 예수님의 이름으로 기도합니다. 아멘.

23일

Pray

한 학기 동안 배운 내용을 잘 정리하게 하소서

진리이신 하나님, 한 학기를 시작하면서 기쁨과 설렘보다 부담과 걱정을 가졌지만 잘 마무리하도록 도우시니 감사합니다. 성적과 등수로 아이를 재단하는 부족한 부모이지만, 교육의 길에 동행해 주시는 주님의 손길에 감사와 영광을 드립니다.

이번 학기를 마무리하면 방학을 맞이할 것이고 또 새로운 학기를 대하게 될 터인데 주님이 은혜를 주시기를 원합니다. 특히 우리 아이가 배운 내용을 잘 정리하고 마무리하도록 인도하여 주옵소서. 비단 점수를 더 잘 받기 위해서가 아니라 진리의 주관자이신 하나님을 교과목 가운데서 더 깊이 만나고 깨우침 얻길 원합니다. 그동안 집중해서 보지 못했던 과목을 즐겁게 복습하게 하시고, 어려운 부분은 노력하면서 이해하고, 적절한 과제와 도전을 통해 배움의 기쁨을 맛보게 하옵소서.

부모인 저도 아이의 학업에 관심을 가지고 스스로 공부할 수 있도록 믿어주고 격려하는 든든한 울타리가 되게 하옵소서. 예수님의 이름으로 기도합니다. 아멘.

성경학교(수련회)가 하나님을 만나는 장이 되게 하소서

하나님 아버지, 올 해에도 성경학교(수련회)를 예비하여 주심에 감사를 드립니다. 선행학습을 하기 위해 학원을 가고, 개인적인 여가의 시간을 보내고, 여행을 갈 수도 있는 시간이지만 자녀에게 중요한 신앙의 사건이 일어나길 간구하며 주님께 가장 귀하게 드리기를 원합니다.

성경학교(수련회)의 기간이 자녀의 삶에 있어서 가장 중요한 전환점이 되는 은혜를 부어주옵소서. 무엇보다 지금까지 자녀의 삶을 이끄신 하나님의 은혜와 사랑을 강력하게 체험하게 하옵소서. 친구들과 함께 할 때, 성경을 공부하며 찬양하고 기도할 때, 선포되는 하나님의 말씀을 들을 때, 성경학교(수련회)의 매 순간 순간 놓치지 않고 성령 하나님께서 자녀를 붙들어 주옵소서. 하나님이 어떤 분이신지 깨닫고, 자녀를 향한 하나님의 음성을 듣게 하셔서 믿음의 회복과 변화를 안고 돌아올 수 있도록 인도하여 주옵소서.

이 시간을 통하여 평생 흔들리지 않는 심지가 견고한 믿음을 가진 자녀로 성장하게 하옵소서. 예수님의 이름으로 기도합니다. 아멘.

25일

Pray

성경학교(수련회)의 날씨와 안전을 주관하소서

하나님의 섭리와 은혜로 성경학교(수련회)를 계획하심에 감사합니다. 온전히 하나님의 주권 위에 올리어진 이 시간의 날씨와 안전을 위해 기도합니다.

적합한 날씨를 허락하여 주시어서 더위로 인해 자녀들의 건강을 해치는 일이 없게 하시고, 뙤약볕 아래 산들바람 같은 하나님의 임재를 경험하게 하옵소서. 또한 자연 속에서 자녀들이 함께 예배하며 뛰놀 때에 피조물 안에 계시는 하나님을 발견할 수 있게 하옵소서.

성령님께서 세심하게 지켜 보호하여 주시어서 성경학교(수련회)에 오고 가는 길, 그리고 일정 동안 교역자, 교사, 아이들 모두 털 끝 하나 상하지 않게 하옵소서. 모든 프로그램의 순간 순간마다 성령 하나님의 세심한 손길이 함께 있어 자녀들을 지켜 보호하여 주실 줄을 믿습니다.

자녀들의 심령에 힘을 주셔서 일정을 즐겁게 소화해 내며 모든 것 가운데 임재하시고 섭리하시는 하나님의 은혜를 맛보고 돌아올 수 있도록 하옵소서. 예수님의 이름으로 기도합니다. 아멘.

성경학교(수련회)를 준비하는 교역자와 교사를 기억하소서

하나님 아버지, 성경학교(수련회)를 전심으로 준비하는 교역자와 선생님들을 위해 기도합니다. 영적 성숙이 일어날 수 있는 가장 중요한 이 시기를 위하여 기도와 섬김으로 오랜 시간 준비하는 교역자와 선생님들이 계십니다. 준비과정 가운데 먼저 그들이 하나님을 만나 온전한 은혜의 통로로 자녀들 앞에 설 수 있도록 인도하옵소서.

성경학교(수련회)를 통하여 교사 공동체가 하나님 앞에 더욱더 굳건히 연합하여 서기를 원합니다. 기도하며 준비할 때 마찰이 없게 하시고, 행함과 진실함으로 사랑하는 교사 공동체가 되게 하옵소서.

또한 특별히 말씀을 선포할 교역자 가운데 성령 하나님의 지혜와 통찰로 함께 하여 주셔서, 말씀을 통하여 자녀들이 변화받는 시간이 되게 하옵소서. 성경학교(수련회)가 자녀를 넘어 공동체의 신앙을 한층 성숙시키는 시간이 되기를 소망하여 예수님의 이름으로 기도합니다. 아멘.

Pray

부모가 성경학교(수련회)의 동역자 되게 하소서

하나님 아버지, 경쟁주의와 승리주의에 물들어 있는 세상의 교육풍조 가운데 교회학교를 통하여 그리스도의 지식을 배울 수 있는 기회를 주심에 감사를 드립니다. 특별히 이번 성경학교(수련회)가 자녀에게 또 다른 신앙교육의 장이 되기를 소망합니다.

자녀의 신앙과 삶에 있어 가장 중요한 순간이 될 수 있는 성경학교(수련회)를 앞두고 기독학부모 된 우리가 흔들리지 않는 신앙으로 자녀를 보낼 수 있기를 바랍니다. 자녀를 학원에 보낸다고, 휴가에 간다고, 삶의 여러 가지 기회들을 놓칠 수 없다고 생각하며, 성경학교(수련회)를 경시 여길 때도 있었음을 고백합니다.

이제는 자녀교육의 중요한 주체인 부모로서 성경학교(수련회)의 장애물이 되는 것이 아니라, 귀한 동역자가 될 수 있도록 우리의 마음과 생각을 붙들어 주옵소서. 자신의 귀한 시간을 내어 성경학교를 섬기는 교사와 교역자를 위해 기도로 동역하고, 물심양면으로 힘을 싣는 기독학부모가 되게 하옵소서. 예수님의 이름으로 기도합니다. 아멘.

성경학교(수련회)의 모든 순서를 주관하소서

하나님, 우리의 자녀들에게 성경학교(수련회)를 허락하심에 감사를
드립니다. 세상에는 재미있는 프로그램과 자극적인 유혹들이 많이 있
습니다. 하지만 지혜의 주님, 성경학교(수련회)를 준비하는 교역자와
교사들에게 하늘의 지혜를 허락하시어서 세상이 줄 수 없는 기쁨과
영적인 충만함을 느끼는 시간들로 삼아 주옵소서.

성경학교(수련회) 등록, 레크레이션, 성경공부, 코너학습, 말씀 집회
등등 준비한 모든 프로그램 가운데 성령님의 임재가 있기를 원합니
다. 각 순서 순서들이 무의미하게 계획되고 진행되는 것이 아님을 압
니다. 하나님의 철저한 계획 아래 준비된 것이니 순서 순서마다 하나
님께서 주인이 되어 주관하여 주옵소서.

성경학교(수련회)의 모든 프로그램 가운데 은혜를 내려주시는 것뿐
아니라 필요한 재정과 인원까지도 하나님께서 채워주시고 보내어 주
시어서, 하나님이 함께 함을 자녀들이 목도하게 하옵소서. 예수님의
이름으로 기도합니다. 아멘.

Pray

휴가가 대화와 친밀함을 회복하는 장이 되게 하소서

쉼과 자유를 허락하신 하나님, 감사합니다. 가정이 하나님께서 만들어 주신 신앙공동체임에도 불구하고 바쁜 일상으로 인해 무관심의 벽으로 서로를 둘러싼 우리를 긍휼히 여겨 주옵소서.

부모와 자녀가 함께 대화하는 시간이 사라진 현실 가운데, 특별히 이번 휴가가 가정 안에 소통과 관계가 회복되는 교육의 장이 되기를 원합니다. 다른 일에 주의를 빼앗겨 서로의 말을 잘 듣지 못했고 잘 알지 못했던 부모님과 자녀들이 서로를 더욱 알아가며 사랑 안에서 더 가까워지는 시간이 되게 하옵소서.

함께 살을 맞대며, 시간을 공유하며, 대화하고 소중한 추억을 간직하게 되는 휴가의 모든 시간 가운데 형성된 친밀감을 바탕으로 자녀들이 하나님과의 친밀감도 잘 형성해 나가게 하옵소서.

눈을 맞추며 사랑을 표현하고, 따뜻한 스킨십과 인정하는 말로 가득한 여름 휴가를 통하여 자녀의 마음 밭이 고루 가꾸어져 학교에서도, 교회에서도 부요하고 행복한 관계를 맺는 자로 자라게 하옵소서. 예수님의 이름으로 기도합니다. 아멘.

휴가가 새로운 경험과 내적성숙의 장이 되게 하소서

무엇을 향해 달려가는지도 모를 정도로 온 가족이 바쁘게 살아가고 있는 이때에 저희에게 휴가라는 쉼표를 허락하신 하나님, 감사합니다. 가족이 함께 하는 이 시간이 서로를 더 이해할 수 있는 기회가 되고 더 깊이 신뢰를 쌓아가는 시간이 되도록 인도하여 주옵소서.

부모에게는 자녀들의 이야기를 들어주며 대화를 나누고 자녀의 성장과 변화를 눈여겨 보는 시간으로, 또한 주님께 초점을 맞추지 못했던 분주함을 내려놓고 주님과 연합하는 시간이 되게 하시고, 자녀들에게는 세상과 자신을 새롭게 바라보고 누리는 경험 속에서 평안과 기쁨을 맛보게 하옵소서.

휴가를 계획하면서부터 다녀오는 시간까지 기도와 설렘으로 준비하게 하시고 성령님의 교제하심 가운데 기뻐하시는 길을 따르며 동행하는 기쁨이 가득하게 하옵소서. 가족이 함께 휴가를 갖지 못하는 형편 또한 주님이 아시오니 삶의 터전 가운데서 주님이 늘 함께 하여주옵소서. 예수님의 이름으로 기도합니다. 아멘.

Pray

하나님의 부르심을 따르는 가정 되게 하소서

이 땅의 가정들마다 부모와 자녀의 대화, 부부의 대화, 또한 자녀들의 대화의 주제 안에 하나님의 부르심에 대한 응답과 결단이 많아지기를 원합니다. 부모와 자녀가 함께 하나님의 부르심을 궁금해 하고, 그것을 찾아 떠나는 믿음의 탐험이 가정 안에 풍성해지게 하옵소서.

부모는 하나님의 부르심과 뜻을 발견하고, 하나님 앞에서 뜻을 세워 인생을 거룩하게 펼쳐가는 모범을 보이게 하시고, 자녀들은 그 모범을 따라 믿음 안에서 인생의 진로를 발견하고 그 걸음을 기뻐하며 뜨거운 열정으로 하나님이 허락하신 비전을 성취해가게 하옵소서.

하나님의 부르심과 뜻을 방해하고, 하나님께 헌신하는 가정으로 지어져가는 것을 막는 부정적이고 그릇된 대화들을 몰아내어 모든 가정에 하나님의 뜻 안에서 진로가 발견되고, 진학이 결정되는 선한 열심과 대화가 자리 잡게 하옵소서. 하나님의 길은 우리의 길보다 높으며 하나님의 생각은 우리의 생각보다 높으심을 신뢰하며 하나님께 여쭈어 인도하심을 따르는 가정이 되게 하옵소서. 예수님의 이름으로 기도합니다. 아멘.

잠언 22 : 6
마땅히 행할 길을 아이에게 가르치라 그리하면 늙어도 그것을 떠나지 아니하리라

Start children off on the way they should go,
and even when they are old they will not turn from it
(Proverbs 22 : 6)

8월의 기도

주님, 소명을 받은 기독학부모로서
아이들이 자신의 부르심을 따라, 소명대로 살아가길 원합니다.
소명을 발견하고, 고유한 은사를 잘 빚어
진로와 진학을 잘 선택하길 원합니다.
뜨거운 마음으로 인생의 참된 소명을 주시는 주님께 나아갑니다.

소명을 향하여 자녀와 함께
내딛는 시간

Pray

8월 첫날의 기도

살아계신 아버지 하나님!
눈부신 하늘과 뜨거운 태양, 집어 삼킬 듯한 폭풍과 한줄기의 소낙비,
시원스레 울어대는 매미와 뿌리를 깊게 내리는 들풀로 가득 찬 8월에도
하나님의 은혜가 가정과 교회, 학교와 이 사회에 가득하기를 소원합니다.
변화무쌍하지만 일관성 있게 이 세상을 지키고 견고하게 붙드시는
하나님의 섭리를 깨달으며 교육에서도 주님의 주권 아래
바른 방향과 목적을 지향하게 하옵소서.

8월에는 자녀가 꿈을 찾아가는 여정이 더욱 즐겁게 하옵소서.
메마른 땅과 같은 교육의 현실 속에서도 자녀의 인생의 토양마다
보화가 감추어져 있음이 위로와 소망이 됨을 고백합니다.
하나님께서 자녀 인생에 몫으로 주신 소명의 땅을 일구도록
사랑과 기다림으로 함께 하는 부모가 되게 하시고, 마침내 저마다의
인생을 피워내는 교육이 이 땅 가운데 이루어지게 하옵소서.
우리 자녀들이 학업으로 경쟁하고 비교하는 곤고함을 아시는 주님,
새로운 학기에는 나의 길을 찾아 나아가는 용기와 모험심,
결단을 더하여 주셔서 학업의 징검다리를 힘있게 건너
장차 하나님 나라를 이루어가는 복된 삶에 이르게 하옵소서.

예수님의 이름으로 기도합니다. 아멘.

성취지향의 문화를 긍휼히 여기소서

전인적인 존재로 인간을 지으시고 균형 있게 성장해 가는 것을 기뻐하시는 하나님, 오늘날의 교육은 성적지상주의, 성취지향주의로 치우치고 있습니다. 하나님, 이런 교육 현실에 대해 애통해 하는 마음을 주옵소서.

그리스도인 부모임에도 주위 부모들과 사회 분위기에 휩쓸려 성적으로 아이의 가능성을 평가하며, 심지어 다른 아이들과 비교하여 성적이 뒤처지면 열등감을, 앞서면 우월감을 갖고 자랑하기까지 하는 그런 모습이 있었음을 고백합니다.

자녀가 다니는 학교나 성적에 따라 아이를 평가하는 잘못을 범하지 않도록 도와주시고 부모인 저희가 지나친 경쟁의식으로 인한 성적과 등수, 학교를 앞세우는 문화가 점차 근절될 수 있게 회복시켜 주옵소서. 아이들을 인격적으로 대하고 성적에 관계없이 있는 모습 그대로를 사랑하는 사랑의 교육, 하나님의 성품이 반영되어 기독교교육 안에 하나님의 생기가 가득하게 하옵소서. 예수님의 이름으로 기도합니다. 아멘.

3일

Pray

그릇된 학업 지향 문화를 돌이키게 하소서

하나님의 부르심을 따라 모든 것을 내려놓고 보여주실 곳을 향해 길을 떠난 아브라함, 신앙의 순결을 지키려고 억울한 고통을 기꺼이 감수한 요셉, 또한 오직 우리를 위해 하늘 보좌를 버리시고 즐거이 낮아지셔서 사람이 되어주신 예수님, 이처럼 수많은 성경 인물들과 앞서 살아가신 신앙의 열조들, 선배들을 통해 성공적인 인생은 오직 하나님의 뜻을 따라 살아가는 것임을 가르쳐 주시니 감사합니다.

그러나 지금 이 시대에 우리의 자녀들은 높은 성적과 소위 명문 중·고등학교, 대학교 그리고 연봉 높은 직장 등을 성공의 조건이라고 배우고 있습니다. 가정에서, 학교에서 거짓 성공을 배우며, 선배와 후배 그리고 어른들로부터 왜곡되고 세속적인 성공관을 주입받고 있습니다. 주님, 우리에게 그릇된 학업의 풍토에서 돌이킬 수 있는 믿음과 용기를 주옵소서. 모든 가정, 모든 학교에서 우리의 자녀들이 하나님이 한 사람 한 사람을 위해 계획하신 바에 따라 자신의 인생의 목적과 방향, 소명을 발견하고, 은사와 재능을 통해 사명을 이루는, 하나님이 기뻐하시는 진짜 성공을 이루게 하옵소서. 예수님 이름으로 기도합니다. 아멘.

선행학습의 교육풍토를 치유하소서

정하신 질서에 따라 사람이 성장하고 발달하게 하신 하나님, 신실하신 주님의 섭리를 찬양합니다. 주님, 지금 이 시대의 교육풍토는 사람에게 부여하신 하나님의 질서를 따르지 않고 사람들의 욕심을 따라 선행학습, 조기교육 등에 힘을 쓰고 있습니다. 자녀의 성장과 발달, 준비도를 고려하기보다 남들과의 경쟁에서 앞서게 하려는 부모의 욕심 탓에 자녀들이 지치고 고통 받을 뿐 아니라, 그런 부모의 욕심을 이용하여 사교육 시장이 날로 커져가고 있습니다. 더불어 사교육비의 지출도 함께 늘어나 심각한 교육문제와 가정문제가 되고 있습니다.

주님, 하나님의 질서를 거스르는 시도를 막아 주옵소서. 그리고 그로 인한 자녀의 고통, 부모의 고통, 교육의 고통을 고쳐주옵소서. 학교와 부모가 힘을 모아 창조자 하나님의 관점으로 자녀의 발달과 성장을 정성껏 살피고, 그것을 토대로 각 자녀에게 꼭 맞는 교육을 하게 하옵소서. 그를 통해 선행학습을 위한 사교육의 고질적인 문제들이 뿌리 뽑히고, 건강하고 행복한 하나님의 교육이 뿌리내리게 하여 주옵소서. 예수님 이름으로 기도합니다. 아멘.

5일

비교하지 않는 부모 되게 하소서

인생의 주인 되신 하나님, 하나님의 식별을 따르지 않고 늘 제 소견에 옳은 대로 저만의 방식을 고집하며 살았던 교만을 용서하여 주옵소서. 또한 자녀가 충분히 존귀하게 여김을 받아야 함에도 불구하고 수많은 조건들로 그 아이의 가치를 평가하고, 수많은 비교들로 마음에 깊은 상처를 남긴 폭력의 죄를 용서하여 주옵소서.

하나님께서 이미 그 아이에게 부어 주신 은사를 찾아 하나님의 뜻대로 즐거이 인생을 살아가도록 돕는 조력자가 되라 하셨는데, 오히려 저의 방식대로 자녀의 삶을 조각하려 하는 주권자의 삶을 살았음을 고백합니다.

이제는 자녀를 향한 하나님의 선하신 뜻이 있음을 믿으며 다른 자녀와 비교하기를 멈추게 하옵소서. 하나님께서 이미 그려놓으신 그림을 함께 바라보며 기쁨의 여정을 함께 달려가는 동반자가 되게 하옵소서. 예수님의 이름으로 기도합니다. 아멘.

하나님 나라 이야기를 가지는 자녀 되게 하소서

우리 삶의 이야기의 주인이신 하나님, 자녀 안에 하나님의 이야기가 흘러가기를 원합니다. 세상의 조건과 기준을 향해 의미 없는 달음질을 멈출 수 있는 용기를 주시고, 먼저 하나님의 이야기에 귀를 기울이게 해 주옵소서. 야곱의 하나님, 요셉의 하나님, 모세의 인생과 다윗의 인생에 함께 하셨던 하나님의 이야기가 자녀의 안에도 있게 하옵소서. 그 이야기들이 자녀의 삶에 영향을 미치고, 능력이 되어서 그 이야기의 일부분을 이루며 이어나가는 삶을 살아가게 되기를 원합니다. 또한 하나님의 놀라우신, 위대한 이야기들 가운데 예수 그리스도의 구원의 이야기가 우리 자녀의 삶에서 가장 소중한 이야기가 되게 하옵소서.

자녀가 먼저 용모가 아름답고, 모든 지식과 지혜에 통달하기 원하는 기도를 하기보다 자녀를 위해 구하고 바라는 것들, 그 안에 하나님의 이야기가 없다면 기꺼이 포기할 수 있는 기도를 드릴 수 있게 하옵소서. 스펙의 열풍 속에서도 여전히 아직 쓰여지지 않은 하나님 나라의 백성들의 이야기를 만들어 가는 아이가 되게 하옵소서. 예수님의 이름으로 기도합니다. 아멘.

Pray

자녀가 삶의 의미(가치)와 소명을 깨닫게 하소서

우리 모든 한 사람 한 사람을 위한 목적과 계획을 가지시고, 그에 맞는 능력과 사명을 주신 하나님, 지금 이 시대가 하나님의 풍성하고 다양한 창조를 거스르며 오직 성취와 성적만으로 사람을 판단하고 평가하고 있습니다. 무엇보다 사랑을 배우고, 자신만의 고유한 인생의 목적, 나에게 주어진 멋과 사명을 발견하고 길러야 할 우리의 자녀들이 좋은 성적을 위해 좋은 학교, 좋은 대학을 바라보며 몸과 마음 그리고 영혼이 고통 받고 병들어 가고 있습니다.

주님, 성취와 결과, 성적만으로 사람을 판단하고 평가하는 세상의 흐름을 고쳐 주시고, 사람을 제대로 보지 못하는 저의 왜곡된 눈과 거짓 가치관을 바르게 회복시켜 주옵소서. 그리하여 하나님이 모든 사람을 만드실 때 목적하시고 소망하신 대로 자녀들이 저마다의 자리에서 자신의 멋을 펼치게 하시고, 하나님의 부르심에 응답하는 학교와 사회, 나라가 되게 하옵소서. 예수님의 이름으로 기도합니다. 아멘.

부모가 먼저 소명자로 살게 하소서

그리스도 예수 안에서 선한 일을 위하여 우리를 지으신 하나님, 부모가 먼저 하나님의 소명과 부르심을 따라 살아가야 함에도 불구하고 날마다 삶에 당면한 일들을 핑계로 부르심과 소명을 외면하며 살아온 순간들이 있었음을 고백합니다. 소명과 관계없이 바쁜 삶이야말로 하나님과 무관한 인생이 되는 것임을 잊지 않게 하옵소서.

부모라는 이름으로 자녀들을 나름 잘 교육하려 노력하지만, 가장 좋은 교육은 부모가 하나님의 소명과 부르심을 추구하는 삶을 살아가는 것임을 알게 하옵소서. 반대로 부모가 하나님의 소명과 동떨어진 삶을 살아갈 때 그런 부모의 모습을 자녀가 마치 거울처럼 그대로 닮아가게 된다는 사실을 두려움으로 인식하게 하옵소서.

먼저 하나님 나라와 의를 구하는 가정과 부모가 되게 하셔서 하나님의 소명을 따르는 인생과 가정에게 모든 필요를 채우시는 하나님을 자녀들이 체험하여 알게 하옵소서. 예수님의 이름으로 기도합니다. 아멘.

Pray

가정이 자녀의 진로탐색의 장이 되게 하소서

자녀를 통해 큰 기쁨을 얻게 해 주신 하나님 감사합니다. 부모이든 자녀이든 하나님께서 고유한 소명으로 우리를 부르신 것을 잊지 않게 하옵소서.

주님, 우리의 자녀라는 생각이 앞서고, 자녀를 부모의 뜻대로 양육하려는 욕심이 앞설 때가 있습니다. 그래서 자녀가 하나님께 받은 소명대로 진로를 지도하기보다는 부모의 욕심을 반영할 때가 많음을 고백합니다. 부모로서 바른 소명자로 살아가는 것을 넘어 저희 가정이 소명에 응답하는 가정이 되게 하옵소서.

부모된 우리로 하여금 맡겨주신 자녀가 하나님의 소명을 잘 찾아가도록 돕는 통로가 되게 하옵소서. 자녀의 은사와 달란트를 눈 여겨 보게 하시고 즐겨하는 것과 특별히 관심 있어 하는 것이 무엇인지를 함께 찾아가게 하옵소서. 소명대로 진로를 정하고 진학할 수 있도록 기도로 하나님께 물으며 안내자의 역할을 충실히 감당하게 하옵소서. 예수님의 이름으로 기도합니다. 아멘.

학교가 자녀의 진로탐색의 장이 되게 하소서

때를 따라 자녀를 성장시켜 주신 하나님, 학교를 통해 새로운 지식을 배우고 익힐 수 있게 해 주셔서 감사합니다. 자녀가 학교에서 잘 적응하게 하시고 학년이 바뀌어 진급할 때 지나친 부담이나 스트레스를 받지 않고 즐겁게 생활할 수 있게 하옵소서.

특별히 세상의 지식만을 배우고 스펙을 쌓아가기 위한 교육이 되지 않기를 원합니다. 교육을 통하여 자신의 장점이 무엇인지, 잘 하는 것, 관심 있는 것, 즐겨하는 것이 무엇인지, 앞으로 무엇을 전공하며 살아갈 때 가장 행복할 수 있는지 배울 수 있게 하시고 자신의 진로를 잘 결정할 수 있도록 환경을 조성하여 주옵소서.

좋은 선생님을 만나게 하셔서 아이 미래의 진로와 소명에 대해 배우고 경험하며 밝은 미래에 대한 꿈을 꿀 수 있게 하시고 학년마다 신실한 선배와 친구들과의 만남도 허락하셔서 진로에 대한 꿈과 고민을 함께 나누게 하옵소서. 이 땅의 학교가 하나님의 크신 지혜와 지식, 마음을 깨닫는 장이 되기를 원하오며, 예수님의 이름으로 기도합니다. 아멘.

Pray

자녀가 진로에 대한 바른 태도를 갖게 하소서

우리의 삶을 세밀하게 인도하시는 하나님, 우리 아이를 향하신 특별한 계획과 뜻이 있음을 믿습니다. 그러나 숨 가눌 겨를 없이 앞서 달리기를 재촉하는 세상 속에서 눈앞의 화려한 그림 조각에만 시선을 빼앗긴 채 아이를 향하신 하나님의 부르심을 믿음의 눈으로 보지 못했음을 고백합니다.

하나님께서 아이의 전 생애에 품고 계신 부르심에 따라 진로를 찾는 여정을 잘 돕는 부모 되길 원합니다. 세상을 따라가며 좋은 학교, 좋은 직업을 위한 진로 지도가 아니라 하나님의 부르심과 비전에 따른 진로 지도를 하게 하옵소서. 또한 자녀가 무엇보다 자신의 진로를 고민할 때 성령님 함께 하여 주시길 원합니다. 자녀가 진로 관련 검사들을 하고, 자신의 진로에 대해 한정 지을 때가 많이 있습니다. 검사들을 통해 자녀가 스스로를 알아가고 진로를 결정하는 여정에 도움을 받지만, 진로라는 것이 직업으로 귀결되는 것이 아니며, 한순간에 결정되는 것이 아니기에 자녀의 진로를 찾아가는 여정 속에 하나님의 인도하심이 있기를 간구합니다. 연약한 우리에게 친히 찾아와 도우시고, 소명을 향한 한 걸음으로서 진로를 찾아가는 여정에 은혜를 베풀어 주옵소서. 예수님의 이름으로 기도합니다. 아멘.

Pray

자녀의 은사가 개발되게 하소서 : 음악 지능

아름다우신 하나님, 하나님께서 창조하신 이 땅의 만물이 얼마나 아름다운지요. 이 아름다움을 우리의 자녀들이 발견할 수 있도록, 누릴 수 있도록, 향유할 수 있도록 도와주옵소서.

아름다운 소리로, 음악적 표현으로 찬양받으실 세상을 만드신 하나님을 신뢰하며 우리 자녀들 속에 하나님을 향한 감사와 기쁨을 악기로, 음악으로, 노래로 표현하고 누릴 수 있도록 음악적인 재능을 발견하고 계발하게 하옵소서. 음악은 학교성적에서 그렇게 높은 비중을 차지하지 않는 과목이라, 저학년 시기에만 맛보는 과목이라 소홀히 대하였을 때가 있었음을 고백합니다.

주님, 비단 음악을 전공하기 위한, 연주자로 명성을 높이기 위한 도구로서 대하지 않도록 인도하옵소서. 음악을 통해 우리 자녀들의 삶이 풍요로워지고, 경이로운 하나님을 대할 수 있도록 하시며 자신의 생각을 표현하고 창작하고 탐구하는 은혜로 함께 하옵소서. 자녀의 음악적 재능을 발견하고 계발할 수 있는 안목과 여건, 기회와 귀한 만남도 허락하여 주옵소서. 예수님의 이름으로 기도합니다. 아멘.

Pray

자녀의 은사가 개발되게 하소서 : 신체 - 운동 지능

우리를 창조하신 능력의 하나님, 우리 아이를 주님의 많은 계획 가운데서 이 땅 가운데 태어나게 해주심을 믿습니다. 자녀가 귀한 몸을 드려 주님을 찬양하는 사람이 되게 하옵소서.

마음이 건강한 아이가 되는 것뿐 아니라 특별히 신체적 운동기능이 원활하기를 기도합니다. 신체적으로 균형 잡히고 건강하여 하나님을 섬기고 이웃을 섬기기 위한 귀한 몸으로 단련시켜 주옵소서. 우리의 많은 자녀들이 짜인 틀 속에 갇혀 신체-운동 지능이 날로 부족하다는 소식을 듣는 현실 속에서 지적인 기능 못지않게 신체적 단련을 하게 하시고, 운동기능을 계발시켜 마음과 정신이 건강하도록 돌보시고 은혜를 내려 주옵소서. 머리에서부터 발끝까지 주님이 보살펴 주시고 힘있게 하셔서 마음껏 달리고, 뛸 수 있도록 힘을 주옵소서. 온 몸을 지켜 주시되, 신체가 균형 있게 발달되게 하시고, 동작을 자유롭게 하게 하시며 창의적으로 표현하고 스트레스에 적절하게 대처할 수 있는 신체-운동 지능을 자녀에게 부어주옵소서. 예수님의 이름으로 기도합니다. 아멘.

자녀의 은사가 개발되게 하소서 : 논리 - 수학 지능

우주 만물을 질서 가운데 창조하신 아버지 하나님, 창조 공간 안에 있는 하나님의 수많은 수학적 패턴을 아이가 일상생활과 학업 가운데 발견하게 하시고, 세상을 유지하시고 이끄시는 하나님의 신실하심을 믿을 수 있도록 은혜를 더하여 주옵소서.

대학 입시를 위한 도구로만 수학적인 지능을 평가하는 부모가 아닌, 하나님께서 자녀에게 주신 논리-수학적 재능을 잘 발견하고 격려하는 부모가 되길 원합니다. 단순히 수학문제를 반복적으로 푸는 것으로 재능을 강화하기보다 자녀의 사고가 확장되며 문제해결 능력이 강화되도록 돕는 부모가 되게 하옵소서. 우리의 자녀들에게 논리적인 힘을 주시고, 수학적인 지능도 허락하여 주옵소서. 수학적 사고로 말미암아 개념을 잘 이해하여, 논리적으로 세상의 이치를 이해하고 표현하는 힘이 자라나 다양한 생활 가운데에 일어나는 수많은 문제들을 잘 풀어가는 힘도 허락하여 주옵소서. 수학이라는 학문의 창고에 담긴 진리, 하나님을 아는 지식이 자녀의 삶에서 빛을 발하여 삶을 살아낼 수 있는 또 하나의 틀이 되게 하옵소서. 예수님의 이름으로 기도합니다. 아멘.

Pray

광복절에 드리는 기도

우리 민족을 회복시키신 하나님 감사합니다. 오늘은 우리 민족이 일제의 강점에서 벗어남을 기억하는 날입니다. 애굽에서 이스라엘 백성들의 부르짖음을 들으셨던 것처럼 독립을 위한 간절한 우리의 기도에 응답해 주셔서 감사합니다.

일제강점기 35년 동안 우리 민족은 어둠 속에서 고난의 삶을 살았습니다. 이 땅의 자녀들은 고유한 말과 글을 사용할 수 없었고, 우리의 성과 이름을 쓸 수가 없었습니다. 더 나아가 이 땅의 기독교인들은 신사참배를 통하여 하나님 외에 다른 신을 섬기도록 강요되었습니다. 그리하여 어떤 이들은 스데반이 그러했듯이 죽음으로 믿음을 지켜냈습니다.

하나님, 이 땅에 빛으로 회복(광복)을 꿈꾸며 민족을 이끌었던 독립운동가들을 보내 주셔서 감사합니다. 많은 핍박 가운데에서도 우리의 말과 글을 가르쳤던 교회, 가정을 지켜주셔서 감사합니다. 무엇보다도 이 땅 곳곳마다 십자가가 세워지고 예배하는 민족이 되게 해 주셔서 감사합니다. 이제 우리를 해방시킨 하나님의 은혜를 기억하며, 더 이상 어둠에 거하지 않고 빛과 동행하는 우리 민족 되게 하옵소서. 예수님의 이름으로 기도합니다. 아멘.

이 땅에 나라사랑의 교육이 펼쳐지게 하소서

우리나라를 세우시고 이끄시는 하나님, 역사의 굽이마다 우리나라를 도와주시며 후손들이 길러지도록 인도하시니 참 감사합니다.

최근 여러 통계에 우리의 다음세대가 나라 사랑하는 마음이 부족하여 역사에 대해, 국가안보에 대해 무지하고 무관심하다는 보고가 있습니다. 이러한 요인 중에 애국교육의 부재가 있음을 고백하며 이 땅에 나라사랑의 교육이 아름답게 펼쳐지기를 간구합니다. 우리의 자녀들이 애국할 수 있도록 먼저는 국가와 어른들이 나라사랑의 모범을 보이며 합력하고 선한 연합들을 해 나가게 하옵소서.

학교에서 하고 있는 일련의 애국교육의 활동들에 생기를 불어넣어주셔서 우리나라를 사랑하는 마음이 생기도록 하옵소서. 특히, 국사교육을 통해 미래를 꿈꾸는 통찰력을 주시고 나라사랑의 마음을 가지게 하옵소서. 수많은 애국지사들이 지켜온 우리나라를 우리의 자녀들이 지켜내게 하시고 발전시키는 동력이 되게 하옵소서.

하나님, 기도하는 한 사람이 한 민족보다 강하며 기도하는 한 민족이 열방(All Nations)보다 강함을 믿습니다. 나라를 사랑하는 애국교육이 더욱 활발하도록 함께 하옵소서. 예수님의 이름으로 기도합니다. 아멘.

Pray

자녀가 바른 민족의 정체성을 배우게 하소서

대한민국 국민의 한 사람으로 우리를 불러주신 하나님, 감사합니다. 동방의 작은 나라이지만, 하나님을 경외하는 나라, 성실함으로 전쟁 후에도 나라를 재건한 나라, 창의력과 예술 감각이 넘치는 나라가 대한민국임을 고백합니다.

하나님, 이 땅의 자녀들이 하나님이 세워주신 대한민국의 국민임을 감사하며, 소중히 여기기를 소망합니다. 특별히 전쟁 속에서도, 외압 속에서도, 독재정권 속에서도 하나님의 공평과 정의를 실현하고, 사랑 가운데 굳건히 선 민족임을 교육 속에서 배우게 하옵소서.

영어 유치원, 조기 유학 등 글로벌 시대에 살아남기 위해 어려서부터 다른 나라의 문화를 배우는 데에 가치를 두기에 앞서 가장 한국적인 것이 세계적인 것임을 잊지 않고, 한국의 문화나 역사를 먼저 배우기에 힘쓰게 하시고, 학교와 부모가 마땅히 가르치게 하옵소서.

그리하여 바른 민족의 정체성을 가지고 선 우리의 자녀들이 세계 곳곳에서 하나님의 이름과 대한민국의 이름을 떨치게 하옵소서. 예수님의 이름으로 기도합니다. 아멘.

나라를 사랑했던 한국교회의 전통을 따르게 하소서

우리나라 교회사 속에서 역사하신 하나님, 이 땅의 교회가 개개인의 구원과 안녕에 초점을 맞추기 보다는 공동체와 나라를 먼저 생각하게 하시니 감사합니다. 한국교회가 걸어온 길을 기억하며 기도합니다.

성경이 번역되기 이전부터 성경을 읽고, 성경을 바랐고, 이 나라의 독립을 위해 기꺼이 죽음을 불사했고, 민주화를 위해 목소리를 높인 우리의 신앙의 선조들을 기억합니다. 나라를 사랑하고, 교회를 사랑했던 신앙의 선조들의 발걸음을 우리도 따라가게 하옵소서.

특별히 나라를 사랑하고, 하나님을 사랑하는 바른 민족정신을 기르기 위해 한 교회가 한 학교를 세우고 교육한 그 길을 본받아 교회가 이 땅의 학교교육에 더욱더 관심을 갖게 하옵소서. 또한 가정에서도 국경일에 태극기를 걸고, 자녀에게 한국교회 신앙의 선조들의 모습을 가르치게 하옵소서. 가정과 교회와 학교안에서 자녀가 자신의 삶에 부여된 역사적 소명을 깨닫고 참된 해방과 화해의 시대를 넉넉한 품으로 맞이할 준비를 하게 하옵소서. 예수님의 이름으로 기도합니다. 아멘.

Pray

자녀의 은사가 개발되게 하소서 : 언어 지능

태초에 말씀을 주신 하나님, 말씀이 육신이 되어 우리 가운데 거하신 살아계신 아버지 하나님을 찬양합니다. 하나님이 언어의 주인이 되셔서 세상을 창조하시며, 지금도 살아 움직이는 말씀으로 우리를 감찰하시고 주님의 자녀들을 축복하시며 이끄심을 믿습니다.

언어라는 하나님의 귀한 선물을 누린 자로서 우리 아이가 하나님의 형상을 닮아 책임 있게 언어를 사용하고 누릴 수 있도록 은혜를 베풀어 주옵소서. 또한 우리의 자녀들이 거칠고 부정적인 언어를 살리고 세우는 언어로 회복하여 진리를 담는 그릇이 되게 하여 주옵소서. 언어적인 능력을 허락하여 주셔서 모든 교과에서 일어나는 언어의 학습이 원활하도록 지능을 주옵소서. 읽고, 말하고, 쓰고, 듣는 모든 활동들을 잘 감당하게 할 수 있도록 지혜를 주옵소서.

그리하여 언어를 통해 세상을 바르게 해석하고, 의사소통하며 책임있는 그리스도인으로 자라게 하옵소서. 언어의 주권자 되시고, 창시자 되시는 하나님의 마음을 알아 진리를 전하게 하옵소서. 예수님의 이름으로 기도합니다. 아멘.

자녀의 은사가 개발되게 하소서 : 공간 지능

모든 사람에게 알맞은 은사와 재능을 주신 하나님, 자녀에게 주신 은사를 잘 발견하고, 발현할 수 있도록 돕는 부모가 되길 원합니다.

특별히 자녀에게 시간과 공간에 대한 지식을 주신 하나님, 시공간적으로 세상을 인지하고 추상적인 것을 시각화하며 공간적 구조를 잘 이해하는 능력을 자녀에게 주심을 볼 때에 자신의 은사를 사람과 사회, 그리고 지역을 선하게 하는데 사용하게 하옵소서. 지역과 땅을 어떻게 조성하며 공간을 구성하는지, 어떻게 하는 것이 하나님이 주신 피조세계를 잘 관리하는 것인지 파악할 수 있도록 은혜를 베풀어 주옵소서.

낙서하기, 오려붙이기, 종이접기 등 자녀가 나타내는 재능에 무관심했거나 무의미한 것에 시간을 보낸다고 타박했던 우리의 모습을 돌아봅니다. 자녀의 은사에 맞게 학업을 즐거이 느낄 수 있도록 관찰하고 격려하는 부모가 되게 하옵소서. 그리하여 하나님이 주신 재능으로 사람과 사회를 섬기고 살리는 곳에서 마음껏 자신의 인생과 하나님 나라를 펼쳐가는 자녀가 되게 하옵소서. 예수님의 이름으로 기도합니다. 아멘.

Pray

자녀의 은사가 개발되게 하소서 : 대인관계 지능

하나님 아버지, 우리가 공동체를 이루게 하시고, 사회 속 일원으로 살아가게 하시니 감사합니다. 사람들과의 갈등과 소통 속에서 그리스도의 사랑을 드러내는 우리와 자녀 되게 하옵소서. 하나님께서 사람을 혼자 살게 만들지 않으시고, 함께 더불어 살아가게 하셨사오니 자녀에게 다른 사람과 함께 살아가고, 소통하는 방법을 가르치는 부모가되길 원합니다.

특별히 다른 사람의 마음을 잘 읽고, 배려하는 마음이 자녀에게 있다면 그것을 잘 발현할 수 있도록 돕는 부모가 되게 하옵소서. 하나님께서 자녀에게 허락하신 그 은사가 귀한 것임을 아는 부모가 되게 하옵소서. 또한 그러한 은사가 눈에 띄게 드러나지 않을지라도 하나님의 마음과 눈으로 다른 사람들의 형편을 살펴보는 마음이 자라게 하시고, 친구를 배려하며 이해하는 능력을 갖도록 은혜를 베풀어 주옵소서.

그리하여 자녀가 다른 사람을 이해하고 배려하는 능력을 통해 자녀주변에 있는 공동체들이 건강하게 세워지고, 회복되는 역사가 시작될수 있게 하옵소서. 예수님의 이름으로 기도합니다. 아멘.

자녀의 은사가 개발되게 하소서 : 자기이해 지능

우리가 어떤 존재인지, 나보다 나를 더 잘 아시는 하나님, 이 땅에서 살아가는 동안 내가 누구인지, 내가 어디에서 왔고, 어디로 가는지 알게 해주시니 감사합니다. 하나님께서 만들어 주신 존재 자체로 우리의 모습을 바르게 알기 원합니다.

주님, 어렸을 때부터 자신이 무엇을 잘하고, 어떤 것에 흥미가 있는지, 어떤 환경이 편안하고, 어떤 상황에서 불쾌한지 잘 아는 자녀가 있습니다. 주님 앞에서 자신이 어떤 존재인지, 자신의 마음이 어떠한지를 잘 파악하는 자녀의 은사를 귀히 여기는 부모가 되게 하옵소서. 자녀가 자신의 마음을 시나 노래, 글 등으로 잘 표현하며 읽어낼 수 있도록 돕는 손길이 되게 하옵소서.

그리하여 자신을 잘 이해하는 자녀가 자신과 연결된 세계와 그를 부르신 환경으로 나아갈 때에 다른 사람의 발달과 생애에 초석이 되는 지식과 지혜의 샘이 되게 하옵소서. 온전한 인격에 이르는 길을 발견하고 깨어진 세상을 도울 수 있는 사람으로 살아가기를 원합니다. 주님의 눈길로 자녀를 바라보는 힘을 우리에게 주옵소서. 예수님의 이름으로 기도합니다. 아멘.

Pray

자녀의 은사가 개발되게 하소서 : 자연탐구 지능

자연 속에서 하나님의 섭리를 느끼며, 자연만물이 하나님을 찬양하고 경배함을 귀로 듣고 눈으로 바라봅니다. 스치듯 지나가는 바람은 주님의 한결같은 사랑을 노래하고 길가의 풀, 나무, 곤충, 동물 모두 창조주 하나님을 향하여 삶을 영위하게 하시니 감사합니다.

하나님께서 우리에게 맡겨주신 자녀가 다른 아이보다 자연을 사랑하며, 동물들의 아픔에 관심이 많고, 식물을 잘 기르며 탐구하는 모습을 발견합니다. 자연과 이야기를 나누며, 그것을 탐구하는 자녀의 모습을 못 마땅히 여기는 것이 아니라 하나님께서 만들어주신 피조물에 관심을 가지고, 피조물을 탐구하는 자녀가 그 안에서 하나님의 섭리와 질서, 우주의 신비와 생명의 위대함을 발견하기를 바라는 부모 되게 하옵소서.

그리하여 자녀에게 허락하신 은사가 백분 사용되어, 피조물들이 아파하는 이 땅 가운데 귀한 청지기로 사용되게 하옵소서. 자녀를 통해 자연 속에서도 역사하시는 하나님의 모습이 널리 전파되게 하옵소서. 선한 청지기로서 자녀를 세워 주시고, 사용하여 주실 것을 기대하며 예수님의 이름으로 기도합니다. 아멘.

자녀가 진학과 취업에 바른 태도를 갖게 하소서

사람을 부르시고, 부르신 그들을 거룩하고 영화롭게 하시어 하나님 나라의 일을 하게 하시는 하나님의 섭리와 역사를 기뻐하며 찬양합니다.

그 섭리에 따라 자녀가 하나님 앞에서 삶을 계획하고, 진로에 대해 탐색하는 여정을 떠나게 하시니 감사합니다. 하나님께서 빚으신 자녀가 은사를 발견하고, 그 은사로 하나님 나라를 이루어 가기 위해 진로를 고민하며 가는 여정에 있습니다. 그 걸음 걸음을 걷다보니 진학을 고민하기도 하고, 취업을 고민하기도 합니다. 진학과 취업을 고민하는 자녀에게 하나님은 우리를 직업으로 부르신 것이 아니라 어떤 가치로 하나님 나라를 이루며 살 것인지 관심을 두시는 분이심을 잊지 않게 하옵소서.

자녀가 그 가치를 발현하는 삶의 현장으로 진학과 취업을 결정할 때 순간 순간 하나님의 뜻을 발견하게 하옵소서. 또한 긴 인생의 시간 속에서 지금 고민하고 선택하는 진학과 취업의 길이 종착지가 아님을 알게 하시고, 과정 속에서 늘 하나님을 기억하고 떠올리게 하옵소서. 예수님의 이름으로 기도합니다. 아멘.

Pray

자녀의 학업에 대한 부모의 욕심을 내려놓게 하소서

지혜와 지식의 근본이 되시는 하나님 아버지, 양육자로 부름 받은 저희들은 그 자녀를 하나님의 마음으로 돌보기보다는 저희의 마음 안에 있는 세상적인 가치관과 교육관으로 양육하였습니다. 저희에게 아버지의 마음을 허락하여 주옵소서.

하나님을 믿는다 말했지만, 성공과 명예를 추구하는 이 땅의 교육을 그대로 답습하고, 세상적인 부와 명예를 자녀 교육의 성공의 기준으로 삼았습니다. 자녀의 시험이 있을 때면 주일 예배를 빠지는 것은 당연히 여기고, 자녀의 마음과 상태를 살피기보다는 시험의 결과에 대해서만 집착했습니다. 또한 자녀의 학업 수준도 부모의 기준으로 정해놓고, 자녀가 그 수준까지 도달하기만을 바랐습니다.

이제 그 길에서 돌이켜 세상적인 욕심을 내려놓게 하시고 하나님의 교육법으로 돌아가길 원합니다. 학업에 있어 자녀가 온전히 하나님을 의지하고 순종하도록 우리의 욕심을 내려놓습니다. 우리 자녀들이 소망하는 성공은 경쟁과 쟁취가 아닌 주신 소명을 따라 나눔과 배려와 섬김의 삶을 사는 것임을 가르치는 부모가 되도록 인도하여 주옵소서. 지혜의 근원되시는 예수님의 이름으로 기도합니다. 아멘.

학업 성취에 도움을 주는 부모 되게 하소서

언제나 우리의 인도자가 되어 주시는 하나님 아버지, 자녀교육의 주권을 맡기시며 자녀양육의 사명을 주심에 감사드리며 우리의 자녀들을 하나님의 뜻대로 잘 인도하는 부모가 되도록 도와주시기를 기도합니다. 하나님의 도우심이 없이는 단 한 순간도 이 험악한 세상에서 우리의 자녀들을 지혜롭고 바르게 키우는 것이 어렵습니다. 우리를 의와 진리로 인도해 주옵소서.

말씀 안에 바르게 서 있음으로 하나님의 방법으로 자녀들의 학업 성취를 도와주는 부모가 되게 하여 주시고 그 방법이 우리의 생각과 방법이 아닌 성령님의 인도하심을 따르는 방법이 되도록 저희의 생각과 행동을 주관하여 주옵소서. 그리하여 자녀들에게 말과 행동이 말씀 안에서 일관된 부모가 되게 하여 주시고, 먼저 본이 되는 삶을 통하여 자녀의 학업에도 일관성 있는 도움을 주는 부모가 되게 하여 주옵소서.

저희의 가치관이 긍정적인 믿음의 눈을 가지고 있을 때 자녀들의 학업에도 긍정적인 도움을 줄 수가 있으니 여호수아와 같은 긍정의 믿음을 가지고 지도할 수 있도록 은혜를 베풀어 주옵소서. 길과 진리가 되시는 예수님의 이름으로 기도합니다. 아멘.

Pray

학업에 있어 인내하는 부모 되게 하소서

언제나 눈을 들면 그 자리에 계시는 하나님 아버지, 저희도 우리의 자녀들에게 아버지의 산 같으심과 같은 변함없는 존재가 되도록 은혜를 베풀어 주옵소서. 자녀의 학업에 지나친 기대를 가지고 그것이 이루어지지 않았을 때 쉽게 실망하며, 자녀들의 마음에 상처를 주는 어리석음을 범하지 말게 하여 주시고 하나님께서 그 아이들에게 주신 비전을 이루실 때를 믿음으로 기다리는 부모가 되게 하여 주옵소서.

상심한 아이의 마음을 먼저 헤아려주고 하나님의 마음으로 격려하며 소망을 가지고 주님과 함께 비상하는 자녀로 세워가는 믿음에 부요한 부모가 되게 하여 주옵소서.

하나님보다 먼저 기대하거나 하나님보다 앞서 경계를 정하는 안타까운 부모가 되지 말게 하시고 오직 신실하신 하나님을 바라보며 기도와 감사함으로 인내하는 부모가 되게 하여 주옵소서. 그리하여 우리의 자녀들이 이른 비와 늦은 비로 채우시는 하나님의 주권을 경험하며 사는 삶이 되도록 우리를 귀한 통로로 사용하여 주옵소서. 예수님의 이름으로 기도합니다. 아멘.

미디어에 대한 분별력을 주소서

선한 것을 분별하기 원하시는 하나님, 수많은 정보와 지식이 난무하는 이 때에 우리의 자녀들에게 선한 것을 분별할 수 있는 힘을 주옵소서. 특별히 우리의 자녀들이 급속도로 에너지를 쏟아 붓는 미디어의 영역에서 분별력을 갖길 원합니다. TV나 인터넷 게임, 스마트 폰 앞에서 가족 간의 대화가 단절되었음은 물론 서로 관심조차 기울이지 않는 우리의 모습을 긍휼히 여겨 주옵소서. 이 땅 위의 가정이 흘리는 눈물의 소리에 응답하여 주옵소서.

부모의 말이 들리지 않고, 하나님의 말씀에 경청하지 않는 이 시대 속에 기독학부모 가정을 지켜주셔서, 모든 부모들이 어떤 것이 가정을 세우고, 자녀들과 소통하고, 세상을 이기는 것인지를 알게 하옵소서.

모든 부모와 자녀들이 늘 깨어 있게 하셔서 세상 문화에 동화되어 갈 길을 잃지 않게 하시고, 세상을 떠나 배타적인 삶을 살지 않게 하시고, 세상 문화 속으로 들어가서 받은 은혜로 변혁을 이루는 삶이 되도록 힘을 더하여 주옵소서. 우리 사회의 그릇된 미디어 문화를 고쳐 주옵소서. 예수님의 이름으로 기도합니다. 아멘.

29일

Pray

그릇된 미디어 문화를 회복시키소서

우리에게 선한 것을 주시기를 기뻐하시는 하나님, 하나님께서 인간의 지식과 지혜를 사용하여 만드신 미디어를 통해 이루어진 선한 일들이 참으로 많이 있는데, 요즘 사이버공간 안에서 이루어지는 많은 암울한 현실을 듣고 볼 때마다 마음이 아픕니다. 우리의 자녀들이 온라인 게임, 스마트 폰, SNS 등에 중독된 듯 미디어 세계에 빠져 있습니다. 그 공간에서 나오지 못하고 자신을 가둔 채 소통하지 않는 자녀들이 너무나 많이 있습니다. 가정과 학교마다 미디어 문화가 건전하게 회복되기를 바라는 사람들은 많이 있지만 그 달콤한 유혹에서 쉽사리 벗어나지 못하는 우리를 긍휼히 여겨 주옵소서.

주님, 이 땅의 그릇된 미디어 문화가 회복될 수 있도록 자비와 긍휼을 베풀어 주옵소서. 호기심과 창의력이 뛰어난 우리의 자녀들이 미디어를 통해 왜곡된 사회성을 배우지 않고, 건강하게 소통하게 하시고, 미디어에 이용당하기보다 미디어를 건강하게 이용하게 하옵소서. 또한 부모 세대인 저와 우리가 그릇된 문화를 거슬러 건전한 미디어 문화를 형성하게 하옵소서. 예수님의 이름으로 기도합니다. 아멘.

폭력적인 문화를 긍휼히 여기소서

나의 모든 불의를 담당하시고 의롭다 여겨주신 하나님의 은혜에 감사를 드립니다. 거짓되고 부패한 사람의 마음으로 인해 이 땅에는 지금도 폭력을 조장하는 문화(신체, 언어, 성, 국가주도)가 팽배합니다. 무의식적으로 폭력의 문화에 노출된 자녀들은 폭력의 피해가 얼마나 심각한지 깨닫지 못한 가운데 그대로 모방하여 학교 폭력을 죄책감 없이 범하고 있는 것이 우리의 현실입니다.

먼저 예수 그리스도의 희생과 사랑으로 사신 그리스도인들이 폭력적인 문화를 버리게 하시고 비폭력적인 문화를 회복하는 도구로 사용되게 하옵소서. 성령의 역사하심으로 말미암아 아름다운 언어의 열매, 바람직한 문화의 미디어, 구성원 간의 협력과 소통, 나눔이 있는 사회가 되길 원합니다.

모든 가정과 단체, 사회, 국가가 폭력 없는 사회에 가치를 두고 안전장치를 마련하며 공동의 노력을 기울여 서로 돌보고 배려하는 분위기의 공동체로 세워지게 하옵소서. 그리하여 이 땅 가운데 폭력적인 문화가 아니라 사랑과 긍휼의 문화가 넘쳐나게 하옵소서. 예수님의 이름으로 기도합니다. 아멘.

Pray

회복과 평화를 위한 교육과정이 세워지게 하소서

홀로 거하는 아담을 안타깝게 여기셔서 돕는 배필로 하와를 창조하시고 이끄신 하나님께 감사를 드립니다. 우리 사회도 삼위일체이신 하나님을 따라 지음받았음을 이해하며 우리 가운데 예수 그리스도를 중심에 둔 공동체의 통합을 허락하소서.

학교교육과정 가운데 처음 창조된 아름다운 형상으로 개인과 공동체를 회복하는 교육이 이루어지게 하시고 평화의 가치를 소중히 여기며 다함께 노력하는 교육현장의 문화가 뿌리내리게 하옵소서. 개인 간의 분열과 갈등이 통합되어 공동체의 통합과 사회의 통합을 꿈꾸고, 더 나아가 분단된 남과 북의 하나 됨을 꿈꾸고 지향하는 교육을 위해 예수님의 인격과 사역 속에서 보여주신 하나님 나라의 교육의 원리를 교육과정으로 삼게 하옵소서. 십자가의 고난과 희생을 통해 드러난 하나님 나라가 이 땅 위에 꽃 피우게 하셔서 관계와 공동체를 회복하는 정의로운 사회가 되게 하옵소서. 예수님의 이름으로 기도합니다. 아멘.

9월의 기도

주님, 새로운 학기를 시작하는 자녀가
학업에서, 친구와 선생님과의 관계에서
그리스도인으로 서길 원합니다.
기독학부모로서 교육의 시야를 넓혀
하나님의 교육이 이루어지는 일에 관심을 갖기를 원합니다.
새로운 열정으로 기도 가운데 나아갑니다.

교육을 향한 시야를
넓히는 시간

Pray

9월 첫날의 기도

세상을 달구는 뜨거운 무더위를 살짝 뒤로 하고 부쩍 높아진 하늘과
시원한 바람이 초가을의 정취를 느끼게 하니
새로운 계절의 시작을 향한 반가움과 여름날의 시간을
추억으로 남기는 아쉬움이 마음에 함께 자리합니다.

주님, 9월에도 주님의 은혜가 온 누리에,
특히 교육의 영역에 가득하기를 소원합니다.

자라나는 우리의 아이들이 하늘의 공급된 힘으로 자라는
가을의 대추처럼, 사과처럼 주님 안에서 무럭무럭 자라고
꿈을 펼치고 우정을 나누게 하옵소서.

가정과 학교는 새 학기를 맞아 과실을 가꾸는 농부처럼,
부지런히 하늘을 바라보며 하루 하루 정성을 다해 자녀들을 맞이하고
양육하게 하시며, 특히 가정과 교회와 학교, 그리고 지역사회가 서로
협력하는 가운데 교육의 바른 길을 함께 걸어가며 사람을 길러내는
사명을 보다 충실히 감당하게 하옵소서.

주님께서 열어주시는 9월을 기대하며 살아가길 원하오니
늘 동행하여 주옵소서.

예수님의 이름으로 기도합니다. 아멘.

자녀에게 올바른 공부 습관이 형성되게 하소서

늘 기도하시며 소명을 감당하신 예수님처럼 자녀들도 하나님께서 맡겨주신 학업에 있어 성령님께서 부어주시는 습관을 가지길 원합니다. 이른 아침부터 새벽이 되는 시간까지 학교와 학원을 오고가며 많은 시간을 허비하는 경우가 허다한데, 우리 믿음의 자녀들은 하나님께서 주신 시간을 잘 활용하게 하여 주옵소서.

어렸을 때부터 공부하는 좋은 습관을 들이는 방법과 지혜를 성령님으로부터 배우고 매일매일 실천하여 자신만의 공부 방법을 찾게 하옵소서. 그리하여 예습과 복습을 통한 자기주도학습이 습관이 되게 하여 주시고 그것을 통하여 학업에도 자신감이 충만하도록 인도하여 주옵소서.

무엇보다 하나님을 최우선으로 여기는 삶의 습관을 가지게 하옵소서. 공부를 할 때에나 숙제를 할 때에도 먼저 인생의 주관자 되시고 모든 지혜와 지식의 근본이 하나님이심을 알아 하나님 앞에 감사와 간구로 시작하는 습관을 가지게 하여 주옵소서. 그리하여 자연스러운 습관 속에 학업에서도 안정되고 풍성한 열매를 거두게 하여 주옵소서. 예수님의 이름으로 기도합니다. 아멘.

Pray

학업의 바른 목적을 이해하고 기쁘게 공부하게 하소서

우리에게 하나님의 소명을 부어 주시고 그 길을 가도록 지혜와 능력
을 주시는 하나님 아버지, 우리에게 허락하신 학업과 은사는 하나님
의 영광을 위하여 나아가는 징검다리라고 말씀해 주시고 그 길을 앞
서 인도해 주시니 감사합니다.

우리의 자녀들이 세상적인 가치관이 난무한 교육현장에서 자라고 있
지만 다니엘처럼 하나님 앞에 뜻을 정하고 흔들리지 않는 믿음으로
학업과 은사에 하나님의 뜻을 이루도록 은혜 베풀어 주옵소서.

그리하여 공부를 하는 목적이 하나님의 뜻을 아는 것과 은사와 재능
을 통해 이웃을 섬기는 것임을 알고 그 뜻을 이루기 위하여 각자에게
주신 소명을 향하여 감사함과 기대함으로 달려가는 우리 자녀들이 되
게 하옵소서. 때로 우리의 자녀들을 유혹하는 세상의 소리가 있을지
라도 공부하는 목적을 정확히 알았을 때 미혹되지 않을 것이니 하나
님 앞에서 비전과 소명을 찾아갈 수 있도록 은혜를 베풀어 주옵소서.

그리하여 자녀가 하나님을 섬기고 이웃을 사랑하며 돌아볼 수 있는
삶을 살게 하여 주옵소서. 예수님의 이름으로 기도합니다. 아멘.

학업에 있어 부모주도적 시간 관리를 돌이키게 하소서

자녀에게 학업의 기회를 주시어서 발전할 수 있는 시간을 주신 하나님 감사를 드립니다. 안타깝게도 우리의 현실은 자녀들의 일거수일투족을 점검해 준다는 명목 아래에 자녀들이 자발적으로 자신들의 학업 시간을 관리할 줄 모르게 만들어 버렸습니다. 결국, 부모의 도움 없이는 결정할 수 없는 수동적인 자녀들이 되었습니다.

하나님, 우리 기독학부모들이 하나님께서 자녀들을 지혜롭게 하시고 결단할 수 있게 하시는 분이심을 믿지 못하여, 자녀들의 몫인 시간 관리 영역을 침범하였음을 용서하여 주옵소서. 우리 교육의 현실이 학업 결과의 조바심 앞에 자녀들의 학업 시간을 간섭함으로써 부모와 자녀의 신뢰 관계가 올바로 성립되지 못하게 되었음을 용서하여 주옵소서.

이제는 기독학부모들이 우리의 자녀들을 다스리시는 분이 하나님이심을 믿고, 자녀들의 학업에 관한 시간 관리를 할 때, 염려하지 않고 맡길 수 있는 믿음의 부모들이 될 수 있도록 하여 주옵소서. 그리하여 부모가 자녀를 믿어 주고, 자녀는 믿어 주는 부모로 인하여 책임을 다하는 건강한 관계가 되게 하옵소서. 예수님의 이름으로 기도합니다. 아멘.

5일

바른 수업 태도를 갖게 하소서

학문을 통하여 인간 지식의 한계를 뛰어넘어 놀랍도록 새로운 영감을 주시는 하나님 감사합니다. 자녀들이 하나님이 창조하시고, 영감을 주신 학문을 배우게 하시니 감사합니다. 하지만, 우리의 자녀들은 세상의 흐름에 따라 수업을 시험을 위한 준비로만 여길 때가 많습니다. 그리하여 학문에 대한 호기심이 아닌, 의무적으로 수업을 듣고 형식적으로 학교를 다니고 있습니다.

하나님, 수업을 통해 새로운 경험을 하기보다 수동적인 자세로 임하게 된 자녀들을 불쌍히 여겨 주옵소서. 이제 자녀가 수업을 들을 때에 교사에게 온전히 집중하고, 친구들과도 매순간 협동하여 함께 배움의 공동체를 이루게 하옵소서. 수업 내용 너머로 하나님이 가르쳐주시고자 하는 깊은 영감까지도 발견할 수 있는 수업시간이 되길 원합니다. 아이가 모든 감각으로 하나님을 만나게 하옵소서.

정보를 쏟는 수업이 아니라 교감이 있는 수업되게 교사들에게 지혜와 열정을 더하여 주옵소서. 그리하여 자녀들이 성실하게 수업에 참여하게 하시고, 그것을 통하여 하나님의 일하심과 하나님의 부르심을 위해 일할 자신들의 관심분야를 발견하게 하옵소서. 예수님의 이름으로 기도합니다. 아멘.

교과목에 대한 건강한 태도를 갖게 하소서

다양한 과목과 선생님들을 통하여 자녀들을 교육하시는 하나님 감사합니다. 개개인의 선생님에 따라 다양한 방법과 재능으로 학생들을 대하고 가르침에도 불구하고, 자녀들이 자신의 성향과 흥미에 맞게 과목을 선별적으로 공부하려는 경향이 많이 있습니다. 모든 과목 가운데서 자녀가 살아계신 하나님을 만나기를 원합니다.

더 이상, 자신이 좋아하는 선생님이나 좋아하는 과목에만 치우쳐 그것만 공부하는 학업의 편식 현상이 사라지게 하옵소서. 다양한 과목 속에 역사하시는 하나님을 발견하기 위해, 선호하지 않는 과목이나 선생님이라 할지라도 마음과 귀를 열고, 수업에 임하는 자녀가 되게 하옵소서.

부모 또한 자녀를 대할 때마다 자녀의 부족한 과목을 보게 하시고, 단순히 학원이나 보충 학습으로만 부족한 과목을 채우려하기 보다 자녀에게 맞는 학습 방법으로 학습의 동기를 부여하며, 부족한 과목을 접할 수 있도록 돕게 하옵소서. 그리하여 재능이 없다고, 재미없다고 포기하였던 과목들을 통해 자녀의 발견하지 못하였던 장점과 재능이 발견되게 하옵소서. 예수님의 이름으로 기도합니다. 아멘.

Pray

과제에 대한 올바른 태도를 갖게 하소서

많은 훈련과 과제를 통하여 우리를 능숙하게 하시는 하나님께 감사를 드립니다. 학업을 주로 하는 우리의 자녀들이 과제를 우선순위로 두어야 하지만, 점수 매김에 우선을 두어 점수 비율이 낮은 과제는 가볍게 여길 때가 많이 있었음을 고백합니다. 과제의 중요도를 떠나 이것이 주어진 모든 크고 작은 일에 최선을 다하였을 때에 따라오는 성실의 결과임을 깨닫지 못했습니다.

하나님, 우리의 교육이 앎의 깊이를 채우기보다 점수와 포지션에 관심을 두어, 일관성 있는 교육이 되지 않았음을 용서하여 주옵소서. 우리의 교육이 이제는 결과가 아니라 결과를 이루어 나가기까지의 과정에 집중하여, 자녀들이 시험의 결과보다 학문과 과제를 풀어나가는 과정에서 경험을 중시하게 하옵소서. 모든 과제를 성실과 최선으로 임하게 하시고, 그것이 자녀를 성장시키는 또 하나의 도구라는 것을 알게 하옵소서.

이렇게 훈련받은 자녀들이 과제뿐만 아니라, 하나님 앞에서 어떤 일에든지 기쁘고 감사하게 노력 하였을 때 맛보는 관점에서의 기쁨을 경험하게 하옵소서. 예수님의 이름으로 기도합니다. 아멘.

자녀의 담임 선생님을 도우소서

귀한 선생님을 만나게 해주신 하나님, 한 해 동안 선생님과 자녀가 좋은 관계를 이루어 학교생활이 더욱 의미 있게 하시고 행복한 만남이 되게 하시니 감사합니다. 부모로서 자녀의 담임 선생님의 모습 그대로를 인정하며 감사하게 하옵소서. 기독학부모로서 선생님의 전문성을 높이 사며 믿음과 존중으로 대하게 하옵소서. 내 아이만 잘 되기를 바라기보다 자녀의 학급 운영이 잘 되기를, 내 아이만을 사랑해주시기 바라기보다 학급 모두가 서로 배려하고 존중하는 분위기가 되기를 원합니다. 또한 자녀가 선생님의 가르침을 경청하고 존경하는 마음을 가져 선생님도 자녀를 통해 더욱 의미 있고 감사한 교직 생활을 경험하게 하옵소서.

선생님에게 건강을 주셔서 출근하실 때마다 힘을 공급하시고 가정을 돌봐 주셔서 어려운 일이 없도록 지켜 보호하여 주옵소서. 주님을 알지 못한다면 우리 자녀와 저를 통해서 예수님을 경험하게 하시고, 믿음의 사람이라면 온전하게 기독교적 가르침을 실천하도록 용기를 주옵소서. 또한 부모와 선생님이 건강한 동역을 감당하여 일 년 동안 순적하게 학교생활을 하도록 지켜 보호하여 주옵소서. 예수님의 이름으로 기도합니다. 아멘.

Pray

학급 친구들을 돌보아 주소서

친구 되신 하나님, 아이에게 좋은 친구들을 주시니 감사합니다. 그러나 하나님, 학교와 교실에 대한 방송이나 신문 기사를 볼 때마다 눈물과 한숨이 절로 납니다. 함께 웃으며 학창시절을 추억해야 할 아이와 친구들의 관계에서 다툼과 아픔, 시기와 경쟁이 가득한 모습을 보일 때가 많이 있습니다. 우리를 고쳐주옵소서.

주님, 아이와 자녀의 반 친구들을 위해서 기도합니다. 한창 사회성이 자라나고 서로 어울릴 시기이기에 다투기도 하고 갈등도 있지만 깊이 있는 우정을 쌓는 좋은 만남이 되게 하옵소서. 이기적으로 공부하는 것에만 전전긍긍하는 것이 아니라 배려와 칭찬이 가득한 학급이 될 수 있도록 한 아이 한 아이 서로 노력하게 하셔서 올 한 해 은혜 안에 거하도록 하옵소서. 특별히 소외되는 아이가 없도록 하시고, 나보다 남을 더 낮게 여기는 풍토도 허락하여 주셔서 학교에 가는 발걸음이 가볍게 하옵소서.

진정 다윗과 요나단같이 믿음과 비전, 생각을 주님 안에서 함께 나누고 사랑하는 친구들이 될 수 있도록 주님 함께 하옵소서. 예수님의 이름으로 기도합니다. 아멘.

자녀와 교사와의 관계에 복을 내려 주소서

하나님, 언제나 기도하듯이 우리 자녀에게 만남의 복을 허락하여 주시기를 간구합니다. 특별히 학교에서 교사와의 만남에 큰 복을 더하여 주옵소서. 어린 시절 선생님은 너무나 큰 존재였습니다. 선생님의 칭찬 한마디에 힘을 얻기도 하고, 야단을 맞으면 얼마나 섭섭하고 눈물이 났는지 기억합니다. 주님, 우리 아이도 저처럼 선생님에 대한 기대와 사랑에 대한 목마름이 있을 것인데 하나님께서 관여하여 주시므로 담임 선생님과의 관계를 순적하게 하옵소서.

선생님께 칭찬 받을 때에는 겸손하게 하시고, 자신의 어려움을 잘 토로할 수 있는 인격적 만남이 되게 하옵소서. 훈계를 받아야 할 때는 잘 받아들여 선생님의 전문성과 인격을 믿고 잘 수용하게 하옵소서.

주님, 선생님이 관심을 갖고 아이의 상황에 대해 공감하게 하시고, 선입견이나 편견으로 대하지 않도록 도와주옵소서. 선생님이 가지는 고민에 대해 기도하는 자녀가 되게 하시고 선생님을 도와 학급이 아름답게 경영되도록 주님 도와주옵소서. 예수님의 이름으로 기도합니다. 아멘.

Pray

긍휼 교육을 회복시키소서

모든 영혼을 긍휼히 여기시는 하나님, 우리가 하나님의 부르심에 반응하여 교육의 영역에서 긍휼의 마음을 갖게 하시니 감사합니다. 주님, 자녀들의 학교와 세상은 소외와 억압이 가득합니다. 여러 가지 경쟁의 요소들로 가진 자는 못 가진 자를, 강한 자는 약자를, 갑은 을을 소외시키며 억압합니다. 소외와 억압을 당한 사람들은 분노하기도 하고 때로는 절망하기도 합니다.

하나님, 우리의 교육을 고쳐 주옵소서. 교육의 현장 속에서 자녀들이 지극히 작은 자를 돌볼 줄 아는 긍휼한 사람들이 되게 해 주옵소서. 사랑을 갖고 있는 사람들이 이 세상을 치유할 수 있다는 사실을 알고, 긍휼교육이 회복되게 하옵소서.

긍휼의 시작이 예수님의 사랑임을 알기에, 부모인 우리에게 먼저 그 사랑이 자리 잡기를 소망합니다. 학교의 현장에서 교육을 통하여 사랑의 눈으로 주변을 보고, 돌보는 일을 배우게 하옵소서.

교회가, 우리들의 가정이, 그리고 학교가 다른 사람을 사랑할 수 있는 사람들로 자녀들을 키워낼 수 있도록 노력하게 하옵소서. 예수님의 이름으로 기도합니다. 아멘.

생태 회복교육이 이루어지게 하소서

태초에 천지를 창조하시고 보시기에 심히 좋았다고 말씀하신 하나님, 저희들을 만물의 영장으로서 하나님께서 창조하신 생태계를 귀히 여기라 명하시며 청지기로서의 사명을 주셨는데, 돌보고 사랑하지 못했음을 고백합니다.

하나님, 우리들의 잘못을 용서하여 주옵소서. 그리고 이제부터라도 생태계를 보전하고 아끼는 일에 최선을 다하게 하옵소서. 하나님께서 만드신 세상 안에 아이도 부모도 속해 있고 어우러져 살아가야 함을 잊지 않게 하옵소서. 또한 무엇보다 교육의 현장에서 하나님의 피조세계를 귀히 여기는 교육이 일어나게 해 주시고, 성공과 성장만을 외치는 교육에 진지한 성찰이 있게 하옵소서.

교회와 각 가정이 이 일에 연계할 수 있도록 도와주시고, 학교들도 인류의 미래가 걸린 이 일에 관심을 갖게 하옵소서. 예수님의 이름으로 기도합니다. 아멘.

Pray

하나님의 창조를 보존하는 교육이 되게 하소서

우리를 창조하시고 생육하고 번성하라고 하신 하나님, 하나님의 창조를 저희들이 잘 보존하고 어떻게 그 창조와 더불어 공존할 수 있을지를 고민했어야 했는데, 저희들은 세상의 가치에 잠식되어서 더욱더 크고 높아지고 편해지고 부유해 지는 것에만 초점을 두었습니다. 그 결과 저희들에게 주신 그 아름다운 창조세계가 망가지고 있습니다.

하나님, 우리에게 주신 창조의 질서를 다시 회복시켜 주옵소서. 예수 그리스도 안에서 근본적으로 인생을 새롭게 세워 나가는 믿는 자들을 통하여서 창조세계의 고난과 위기가 다시 회복되게 하옵소서. 교육의 현장에서도 근본적으로 우리들에게 질문을 걸어오시는 예수님의 말씀이 다루어지게 하옵소서.

동시대에 공존케 하신 교회와 가정, 그리고 학교가 우리가 겪고 있는 많은 문제의 답이 되어 줄 하나님의 창조를 회복하는 일에 관심을 두게 하시며, 실제로 그러한 교육과 삶의 변화가(실천이) 이루어지게 하옵소서. 예수님의 이름으로 기도합니다. 아멘.

교육에 대한 시야가 넓어지게 하소서

우리에게 교육의 본을 보여주신 하나님, 우리들의 교육은 주님이 보여주신 교육과는 너무나 다른 궤도에 있습니다. 개인적인 도야와 개인적인 성취에만 집중하는 교육, 신앙마저도 그런 성공을 돕는 도구로 전락할 때가 많습니다.

하나님, 우리의 교육을 고쳐 주옵소서. 주님이 원하시는 사람이 어떤 사람인지 질문할 수 있도록 도와주시고, 잠깐 좋은 교육이 아니라, 자녀들의 긴 인생 여정을 생각하는 교육이 되게 하옵소서. 단순히 공부 잘하는 가치에 초점을 맞추는 교육에서 자녀들이 본래적 자아로 돌아갈 수 있도록 돕는 교육이 되게 하시며, 그 안에서 자녀들은 자신들의 가슴이 뛰는 대로 생을 살도록 돕는 교육이 되게 하옵소서.

교회와 기독학부모의 가정 그리고 학교에서 전인격적인 자녀들의 성숙을 고려해서 교육의 계획을 수립하고, 교육에 임할 수 있도록 주님께서 도우심을 허락하여 주옵소서. 예수님의 이름으로 기도합니다. 아멘.

Pray

공존하는 세상을 가르치는 교육이 되게 하소서

진정한 사랑이 무엇인지 저희들에게 가르쳐 주신 하나님, 사랑은 나의 행복보다는 남이 행복할 수 있도록 스스로 희생도 감수하는 것이라 말씀하셨는데, 저희들은 저희들의 행복을 위해서 남을 희생시킬 때가 많았습니다. 자녀들을 교육하면서도 베푸는 사람이기보다는 손해 보지 않는 사람이 되기를 원했던 것은 아닌지 되돌아봅니다.

하나님, 우리들의 교육에 주님의 자비를 베풀어 주옵소서. 나만 좋으면 그만이라는 식의 논리를 거부하고 다른 사람들과 더불어서 하나님 나라를 함께 만들어, 다음세대를 가르칠 수 있도록 하옵소서. 뿐만 아니라 교회와 가정의 어른들이 자녀들에게 그런 삶의 좋은 모델이 되게 하옵소서.

교회와 기독학부모의 가정 그리고 학교에서 이웃과 더불어 살아가는 훈련과 가르침이 지금보다 더해질 수 있도록 도와주시고, 특별히 자녀들이 가장 많은 시간을 보내는 학교에서 다른 사람들과 평화를 이루며 공존하는 세상을 만들어 나가는 법을 터득할 수 있게 하옵소서. 예수님의 이름으로 기도합니다. 아멘.

기독학부모 기도운동이 확산되게 하소서

우리를 기독학부모로 불러주신 하나님, 우리가 입술로만 기독학부모라 고백하는 것이 아니라 삶을 다해 고백하기를 원합니다. 자녀의 학업과 성품, 신앙교육에 앞서 기도하는 기독학부모가 되게 하옵소서.

매일 매일 우리의 자녀를 위한 기도를 돕는 기독학부모 기도문을 통하여 무릎으로 주님께 나아가게 하시고, 혼자 골방에 들어가 기도하는 것을 넘어 함께 기도하며 교육을 품는 기도의 물꼬를 트게 하옵소서.

이 땅 가운데 기도하는 기독학부모가 많아지기를 소망합니다. 교육의 회복을 위하여, 우리의 자녀들을 위하여, 이 땅의 학교와 교사, 가정을 위하여 함께 기도하는 기독학부모가 많아지게 하옵소서. 교회에서, 학교에서 기도 모임을 시작하게 하옵소서. 바른 가치의 기도제목을 가지고 먼저 하나님 나라와 뜻을 구하는 기독학부모가 되게 하옵소서. 이 땅의 기독학부모들이 주님 안에서 한 마음을 품고 열정을 다하는 기도의 물결이 황폐한 교육의 땅을 넘어 하나님 나라의 교육으로 나아가는 원동력이 되게 하옵소서. 주님께서 행하실 일을 기대하며 예수님의 이름으로 기도합니다. 아멘

Pray

기독학부모운동에 헌신하게 하소서

우리를 기독학부모로 불러주신 하나님, 머리로는 기독학부모운동이 필요하다고 생각하면서도 굳이 내가 하지 않아도 내가 아닌 다른 누군가에 의해서 될 거라는 안일한 생각을 가지고 살았음을 고백합니다. 하나님, 그러나 이 일이 나 자신의 유익을 위한 일이 아니라 오직 이 땅 가운데 하나님 나라를 확장시키기 위한 일임을 고백합니다. 그리고 이제 제가 이 일을 위해 헌신하길 다짐합니다. 나부터 기독학부모로서의 정체성을 확립하여 자녀를 양육하고, 주변의 사람들에게 기독학부모로서의 삶을 전파하며 자녀교육과 학교교육 가운데 건강하게 참여하게 하옵소서. 또한 공동체를 만들어 기독학부모운동의 기틀을 마련하게 하옵소서. 하나님께서 주신 시간, 몸, 재능, 달란트 등으로 이 일에 함께 동역하며 나아갈 수 있도록 우리를 이끌어주옵소서.

이 땅 가운데 열정을 가진 기독학부모들이 연합하여 하나님 보시기에 아름다운 기독학부모운동이 펼쳐지게 하옵소서. 예수님의 이름으로 기도합니다. 아멘.

신문 사역을 통해 기독학부모가 세워지게 하소서

하나님 아버지, 기독교학교교육연구소를 통하여 기독학부모를 세우고자 하는 열심을 갖게 하시니 감사합니다. 이 땅의 부모를 일깨워 기독학부모로 세우고자 하는 기독학부모 사역에 하나님께서 섬세하게 간섭하여 주셔서 교육이 회복되도록 하옵소서.

주님, 많은 사역 중에서 기독학부모 신문을 위해서 기도합니다. 각 교회와 가정으로 발송되는 기독학부모 신문이 기독학부모의 갈증과 궁금증을 풀어내고 위로와 회복을 갖게 하는 소통의 통로가 되게 하옵소서.

기독학부모들의 언론창구로서의 역할을 잘 감당하며 기독학부모들의 고민과 소소한 이야기를 중요하게 여기는 신문이 되게 하옵소서. 편집기자들이 기사를 정성껏 잘 쓰도록 지혜와 명철을 허락하여 주옵소서. 그리고 차후 더 많은 분들에게 발송이 되어 신문에 담긴 하나님의 마음과 뜻이 나누어지고, 신문을 읽는 것에서 함께 이야기를 써 내려가는 동역자들을 세워주시며, 재정적 자립도 허락하여 주옵소서. 예수님의 이름으로 기도합니다. 아멘.

Pray

출판 사역을 통해 기독학부모가 세워지게 하소서

신실하신 하나님, 교육에 대한 수많은 정보와 자료가 이 땅에 너무나
도 많습니다. 그러나 어떠한 것이 주님의 기쁨이 되는 교육인지에 대
해 분별력이 부족하여 기독학부모라고 말은 하면서도 방향을 잡지 못
하여 헤맬 때가 많습니다. 주님, 우리를 긍휼히 여겨주옵소서.

기독교학교교육연구소를 통해 기독학부모들에게 진정한 그리스도인
부모가 되기 위한 새로운 앎과 배움이 일어나는 사역들이 잘 전개되
도록 하여주옵소서. 특히 출판사역을 위해 기도합니다. 이미 여러 많
은 책들을 통해 기독학부모를 세웠듯이 꾸준하고도 깊이 있는 출판
사역에 힘을 주셔서 하나님이 바라시고, 기독학부모의 필요를 채우는
좋은 책과 자료들이 나오게 하여주옵소서. 출판사역을 통하여 더 많
은 기독학부모가 세워지게 하시고, 재교육이 일어나며, 더 나아가 기
독학부모운동으로 펼쳐가게 하옵소서. 이 모든 사역의 주관자가 성령
하나님이 되길 소망하며 예수님의 이름으로 기도합니다. 아멘.

헌신하는 사람들을 통해 기독학부모가 세워지게 하소서

기독학부모를 이 시대 교육을 회복시킬 귀한 희망의 주체로 인식하게 하신 하나님, 정말 감사합니다. 기독학부모들을 세우고자 마음을 쏟는 기독교학교교육연구소에 은혜를 더하여 주옵소서.

연구원들이 교육의 길에 하나님 나라가 확장되는 비전을 온전하게 펼치도록 지혜와 명철, 강건함을 허락하여 주옵소서. 기독학부모운동의 일선에서 교육과 세미나, 연구와 행사 등에 마음과 정성을 쏟을 때 지치지 말게 하시고 소명 받은 자로서 기쁘고 즐겁게 이 일에 헌신하게 하옵소서.

기독학부모를 세우는 가운데 좌절하거나 낙망할 때가 있을지라도, 주님 이 일에 한마음이 되어 동역할 이들이 일어나서 건전한 기독학부모운동, 하나님이 기뻐하시는 기독학부모운동이 아름답게 펼쳐지게 하옵소서.

기독학부모가 거대한 교육의 시류 가운데에서 믿음의 길을 걸으며 교육 회복운동의 주체자로 살아갈 수 있도록 돕고 지원하는 방파제의 역할을 감당할 수 있기를 원합니다. 그 비밀을 깨닫고 그 비전을 소명으로 확신하는 일꾼이 내가 되고, 우리 가정이 되고, 우리 교회가 되게 하옵소서. 예수님의 이름으로 기도합니다. 아멘.

Pray

오래 참는 부모 되게 하소서

오늘도 우리를 참으시고, 잃어버린 영혼을 기다리시는 하나님, 감사합니다. 지금까지도 나를 기다려주시는 은혜를 받은 자임에도 자녀를 양육하면서 아이의 생각과 속도를 기다려 주지 못하고 오래참지 못하며 나의 기준을 앞세웠음을 고백합니다. 자녀가 하나님의 사람으로 자라나도록, 올바른 길로 갈 수 있도록 안내하는 청지기로서 인내하지 못하는 저의 연약함을 용서하여 주옵소서.

예수님께서 죄의 길로 가는 우리를 쉽게 포기하지 않으시고 끝까지 기다리심 같이 자녀의 실수와 어리숙함에 아이를 단정 짓고, 쉽게 결정하고, 내 뜻에 맞게 양육방식을 정하지 않도록 도와주옵소서. 우리 안에 조급함과 불안, 실타래처럼 얽힌 감정들이 올라올 때마다 하나님께서 우리 안에 오래 참음의 옷을 입혀주셨음을 기억하며 아이가 하나님이 창조하신 고유한 색깔대로 자신의 삶을 향유하며 하나님 나라를 이룰 수 있도록 길게 인내하며 바라보는 부모가 되게 하옵소서. 그리하여 더욱 온전한 사랑으로 자녀를 양육하는 자리로 나아가게 하옵소서. 예수님의 이름으로 기도합니다. 아멘.

온유한 부모 되게 하소서

범죄한 아담과 하와에게 따뜻한 가죽옷을 지어 입히시고, 살인자 가인에게 표를 주어 보호해주신 하나님, 출애굽한 백성들을 불기둥과 구름 기둥으로 인도하시고 만나와 메추라기를 내려주신 하나님, 이스라엘 백성들은 늘 하나님께 불평하고 불편을 끼쳤지만, 하나님은 친절과 선을 베풀어 주셨습니다.

하나님, 자녀를 사랑한다는 것은 이처럼 수동적인 사랑을 넘어서 때론 자녀가 우리의 마음을 상하게 하는 일이 있더라도, 늘 친절과 선을 베푸는 능동적인 행동임을 기억하게 하옵소서.

괴롭고 고통스러운 일이 있더라도, 그 때문에 분노하고 마음이 불같이 일어나 거친 태도를 보이는 것이 아니라, 오히려 더욱 낮아진 마음과 겸손한 자세로 평온함을 잃지 않게 하옵소서.

친절하지 않은 인생의 순간들을 만나 마음이 일그러진 자녀에게 따뜻하고 친절하며 넉넉한 품을 내어주는 부모가 되어 그들로 하나님의 더 넓고 크신 품을 경험하게 하옵소서. 예수님의 이름으로 기도합니다. 아멘.

Pray

시기하지 않는 부모 되게 하소서

사랑의 하나님, 처음 사람이 범죄하던 순간에 뱀이 하와에게 불러일으켰던 '하나님과 같이 될 것이다'라는 유혹에 오늘도 몸부림치는 우리를 긍휼히 여겨주옵소서.

형 에서의 장자의 명분을 탐내다가 모두를 속여 험난한 세월을 보낸 야곱의 삶과, 요셉에 대한 형들의 시기심은 형제에게 해를 가하고 부모를 속이는 죄로 이어졌음을 보여주셨지만 오늘도 우리는 그로 인해 나의 인생 뿐 아니라 공동체를 불행하게 만들며 살아갑니다.

하나님, 뼈를 썩게 하는 시기의 괴로움으로부터 우리를 지키시고 사랑을 위해 시기를 경계하는 부모가 되게 하옵소서. 끝없는 욕심으로 우리 자녀들을 비교하며 질투하는 마음을 경계하게 하시고, 자녀들 스스로도 다른 아이들과 비교하며 부러워하고 갖지 못한 것을 갖고자 하는 욕심으로부터 지켜주시기를 원합니다.

그리하여 우리가 받은 족한 은혜와 감사를 매일 매순간 고백하며 시기 없는 사랑으로 살아가는 즐겁고 복된 인생이 되게 하옵소서. 예수님의 이름으로 기도합니다. 아멘.

자랑하지 않는 부모 되게 하소서

풀꽃만의 아름다움을 허락하신 하나님, 때로 우리가 내가 가진 것에 만족하지 못하고 다른 옷을 입히고, 포장하는 것으로 자랑의 가면을 쓰고 살아감을 아시지요. 하나님, 자신을 "이스라엘 지파의 가장 작은 지파 베냐민 사람"이며 베냐민 지파 모든 가족 중에 가장 미약하다고 여겼던 사울에게 그것이 열등감이 되어 비교와 질투 속에 범죄한 왕으로 전락해버렸음을 생각할 때, 하나님께서 원하시는 사랑은 자신을 누군가와 비교하지 않고, 내게 주어진 것을 인정하며, 하나님의 은혜에 자족하는 것이 되어야 함을 믿습니다.

하나님, 그렇게 자녀를 있는 그대로 인정하고 사랑하게 하옵소서. 그리고 그 이전에 기독학부모인 내 자신부터 인정하고 사랑해주며 하나님의 은혜로 일어서게 하옵소서. 이를 통하여 "나는 사도 중에 가장 작은 자라…내가 한 것이 아니요 오직 나와 함께 하신 하나님의 은혜로라(고전15:9-10)"는 사도 바울의 고백이 나의 고백이 되어 자랑하지 아니하는 온전한 사랑의 열매를 날마다 맺게 하옵소서. 예수님의 이름으로 기도합니다. 아멘.

Pray

교만하지 않는 부모 되게 하소서

사랑의 하나님, 하나님께서 우리를 기독학부모로 부르셨을 때, 우리에게 자녀를 맡겨주셨을 때, 늘 마음 다해 이 자녀를 사랑하리라 다짐했었습니다. 자녀를 맡기신 하나님의 뜻대로 자녀를 기르기를 소원했습니다.

하나님 아버지 그러나 자녀와 함께 하다보면 하나님의 뜻이 잘 들리지 않을 때가 있습니다. 자녀를 있는 모습 그대로 인정하지 못하고 낮게 여기며 내가 가진 생각, 방식, 가치가 옳다고 여기며 내세웠음을 고백하오니 용서하여 주옵소서.

주여 구하오니 자녀양육의 자리에서 교만하지 않은 부모가 되게 하옵소서. 하나님께서 삼손의 부모, 마노아 부부에게 자녀를 약속하셨을 때 그들이 "이 아이를 어떻게 기르며 우리가 어떻게 행하오리이까"(삿 13:12) 라고 물으며 하나님의 뜻을 겸손히 구한 것처럼, 어리숙한 우리이지만 주님이 청지기로 불러주셨으니 하나님의 방법과 기준을 알게 하시기를 간구합니다. 교만을 버리고 주님의 말씀대로 되기를 원하는 사랑으로 자녀에게 와닿게 하옵소서. 예수님의 이름으로 기도합니다. 아멘.

무례히 행하지 않는 부모 되게 하소서

하나님 아버지, 자신에게 무례한 이를 끝까지 사랑하셨던 예수님의 삶 속에서 사랑을 묵상하게 하시니 감사합니다. 예수님을 판 가룟유다와 예수님을 모른다고 세 번이나 부인한 제자 베드로까지도 끝까지 사랑하셨던 예수님의 모습을 기억하며 우리도 이런 사랑을 행하는 기독학부모가 되기를 원합니다.

아이의 자존감을 높이기 위해 갖은 애를 쓰면서도 종종 아이에게 모멸감을 주는 언행을 하는 이율배반적인 태도를 취했고, 아이가 잘되기를 바라면서도, 마음과 몸을 상하게 하는 말과 행동을 해왔던 부끄러운 모습들을 용서하여 주옵소서.

가까운 사이일수록 편하고 좋은 사이일수록 예의를 지키며 '상대방이 좋아하는 그것'을 한번 더 떠올릴 수 있는 선한 마음을 주시어서 '내'가 먼저이기보다 '상대방'을 먼저 배려하고 존중하기를 원합니다.

또한 내 아이가 귀하니 다른 아이도 귀하고, 내 아이의 자존감만이 아니라 다른 아이의 인격과 삶도 존중하고 배려해주며, 내가 예의를 갖추고 사랑해야 할 이들이 누구인지를 믿음의 눈으로 보고 행할 수 있는 기독학부모로서의 삶을 살아가게 하옵소서. 예수님의 이름으로 기도합니다. 아멘.

Pray

자기의 유익을 구하지 않는 부모 되게 하소서

아들을 내어주는 희생으로 우리를 사랑하신 하나님, 오늘 우리가 '나만 아니면 돼'라는 생각과 모습으로 하나님 앞에 서 있는 것은 아닌지 돌아봅니다. 자녀를 사랑하기 위해 기꺼이 나의 것을 내어주며 자녀에게 나의 유익을 구하지 않은 적은 많지만, 그 시선이 '내 자녀'에게만 머물러 다른 사람을 불편하게 한 적은 없었는지 돌아봅니다.

하나님 아버지, '내 아이'만이 아니라 '우리 아이들'의 행복을 함께 추구하는 사랑을 하게 하옵소서. 먼저는 나의 아이를 있는 그대로 존중하고 배려하는 사랑을 배우게 하셔서 부모인 나의 욕심과 생각을 아이에게 투영하지 않으며 그로 인해 아이가 진정한 행복을 찾을 수 있게 되기를 원합니다. 또한 '내 아이'만이 아닌 '우리 아이들'을 존중하고 배려하는 사랑을 배우기를 원합니다. 내 아이만 아니면 된다는 식의 사고와 욕심을 투영하지 않고, 그로 인해 우리 아이들이 진정한 행복을 찾을 수 있는 사회와 문화를 만들어내는 사랑의 길로 나아가게 하옵소서. 내 아이가 가진 진주 같은 모습을 다른 아이들 속에서도 발견할 수 있는, 세상의 중심에 '우리 아이'를 외치는 기독학부모가 되기를 소망하오며 예수님의 이름으로 기도합니다. 아멘.

한 해 동안 내려주신 은혜와 결실에 감사하게 하소서

가을의 결실을 보게 하시는 하나님 감사합니다. 하나님의 인도하심으로 가정이 여호와를 경외하게 하시고, 여기까지 자라게 하시니 감사드립니다. 올해가 시작되고 지금까지 사회에서, 나라에서, 가정에서 참 많은 일들이 일어났지만 세상 풍조에 휩쓸리지 않고 가정의 주인 되신 하나님을 따르고자 애쓴 저희를 기억하옵소서.

하나님께서 허락하신 가정과 자녀가 한 해 동안 풍성한 은혜 아래 자라게 하시니 감사합니다. 돌이켜 보니 식구들이 어렵고 힘든 일을 겪을 때도 있었고, 감사하고 행복한 일을 겪을 때도 있었음을 고백합니다. 되돌아보니 걸어온 이 길이 은혜 아닌 것이 없음을 고백합니다. 특별히, 부모와 자녀와의 관계가 더욱더 끈끈해지고, 기도로 자녀를 중보하는 한 해가 되게 하여 주심에 감사를 드립니다.

지금까지 가정을 이끌어 주신 하나님께서 우리 삶의 여정과 자녀의 앞길에도 동일하게 함께 하여 주옵소서. 하나님의 은혜와 섭리를 기대하며 걸어가는 가정이 되게 하옵소서. 예수님의 이름으로 기도합니다. 아멘.

Pray

민족 고유의 명절, 추석에 드리는 기도

우리에게 고유의 명절 추석을 허락해 주신 하나님, 감사합니다. 예부터 전해져 온 큰 날, 흩어진 각 가정들이 하나님을 기억하며 모이기를 소망합니다. 이스라엘 백성들이 보리를 거두며 먹이시고 입히시는 하나님을 기억하고 감사하며 맥추절을 지킨 것처럼 우리도 한 해 동안 먹이시고 입히신 하나님의 은혜를 기억하기를 원합니다.

가족이 함께 모여 단순히 먹고 마시며 즐기는 것에 그치지 말게 하시고, 삶의 이야기와 함께 하신 하나님의 은혜를 나누며 감사하는 시간이 되게 하옵소서. 또한 명절은 어떤 이에게는 생각만 해도 즐겁고 행복한 절기이며, 또 어떤 이에게는 한 없이 외로운 날이기도 합니다. 기쁨과 행복을 함께 나누는 가정에도, 또 혼자 명절을 보내는 가정에도 동일한 은혜로 이 날을 채워주시기를 소망합니다.

하나님께서 우리 민족에게 추석이란 명절을 허락하심에 감사하며, 이웃과 함께 그 은혜를 나누는 절기가 되게 하옵소서. 예수님의 이름으로 기도합니다. 아멘.

가족이 진정한 신앙 공동체를 형성하게 하소서

우리 가족을 하나님의 백성으로 삼아 주신 하나님, 감사합니다. 가정이 하나님께서 만들어 주신 공동체임을 믿고 고백합니다. 명절을 맞이하여 흩어졌던 가정이 한 공동체로 모일 수 있는 시간을 허락하여 주심도 감사를 드립니다.

명절을 맞이하여 가정이 모였을 때, 이제는 신앙공동체로서 예배를 드리며 다시 한 번 하나님을 각 가정의 주인으로 모시는 시간을 갖게 하옵소서. 함께 모인 친인척이 단순한 혈연의 관계를 넘어 성령으로 교통하는 관계로 발전할 수 있기를 원합니다. 하나님의 사랑으로 서로를 섬기며, 격려하며, 한 몸을 이루는 지체 된 식구들을 위해 중보하는 신앙공동체가 되게 하옵소서.

그리하여 각 가정으로부터, 이제로부터 시작된 은혜의 단비가 자녀에게, 그리고 자녀의 자녀에게 흘러가게 하옵소서. 은혜의 대 잇기가 이루어지는 신앙공동체가 되게 하옵소서. 하나님의 교회로서 세워주신 가정을 주심에 감사하며 예수님의 이름으로 기도합니다. 아멘.

10월의 기도

주님, 이 땅의 모든 아이의 부모된 기독학부모로서
아이의 학교와 둘러싼 모든 관계에 관심을 가지길 원합니다.
학교와 함께하는 기독학부모의 바른 역할을 알고,
이 땅의 학교 교육 가운데 변혁이 이루어지길 소망합니다.
변혁을 꿈꾸며 기도 가운데 나아갑니다.

학교 공동체 회복을
꿈꾸는 시간

Pray

10월 첫날의 기도

더 높은 하늘과 깊어 가는 가을을 창조하신 하나님,
국화꽃이 만발하고 코스모스가 한들거리는 들판에
하나님께서 가꿔 주신 열매가 가득합니다.
주님의 은혜로 수확의 때를 맞이한 10월에도
우리를 향한 주님의 사랑은 하늘같이 높고
우리를 구원하신 그 은혜는 더욱 깊어지길 소원합니다.
맑은 날이 지속되고 자연을 벗하기 좋은 가을날,
하늘을 바라보며 주님을 묵상하고,
주님의 창조섭리와 은혜에 더욱 감사하는
저와 우리 가정, 우리 민족이 될 수 있도록 하옵소서.

하나님, 여전히 교육의 영역에서 불거져 나오는 여러 아픔과
애통의 소리, 안타까운 질책과 날카로운 지적이 가득합니다.
그 속에서 하나님이 그토록 원하시는 교육이 일어나게 하시고
바른 기틀을 확립하는 십자가의 정신으로 알곡이 되고,
썩어져 가는 밀알로서 선한 역할을 감당하는
교회와 믿음의 그리스도인이 많아지게 하옵소서.

여름철 이야기를 고스란히 안고 직면하면서
생명을 잇고 속을 채운 열매처럼
풍파 많은 교육 속에서 말할 수 없는 하나님의 사랑과 은혜로
주님이 원하시는 교육의 알곡이 채워지게 하옵소서.
예수님의 이름으로 기도합니다. 아멘.

우리나라를 향한 하나님의 뜻을 발견하게 하소서

분명한 목적과 기대를 가지고 지금도 일하시는 섭리의 하나님, 우리
나라를 향하신 그 뜻을 우리가 주님의 섭리 가운데 깨달아 알기를 원
합니다. 그래서 우리 개인을 향한 하나님의 뜻과 소명에 국한된 신앙
의 모습을 넘어, 시대적 사명을 깨달아 주님께 순종하며 헌신하기를
소원합니다.

우리나라와 사회에 기대하는 하나님의 뜻이 무엇인지 묻고 응답하기
위해 교육적인 헌신과 노력이 더욱 알차게 진행되게 하옵소서. 우리
나라의 미래가 어떻게 되어야 할지, 우리나라의 장래를 주님 앞에서
분별하게 하옵소서.

독보적 기술과 가능성이 있는 나라이기는 하지만 높은 자살률, 흡연
율 및 낙태율, 학벌지상주의로 인한 사교육 고통 및 어린이와 청소년
의 행복지수가 가장 낮은 현실들 속에서 아픔을 느낍니다.

하나님, 이 땅 백성이 겸손히 기도하고 겸비할 때에 응답하시고 갈 길
을 밝히 보여주실 것을 신뢰하오니 국가의 미래 전망과 도약을 위한
방향과 방법을 교육적 큰 그릇 가운데서 살펴보게 하옵소서. 예수님
의 이름으로 기도합니다. 아멘.

Pray

개천절에 드리는 기도

세상을 창조하시고 각 나라를 조성하신 하나님, 오늘은 우리나라 국
경일인 개천절입니다. 지금까지 지켜주시고 인도해주신 이 나라가 하
나님께 영광 돌리는 거룩한 나라가 되기를 원합니다.

하나님, 이 날에는 나라 곳곳에서 태극기를 달고 개천절 경축식과 만
세삼창을 하며 민족의 자긍심을 높입니다. 특별히 개천절은 민족의
뿌리와 출발을 단군으로 고백하고, 그의 뜻을 새기고 있으니 참으로
안타깝습니다. 우리나라를 여시고 돌보시는 참 주인이신 하나님을 기
억하지 못하는 이 민족에게 긍휼을 베풀어 주옵소서.

개천절뿐 아니라 우리나라 사회 깊숙이 자리 잡고 있는 여러 신화들,
그리고 제사와 고사를 조장하는 여러 문화 속에서 바른 교육의 길을
모색할 수 있도록 도와주옵소서. 하나님께서 기뻐하시는 교육을 통하
여 망령되고 허탄한 신화를 버리게 하시고 오직 여호와 한 분만을 경
외하는 우리 민족, 우리나라가 되게 하옵소서. 우리나라를 돌보시고
지켜주시는 예수님의 이름으로 기도합니다. 아멘.

자녀가 시험에 대한 바른 가치관을 갖게 하소서

자녀들에게 공부할 수 있는 기회와 지혜를 주신 하나님, 감사합니다. 학교와 학원에서 시험을 자주 치르는 자녀가 바르고 건강한 가치관으로 시험을 대면하기를 원합니다. 스스로 공부한 부분을 평가하고, 부족한 과목을 향상시키기 위한 시험이 열등감이나 우월감, 경쟁의식을 낳지 않게 하옵소서.

매번 시험을 대할 때마다 혹여나 성적에 대한 두려움이 있다면 물리쳐 주시고, 성적이 곧 아이의 가치를 판단하는 기준이 아님을 부모인 저와 자녀가 알게 하옵소서. 또한 시험을 통하여 자신의 부족한 부분을 긍정적으로 바라볼 수 있는 자세를 주옵소서. 또래와의 경쟁의식에 사로잡히기보다는 서로 합력하고 공존하는 관계를 배우는 기회로 삼게 하옵소서. 자녀들이 교육의 현장에서 시험을 통하여 정직, 인내, 절제를 배우는 시간이 되게 하옵소서.

다음세대를 이어갈 자녀들이 시험을 하나님께서 주신 삶에 단계로 알고 기도로 준비할 수 있게 하옵소서. 시험이 인생의 한부분이며 하나님께서 허락한 한 순간임을 알고 용기를 가지고 임하게 하옵소서. 예수님의 이름으로 기도합니다. 아멘.

Pray

중간고사를 앞 둔 자녀를 기억하소서

살아계신 하나님, 중간고사를 앞 둔 자녀들을 위해 기도합니다. 새로운 학기 동안 자녀를 지켜주시고, 학업 가운데 지혜와 지식이 성장하게 하여 주심에 감사를 드립니다. 자녀가 중간고사를 충실히 준비하게 하옵소서. 하나님께서 주신 지혜로 배운 것을 잘 정리하고 어려운 문제들을 잘 풀어갈 수 있는 집중력도 허락하여 주옵소서. 중간고사 준비하며 충분한 잠을 허락하셔서 머리가 맑아지게 하시고 시험 보는 당일에 평안한 마음을 허락하여주셔서 침착하고 차분하게 시험을 볼 수 있게 하옵소서.

시험 문제를 잘 읽어 핵심을 정확하게 파악하고 자신이 준비한 것을 기억해 내서 답을 써 나가게 해 주시고 자녀들이 시험 치르는 마지막 시간까지 포기하지 않고 최선을 다하게 하옵소서.

무엇보다 중간고사를 통하여 자신의 부족한 부분과 역량을 발견하게 하시고, 기쁨으로 그것들을 채울 수 있는 믿음 또한 허락하여 주옵소서. 자녀가 준비한 노력에 최선의 결과가 나오도록 인도하시는 예수님의 이름으로 기도합니다. 아멘.

시험에 대해 부모가 건강한 가치와 태도를 갖게 하소서

최고의 선물을 자녀로 주신 하나님, 하나님께서 주신 믿음의 자녀가 아름답게 자라나 시험을 맞이하게 되었습니다. 시험을 마주하는 우리가 세상의 많은 부모들과 같은 방법과 기준으로 자녀를 대하지 않게 하옵소서. 믿음의 부모 된 우리는 시험에 대해 구별된 기준과 방법을 가지기를 원합니다.

무엇보다 결과만 좋으면 어떠한 방법을 써도 상관없다는 식의 가치관으로 자녀를 가르치지 말게 하시고, 자녀가 정직하고 바르게 시험을 대하며 준비하는 과정 가운데서도 성실과 충실함으로 나아가도록 돕는 조력자가 되게 하옵소서.

주변에서 들리는 수많은 소리에 자녀를 비교하지 않게 하시고 시험이 자녀의 인생의 한 관문이며 자라나는 과정임을 겸허히 받아들이는 부모되게 하옵소서. 하나님께서 우리를 믿고 신뢰하시듯 우리 역시 자녀들을 신뢰하며 그들의 든든한 버팀목이 될 수 있도록 부모인 우리가 먼저 성장하고 자라게 하옵소서. 예수님의 이름으로 기도합니다. 아멘.

Pray

시험 이후 자녀가 올바른 태도를 갖게 하소서

중간고사도 잘 마치게 하신 하나님 감사합니다. 시험을 준비하며 자녀가 받은 많은 중압감과 스트레스가 있는 줄 압니다. 해방감에 잡힌 자녀가 잘못된 방법으로 스트레스를 해소하고 분출하지 않기를 원합니다. 건강한 방법으로 스트레스를 털어내게 하시고, 가벼운 마음으로 결과를 기다릴 수 있는 여유를 허락해 주옵소서.

시험이라는 것이 결과로 평가받다보니 자녀가 시험결과를 곧 자신이라고 생각할까 염려됩니다. 결과를 통해 자신의 부족함을 볼 수 있도록 해 주시고, 결과에 대한 바른 진단을 통해 한 걸음 두 걸음 더 앞으로 나아갈 수 있는 성숙한 모습을 허락하여 주옵소서. 혹시라도 좋지 않은 결과가 나오더라도 분노하거나 좌절하는 것이 아니라 더 좋은 방향으로 전환하는 우리가 되게 하옵소서.

모든 결과는 하나님께 있고 모든 시험을 통해 하나님께서는 우리를 더 성장시키실 것을 믿음으로 고백합니다. 하나님께서 우리를 이끄심을 신뢰하며 결과에 연연하지 않고 하나님과 동행하는 과정에 초점을 맞추게 하옵소서. 예수님의 이름으로 기도합니다. 아멘.

성숙한 시민을 기르는 교육이 이루어지게 하소서

애굽의 노예들을 이끌어 성숙한 하나님의 백성으로 만들기 위해 말씀과 훈련으로 양육하신 하나님, 이 땅의 모든 형태의 학교를 통해 하나님이 지으신 세상을 바르게 섬기는 성숙한 시민이 길러지기를 간구합니다.

이 땅의 교육이 개인의 도야와 성취를 지향하는 수준에 그치지 않고, 사회와 나라를 사랑할 뿐만 아니라 그 사랑을 행동과 실천으로 펼쳐가는 성숙한 시민을 길러내는 수준에 이르게 하옵소서. 교육을 통해 자신의 권리는 물론이고 세상을 향한 책임과 역할, 의무도 마땅히 감당할 줄 아는 건강한 시민들이 만들어지게 하옵소서.

성숙한 시민으로 길러진 자녀들을 통해 사회와 나라의 온갖 문제가 해결되며, 죄와 악에 대한 무감각이 하나님 나라의 거룩함으로 회복되게 하옵소서. 자녀들을 통해 이 사회의 거짓과 악에 복종하던 것들이 도전받고 변화되게 하옵소서. 개인과 가족, 이해집단 수준의 이익과 욕심을 추구하는 어리석음이 바뀌어 나라와 사회, 교회 모든 곳에서 그 책임과 의무를 다하는 성숙이 이루어지게 하옵소서. 예수님의 이름으로 기도합니다. 아멘.

Pray

한글날에 드리는 기도

우리에게 한글을 허락하신 하나님, 감사합니다. 말과 뜻이 서로 맞지
않아 어려움에 처해 있는 백성들을 불쌍히 여기는 마음으로 만들어진
한글이 하나님의 사랑이 전달되는 통로가 되기를 원합니다. 한글로
기록된 하나님 말씀을 읽을 때마다 사랑을 깨닫고 하나님과 소통하는
놀라운 역사가 일어나게 하옵소서.

우리에게 정의의 한글을 허락하신 하나님, 가난하고 차별받으며 배움
의 기회를 빼앗기고 소외당하던 사회적 약자들이 한글을 통해 삶의
기회와 의미를 찾았고 그 뜻을 펼칠 수 있었습니다. 이제는 한글을 통
해 세상을 사랑하시는 하나님의 뜻이 땅 끝까지 전파되어 모든 억압
과 차별 속에서 고통당하는 하나님의 자녀들이 소망을 갖고 살아가게
하옵소서.

우리에게 창조의 한글을 허락하신 하나님, 우리 민족의 고유 발성법
을 과학적으로 분석하여 그 의미를 새겨 만들어 낸 최고의 언어를 허
락하셨습니다. 이런 한글을 사용하는 사람마다 하나님의 창조의 능력
을 회복하게 하시고, 우주 만물 속에 감추어진 하나님의 능력과 신성
을 발견하는 창조적 백성이 되게 하옵소서. 예수님의 이름으로 기도
합니다. 아멘

파괴된 언어를 회복시키소서

말씀으로 이 세상을 창조하신 하나님, 하나님 형상으로 지어진 우리들에게도 말을 통한 권세를 주셨음을 믿습니다. 각 민족에게 주신 언어로 생각과 뜻을 서로 나누며 살아가고 있음에 감사드립니다.

우리는 사랑하는 사람의 말 한마디에 삶의 의미를 찾고, 소망을 주는 말 한마디에 온갖 어려움을 참고 인내할 수 있으며, 믿음을 주는 말 한마디에 모든 역경을 이겨 내는 놀라운 역사를 체험하며 살아갑니다.

그러나 주님, 하나님이 주신 축복의 통로인 언어를 바르게 사용하지 못할 때가 있음을 고백합니다. 다른 사람에게 우리의 뜻을 바르게 전달하지 못하여 소통을 단절시켰고, 거친 말로 다른 사람의 마음에 상처를 주었으며, 거짓된 말로 상대방의 믿음을 무너뜨리며 살아가고 있는 우리들을 불쌍히 여기사 사랑의 언어 능력을 깨닫게 하시고 하나님께서 주신 말씀의 능력을 회복하게 하옵소서.

생명의 근원이 마음에서 나온다는 말씀을 따라, 우리 언어의 근원인 마음을 항상 정결하게 지키게 하옵소서. 하나님 말씀의 능력이 전달되는 통로가 되게 하옵소서. 예수님 이름으로 기도합니다. 아멘.

11일

학교의 교장, 교감 선생님을 기억하소서

하나님, 자녀의 학교 교장, 교감 선생님을 위해 기도하오니, 은혜로 붙들어 주옵소서. 오랫동안 교직에서 정성을 쏟다가 이제 행정가로서 학교의 형편을 넓게 보고 방향을 잡는 귀한 역할을 하시는 교장, 교감 선생님이 각각의 역할을 잘 감당하도록 도와주옵소서. 이분들을 통해 이루고자 하시는 은혜와 하나님의 섭리를 기대합니다. 한 해 동안 교장, 교감 선생님의 섬김을 통해 아름다운 학교공동체가 세워지게 하옵소서.

교장과 교육공무직원이, 교장과 교사가, 교장과 학부모가, 교장과 일선 교육청이 잘 소통하고 배려하여 교육적으로 옳고 바름을 분별하게 하시고 마음을 합하여 학교를 운영하는 데 부족함이 없게 하옵소서.

행정가로서 규모 있게 학교를 운영하여, 재정적 투명성을 지키고 이로 인해 신뢰받는 학교 공동체가 되게 하옵소서. 교장, 교감의 역할을 감당할 때 외롭거나 지치지 않도록 돕는 이들을 보내주옵소서. 공경받는 학교의 어른으로 묵묵히 그 일을 감당하게 하옵소서. 예수님의 이름으로 기도합니다. 아멘.

Pray

이 땅의 교사를 기억하소서

참 좋으신 하나님 아버지, 이 땅의 교사들을 주님의 사랑 가운데 돌보아 주옵소서. 어려운 공부를 잘 마치고 학교 현장으로 부름을 받아 일하게 된 교사들이 소명감을 가지고 섰습니다. 학생들을 가르치는 현장에서 좌절할 때마다 포기하지 않고 일어날 수 있는 소망을 주옵소서. 또한 하나님을 경외하게 하셔서 두려운 마음으로 스승의 자리에 서게 하시고, 학문함의 기쁨과 사랑이라는 변함없는 가치를 가지고 교단에 서게 하옵소서.

교사들의 교권이 날로 추락하고 있는 안타까운 현실 속에서 교사들이 교사 됨의 역할을 충실히 감당하게 하시고 귀한 삶의 모범이 되게 하옵소서. 올바른 지식을 전수하되 인격적 가르침이 되게 하시고 참된 사랑을 전하되 넘치거나 부족함이 없도록 하옵소서. 기독학부모인 우리도, 자녀도 교사를 존중하고 사랑함으로 대하게 하옵소서.

특별히 학교에 계시는 기독 교사들을 깨워주셔서 학교 풍토를 기독교적으로 세우는 일에 헌신하게 하시고 예수님의 마음을 품고 예수님의 가르침을 닮게 하옵소서. 예수님의 이름으로 기도합니다. 아멘.

Pray

자녀가 기독학생의 정체성을 갖게 하소서

이 시간, 우리 자녀를 위해 기도하오니 응답하여 주옵소서. 특별히 자녀가 학생으로서 건강한 정체성을 갖기를 원합니다. 아이가 학교에서 어떻게 생활하는지 어떤 불편함이 있는지 알고 싶은 것이 참으로 많이 있으나 모두 헤아리지 못함을 고백합니다. 자녀가 학교에서 혼자 좌절하지 않도록, 학교생활 가운데 어려움이 없도록 도우시고 승리를 주시는 하나님께서 감찰하여 주시고 돌보아 주옵소서.

자녀가 학교에서 믿음을 가진 신실한 자녀로 생활하게 하옵소서. 가정에서와 교회에서가 다른 모습이 아니라 신실하신 주님을 믿는 믿음을 가진, 기독 학생으로 살아가도록 하옵소서. 그래서 기독 학생으로 살아가기 위해 감수해야 할 불편과 어려움을 만날 때에도 주님 안에서 담대하게 신앙 가운데 거하도록 지켜주옵소서.

공부하는 목적이 주님 안에서 분명한 자녀, 믿음이 없는 친구에게 복음을 전하는 자녀, 학급을 잘 섬기는 믿음의 자녀로 살아가도록 용기와 지혜를 주셔서 자녀를 통해 학급공동체가 은혜 안에 거하도록 하옵소서. 예수님의 이름으로 기도합니다. 아멘.

교사와 학생 간의 관계를 회복시키소서

학교 공동체를 통하여 교육의 회복을 꿈꾸시는 하나님, 교사와 학생과의 아름다운 관계가 주님 안에서 바로 세워지길 원하오니 비뚤어지고 어긋나 있는 교사와 학생 간의 관계를 회복시켜 주옵소서.

교사가 학생을 사랑하지 않고 학생은 교사를 존경하지 않는 학교의 분위기가 바뀌기를 원합니다.

교사가 영성과 전문성뿐 아니라 소명의식을 지니고 교육현장에서 섬길 수 있도록 도와주옵소서. 학생을 무관심으로 대하거나, 성적이나 능력으로 평가하지 않게 하시고 학생 개개인을 존중하며 관심과 애정으로 가르치게 하옵소서. 또한 학생은 교사를 존경하는 마음으로 교과목에 대한 지도를 받게 하시며, 삶의 여정 가운데 만나는 귀한 멘토요 선배로 교사의 삶을 본받게 하옵소서.

교사와 학생이 주님이 엮어 주시는 믿음과 신뢰로서 학교현장을 끈끈한 사랑의 공동체로 만들기를 소망합니다. 그리하여 교사의 교직생활이 자녀의 학교생활이 기쁨과 웃음이 넘치는 시간이 되기를 원합니다. 예수님의 이름으로 기도합니다. 아멘.

Pray

교사와 학부모 간의 관계를 회복시키소서

자녀에게 있어 가장 중요한 교육 주체로 세우신 교사와 학부모의 관계성 회복을 위해 기도합니다.

교사와 학부모는 자녀들의 온전한 교육을 위해서 머리를 맞대고 함께 노력하며 나아가야 할 동역자임에도 불구하고, 때로 불신과 반목의 어려움이 있음을 고백합니다. 교사에게는 학부모가 동역자로서 그 이야기에 귀 기울일 수 있는 존재가 되지 못하고, 학부모는 교사를 존중하지 않으며 내 자녀만을 생각하는 이기적인 모습을 가질 때가 많이 있습니다.

이제는 교사와 학부모가 바른 교육의 길을 향해 깊은 신뢰를 가지고 함께 가는 동역자가 될 수 있도록 인도하여 주옵소서. 학부모는 자녀를 지도하는 교사의 이야기에 귀 기울이게 하시고, 교사가 자녀를 잘 이해할 수 있도록 가정에서의 모습을 겸손히 말하게 하옵소서. 또한 교사는 학부모에게 도움을 구하는 것을 어려워 않으며 마음을 다해 학생을 지도하며 학부모의 말에 귀를 기울이게 하옵소서.

교사와 학부모가 서로 존중하며 협력하는 교육공동체가 될 수 있도록 서로를 향한 신뢰를 회복시켜 주옵소서. 예수님의 이름으로 기도합니다. 아멘.

교사와 교사 간의 관계를 회복시키소서

교사공동체를 만들어 주신 하나님, 학교 공동체를 이루는 학교에서의 공동체 회복을 위해 기도하면서 교사 간의 관계성 회복을 위해 기도합니다. 학교가 공동체로 서기 위해서 가장 먼저 해야 할 것은 교사 안에 건강한 관계를 세우는 것임이 분명한데, 서로 간의 인격적 만남과 나눔, 소통이 부족함에도 한 공동체라고 외치는 것은 아닌지 돌아봅니다.

교실의 문을 꽉 닫아둔 채 수업과 학급경영에 대해 나눔과 소통이 없고, 정직한 평가 없이 자신의 신념과 고집으로만 운영되는 교육현장이 되지 않게 하옵소서. 이제 교실의 문턱을 낮추어 교사와 교사가 신뢰와 사랑에 기초한 배움과 나눔의 공동체가 되게 하옵소서. 반목과 분열, 질시를 회복하고 교육을 위해 함께 기도하게 하옵소서.

서로의 교실 문을 열어 두고, 수업에 대해 함께 고민하고 공감하며, 더 나은 학급경영과 교육행정의 변화와 발전을 위해 서로 배우게 하여 주옵소서. 이를 위해 수고하고 계시는 일선 학교의 '기독교사'모임과 '교사 신우회' 등을 격려하여 주셔서 신뢰받는 교사, 협력하는 교사, 주님이 기뻐하시는 교사로서 사명을 충실히 감당하게 하옵소서. 예수님의 이름으로 기도합니다. 아멘.

Pray

학부모와 학부모 간의 관계를 회복시키소서

부모에게 거룩한 사명을 주신 하나님, 학교공동체의 올바른 형성을 위해서 학부모 사이의 관계성을 두고 기도합니다. 요즘 학교의 아픈 이야기 가운데 학부모가 있음을 솔직하게 고백합니다. '옆 집 엄마'를 경쟁상대로 여기고, 더 많은 정보를 얻기 위해 부단히 노력하면서 자신의 정보는 공유하지 않으려고 하는 이기심이 학부모들 가운데 있음을 고백합니다. 또한 '내 자녀'만을 위한 편협하고 왜곡된 사랑으로 '치맛바람'이라는 부정적인 영향을 끼친 것도 많았음을 고백합니다.

주님, 이제는 자녀의 학교교육의 회복을 위하여 학부모가 서로를 신뢰하고 힘을 모으며 공동의 선을 향해 노력하게 하옵소서. 학교가 선한 모습으로 나아가도록 지지하고 교사들을 격려하며 우리의 자녀들을 함께 키우는 아름다운 공동체로서 건전한 역할을 할 수 있도록 학부모들을 세워 주옵소서.

특히, 학부모운영위원회와 학부모총회 등을 붙들어 주셔서 선한 역할과 건전한 사역들을 도모하도록 인도하옵소서. 예수님의 이름으로 기도합니다. 아멘.

학교와 교사 간의 관계를 회복시키소서

이 땅의 학교를 사랑하시는 하나님, 사람을 길러내는 이 소중한 터전인 학교를 귀히 여기셔서 필요한 자리에 훈련받은 분들을 세워주시니 감사합니다. 학교가 바른 비전을 제시하며, 교사들과 함께 공유하고 실천하도록 인도하옵소서. 그리하여 학교 안의 여러 의사결정이 선하게 이루어지게 하옵소서.

무엇보다 학교 공동체가 자신들의 위치 안에서만 주장하지 않게 하시고 학교 안에 서로 격려하고 공유하는 선한 문화가 있어서 가르침과 돌봄의 일선에 있는 교사들이 주어진 역할에 충실할 수 있는 환경을 제공하여 주옵소서.

또한 서로에게 듣는 마음의 지혜를 주셔서 학교 구성원들의 마음이 선한 일에 하나가 되어 새로운 관계를 맺어가는 일에 헌신하는 공동체가 되게 하시며 아름다운 공동체의 질서 속에서 합력하도록 인도하옵소서. 이로써 우리 학교 가운데 하나님 나라가 이루어지게 하옵소서. 예수님의 이름으로 기도합니다. 아멘.

Pray

교사에게 소명과 열정을 회복시키소서

이 세상의 빛과 소금으로 교사들을 부르시는 하나님, 교사가 학교에서 학생을 가르치기 이전에, 먼저 빛이신 하나님을 만나 그 안에 거하며, 하나님과 이웃을 깊이 사랑하고 섬기며 살아가는 소금이 되기를 원합니다. 교사의 직분을 오랫동안 감당하다 보니 아이들을 가르치는 일이 당연해졌고, 어느 때부터인가 안일하게 생각했던 적도 있습니다.

이 땅의 교사들이 소명자로서 매일 아침마다 '네가 나를 사랑하느냐'고 물으시는 주님의 음성에 맡기신 양을 돌보는 삶으로 응답하게 하옵소서. 또한 한 마리 잃은 양을 찾으시던 주님의 마음을 본받아 맡겨 주신 아이들을 뜨거운 마음으로 끝까지 사랑하게 하옵소서.

과도한 경쟁 속에서 갈 길을 잃고 잘못된 어른들의 삶의 방식에 점점 오염되어 가는 이 땅의 아이들에게 예수님의 희생과 봉사, 나눔과 헌신의 삶을 본받도록 가르치는 선한 목자인 교사가 되게 하옵소서. 가르침의 첫 마음을 잃지 않게 하시고, 하나님이 주신 소명에 응답하며, 교육의 열정을 날마다 새롭게 하옵소서. 새로운 소명자로 오늘도 교사를 부르신 예수님의 이름으로 기도합니다. 아멘.

Pray

교사에게 전문성을 더하소서

예수님을 통해 교사의 모범을 보여주신 하나님, 하나님 나라의 비밀을 비유로 풀어 가르치시던 예수님의 지혜를 교사들에게도 주시기를 기도합니다. 교사에게 소명의 날개가 있다면 전문성의 날개도 필요함을 고백합니다.

교사들이 이 세상을 향하신 하나님의 뜻을 바르게 깨달아 알게 하시고, 그것이 각 교과를 통하여 전달될 때 아이들에게서 배움의 기쁨이 샘솟고 그 기쁨이 삶을 통해 나타나게 하옵소서.

아이의 전인적 삶을 성장시키는 교사로 하나님의 형상대로 지음받은 아이들을 바라보고, 그 아이들 각자에게 주신 은사와 재능을 발견할 수 있게 하옵소서. 학급을 경영할 때에는 아이들에게 각기 다른 필요를 채워 주며, 아이들에게 용기와 희망을 불어넣는 교사가 되게 하옵소서. 교사가 만난 지식과 진리의 빛과 결을 무엇보다도 아이들에게 전하는 참된 교육 전문가가 되게 하옵소서. 가르침의 전문성도 늘 새롭게 하기 위해 교육방법, 교육내용들을 꾸준히 연구하고 발전시키는 교사되게 하옵소서. 특별히 가르침을 함께 고민하고 연구하여 발전시킬 교사공동체를 허락하여 주셔서 기독교적 가르침의 전문성을 함양하며 나아가는 이 길이 외롭지 않게 하옵소서. 예수님의 이름으로 기도합니다. 아멘.

Pray

학교의 본질을 회복시키소서

하나님, 이 땅의 모든 학교마다 하나님의 사랑, 평화, 공의가 가득하기를 간절히 기도합니다. 무너진 학교의 모습이 하나님이 원하시는 모습으로 회복되기를 원합니다. 학교가 맞고 틀림을 판정하는 곳이 아니라 서로 다름을 이해하고 인정하며 생활하는 곳이 되게 하옵소서. 그 속에서 돌봄과 섬김의 가치를 깨닫고 나눔의 풍성함을 배울 수 있는 사랑의 공동체가 되게 하옵소서.

학교가 능력에 따라 줄을 세우는 곳이 아니라, 따뜻함으로 가르치는 교사와 존경으로 배우는 학생 그리고 희망을 갖고 격려하는 학부모들이 더불어 살아감을 배우고, 함께 평화의 공동체를 만드는 곳이 되게 하옵소서.

학교가 불의와 억압이 만연한 사회 가운데 정직과 공평을 가르치고 배우며 경험하게 함으로써 학생-학부모-교사가 공의의 하나님 나라를 미리 맛보게 하옵소서. 학생-학부모-교사가 힘을 모아 학교의 본질을 바르게 세워 가게 하옵소서. 이러한 학교교육을 통하여 이 땅의 아이들이 사회를 이롭게 하고 개인의 소명을 이루는 하나님 나라 시민으로 자라나게 하옵소서. 예수님 이름으로 기도합니다. 아멘.

국가 수준 교육과정과 교육정책을 주관하소서

교육의 근원이시며 전문가이신 하나님, 우리나라의 교육과정이 하나님이 정하신 원리와 법칙을 따르기를 원합니다. 국가 수준에서 교육과정을 개발하고 적용하는 전문가들이 바른 교육에 대한 가치관과 사상을 갖게 하시고, 그릇된 방향으로 가지 않도록 지켜 주옵소서.

정권이 교체될 때마다 바뀌는 교육과정과 입시제도는 교육의 본질을 깊이 생각하고 심화해야 할 교육현장을 혼란에 빠뜨리고, 학생들에게 정책 변화에 따른 자기 이익만을 저울질하게 하고 있으니 답답하고 안타까울 뿐입니다.

이제 교육 정책을 세우는 지도자들에게 지혜를 주시어서 사랑, 평화, 공의가 가득한 세상을 만들기 위해 우리 교육이 나아가야 할 장기적 방향과 내용을 설정하게 하옵소서. 또한 지금 우리 교육이 당면한 문제의 핵심을 정확하게 파악하여 올바른 해결안을 제시하는 교육 정책을 수립하게 하옵소서. 그 과정에서 힘있는 사람들과 세력 혹은 특정한 집단의 뜻과 욕심이 그릇되게 반영되지 못하게 하시고, 하나님 나라와 복음의 영향력이 모든 형태의 학교와 교육에 흘러가게 하옵소서. 예수님의 이름으로 기도합니다. 아멘.

Pray

각 시·도교육청 수준 교육과정을 주관하소서

하나님, 각 사람을 향한 하나님의 놀라운 계획이 교육을 통해 학생의
삶과 연결되고 영향을 미치는 교육과정으로, 각 자녀가 지닌 다양성
과 수준이 고려되는 방향으로 성취되기를 간구합니다. 이것을 위해
국가 수준 교육과정에 이어 우리나라의 각 시·도별 수준 교육과정 또
한 하나님의 뜻을 담아내는 그릇이 되게 하옵소서.

먼저 각 시·도교육청 담당 기관과 부서, 교육과정 개발에 참여하는 그
룹과 참여자들이 서로 마음과 뜻이 잘 연결되게 하시고 지자체에 속
한 학교, 학생, 부모와도 대화와 소통이 살아 있게 하셔서 교육을 위해
한 몸을 이루는 공동체성이 만들어지기를 원합니다.

이런 환경 안에서 교육을 직간접적으로 섬기는 사람들이 시·도의 교
육을 위한 거시적인 여건과 환경을 잘 파악하고 현재는 물론 미래를
만들어가는 교육의 길을 선택하도록 깊이 성찰하여 큰 그림을 그릴
수 있도록 역사하여 주옵소서. 이 모든 과정에서 교육을 향한 하나님
의 뜻이 주권적으로 역사하기를 간절히 소원합니다. 예수님의 이름으
로 기도합니다. 아멘.

학교의 공공성을 회복시키소서

아브라함에게 주신 소명을 통해 모든 민족이 복받는 세상을 꿈꾸게 하시고, 하나님의 사람들을 세상의 빛과 소금으로 부르셔서 어둠을 몰아내고, 세상이 썩어지는 것을 막을 뿐만 아니라 생명의 맛을 내게 하심을 감사합니다. 이렇듯 온 세상을 향한 하나님의 사랑과 관심이 이 땅의 교육을 통해 잘 전수되고 성취되기를 원합니다.

하지만 안타깝게도 교육마저도 개인을 뛰어넘는 사랑과 책임 대신에 사람의 욕심을 채워주는 방향으로 흘러가고 있습니다. 지식을 습득할수록 이웃을 이롭게 하기보다 내 자신의 유익과 안위에 머무를 때가 많이 있습니다.

하나님, 개인 중심주의로 죽어 가는 교육을 바꾸어 주시고 이 땅의 교육에 하나님의 교육과 하나님 나라가 이루어져서 모든 사람들이 자기 자신과 이해 관계를 넘어 하나님 나라와 피조세계 전체를 사랑하고, 맡겨진 책임을 다하는 사람들로 자라게 하옵소서. 우리의 자녀들이 온 세상을 향하신 하나님의 뜻과 하나님 나라를 바르게 소망할 수 있도록 모든 형태의 학교와 교육에서 공공성과 공적인 교육이 회복되기를 원합니다. 이를 통해 하나님을 사랑하고 또 이웃을 사랑하는 자녀들이 길러지게 하옵소서. 예수님의 이름으로 기도합니다. 아멘

Pray

하나님 뜻에 맞는 다양한 학교가 세워지게 하소서

하나님의 다양한 부르심과 일하심을 이 땅의 학교가 잘 담아내고 섬기기를 원합니다. 이를 위해 학교 다양화 정책을 이미 시행하게 하신 것을 감사드립니다.

그러나 학교 다양화 정책이 처음부터 사람의 욕심이나 그릇된 신념을 토대로 이루어져 학교를 계층화하고 학교와 학생의 서열화를 이루는 도구가 되어 버린 것을 봅니다. 수직적으로 다양화 되는 학교들이 그릇된 모습을 버리고, 건강한 교육철학과 행정 및 운영시스템을 바탕으로 수평적으로 다양한 학교들이 새롭게 세워지게 하옵소서. 그래서 학교의 다양화가 진실로 풍성하고 좋은 교육이 실시되는 토대가 되게 하옵소서. 또한 학교를 다양화하는 정책이 마련되고 실천되는 과정에서 사람의 욕심이나 편협한 신념이 사라지게 하시고, 대신에 모든 사람을 다양하게 부르셔서 하나님 나라의 소중한 기둥으로 쓰시려는 하나님의 섭리가 그 자리를 대신하게 하옵소서. 다양해진 학교를 통해 학생들이 배움의 즐거움 속에서 미래를 준비하며 자신의 비전과 진로를 찾아 구체적으로 이루어 감으로써 사회와 세상이 더 건강해지고 아름다워질 뿐만 아니라 결국에는 하나님이 꿈꾸시는 교육이 실현되게 하옵소서. 예수님의 이름으로 기도합니다. 아멘.

이 땅의 교육 운동과 섬기는 이들을 기억하소서

하나님의 백성이 그 죄에서 돌이켜 겸비하면 하나님은 그 땅을 고치시고 회복하신다고 약속하셨습니다. 이렇게 하나님의 백성을 끝내 살리시고 회복하시며 다시 들어 사용하시는 하나님의 은혜와 긍휼을 찬양합니다.

하나님, 지금 이 땅의 교육은 하나님의 치유와 회복이 절실하게 필요합니다. 교육이 고통이 되었고, 공부가 아픔이 되었습니다. 온갖 세속적인 가치관과 저마다의 그릇된 신념이 죽음의 그림자가 되어 교육을 뒤덮어 가고 있습니다. 이 땅의 교육을 회복시켜 주옵소서.

특별히 교사와 학부모, 연구소 등 다양한 단체와 모임을 통해 교육의 회복, 학부모들의 변화, 바른 교육을 위해서 여러 교육과 훈련, 프로그램들을 시도하게 하신 것을 감사드립니다. 교육의 회복과 변혁을 위한 운동들이 더 힘있게 일어나게 하시고, 들풀처럼 번져 나가게 하옵소서. 그래서 이 땅의 교육을 장악해 가는 고통과 죽음의 그늘이 사라지게 하옵소서. 교육의 회복을 위해 헌신하는 단체들과 자발적인 모임들, 개인들에게 은혜와 힘을 더하시고, 그 운동들이 복음과 성경의 진리 안에서 바른 방향으로 나아가게 하옵소서. 광야에 길을 만드시듯 새 일을 행하심으로 하나님의 교육이 이루어지게 하옵소서. 예수님의 이름으로 기도합니다. 아멘

Pray

성내지 않는 부모 되게 하소서

사랑은 성내지 아니한다고 말씀하시는 하나님 아버지, 아이를 대할 때 매번 기독학부모로서 하나님의 뜻을 구하며 양육해야 함을 가슴에 새기고 결심을 하지만 훈육이라는 명목으로 자녀에게 성낼 때가 많았던 모습을 회개합니다. 아이들을 양육하면서 감정에 사로잡혀서 분노에 잠식되고, 정신을 차리고 나면 죄책감이 몰려오고 자녀를 실족시키며 친밀한 관계가 어그러지고야 말았던 죄의 짐들을 주님의 십자가 앞에 내려놓기를 원합니다. 상처 난 자녀의 마음을 어루만져 주시고 십자가 사랑에 우리를 매어 주옵소서.

하나님은 청지기인 부모가 '노하기를 더디하는 자'(잠16:32)가 되기를 원하시는데, 단순히 인내하고 참는 것만으로는 우리 안의 분노를 해결할 수 없음을 고백합니다. 자녀를 대하는 모든 순간들마다 내 자신을 직면하면서 스스로가 어떨 때 힘들어 하는지, 어떤 상황에서 화가 나는지, 상황의 한계점을 인식하게 하셔서 부모인 우리의 감정을 진실한 말로 절제하여 표출하는 의지를 주옵소서.

분노의 순간이 하나님의 주권과 개입을 바라는 순간이 되게 하시며, 나와 자녀를 위해 분노하는 차원에서 하나님의 마음으로 정의와 공의를 위해 분노함으로 하나님의 귀한 역사를 이루게 하옵소서. 예수님의 이름으로 기도합니다. 아멘.

악한 것을 생각하지 않는 부모 되게 하소서

하나님, 악한 것을 생각하는 저의 모습을 빛 가운데 드러내시며 그것이 단순히 우리 안에 올라오는 나쁜 생각을 하지 않으려는 것이 아니라, 누군가에게 적대심을 가지고 계산하여 상처를 주려는 모습이었음을 보게 하시니 감사합니다.

자신의 삶의 모든 우여곡절의 원인을 형들이라 생각하고 원망할 수 있었을 요셉이 켜켜이 상처들을 쌓아 적대심으로 가득한 삶을 살지 않고 용서와 포용으로 형들을 맞이했던 마음이 바로 하나님이 원하시는 악한 것을 생각지 않는 사랑임을 압니다. 하지만 우리는 아이가 내게 주는 상처로 인해 아이에게 날이 선 말을 하기도 하고, 아이의 잘못을 나열하며 다그치기도 했습니다.

우리 안에 가득한 악한 것들을 맞바꾸어 그리스도에게 속해 있는 모든 것들을 얻게 하신 은혜를 의지하오니 순수하게 자녀를 사랑하여 하나님을 기쁘시게 하는 부모가 되게 하옵소서. 요셉이 악한 것을 생각하지 않을 뿐 아니라 오히려 형제들이 잘 되길 바라는 마음으로 선을 행하며, 생명을 구원하는 그 넓은 마음으로까지 확대 된 것과 같이 악을 선으로 바꾸는 증거가 삶 가운데 나타나게 하옵소서. 예수님의 이름으로 기도합니다. 아멘.

Pray

불의를 기뻐하지 않는 부모 되게 하소서

불의함이 없으신 하나님 아버지, 기독학부모에게 바라시는 사랑의 모습이 불의를 기뻐하지 아니하는 것임을 깨닫게 하심을 감사합니다.

돌아보면 자녀를 양육할 때에 기독학부모라 말하면서도 내 자신에게만 몰입되어 '불의'에 분노하는 일보다는 사적인 감정에 휩싸여 분노하는 일에 더 익숙했습니다. 내 아이만 잘 되었으면 하는 마음에, 다른 아이는 어떻게 되든 크게 상관하지 않고 그저 내 아이에게만 아무 일이 없었으면 하는 마음을 품었으며, 내 자녀가 상처받지 않았으면 하는 마음에 자녀의 허물을 보고도 그냥 넘어가거나 감싸주기도 했습니다. 주께서 아시오니 긍휼히 여겨주옵소서.

이웃을 사랑하고 섬기지 못한 불의에 대한 책임을 통회하며 불의를 기뻐하지 않게 하옵소서. 나아가 나쁜 마음과 나쁜 행동, 악한 일과 불공평한 일을 보고 함께 기뻐하지 않게 하시고, 다른 사람이 실패했을 때 함께 슬퍼하고 아파하는 마음, 기뻐하는 자들과 함께 기뻐하고 우는 자들과 함께 우는 마음을 주셔서 고아의 아버지시며 과부의 재판장이 되시는 의로우신 하나님을 닮은 기독학부모의 삶이 되게 하옵소서. 예수님의 이름으로 기도합니다. 아멘.

진리와 함께 기뻐하는 부모 되게 하소서

길이요 진리요 생명이신 주님을 찬양합니다. 진리에 깊게 뿌리 내린 삶으로 우리를 불러주셔서, 기대고 설만한 땅이 없을 것 같은 돌밭을 거니는 날에도 예수님과 함께 기뻐할 수 있음에 감사하는 마음을 올려드립니다.

자녀교육의 '성공'이 진리가 되어버린 세상에서 합격과 불합격, 작은 성공과 실패 사이에서 기쁨과 절망의 순간을 왔다 갔다 하는 이 땅의 현실을 바라보시며 현실의 삶에 꽁꽁 매인 우리를 자유롭게 하고자 지금도 진리이신 예수님께 뿌리내리는 삶으로 우리를 초대하고 계심을 믿습니다.

하나님, 우리를 민들레와 같이 깊게 뿌리내리는 기독학부모가 되게 하옵소서. 이 길을 따를까 저 길을 따를까 고민하는 갈림길 앞에서도 진리이신 주님을 붙잡게 하시고 자녀들이 소위 좋은 학교에 입학하고, 성공하기만을 바라는 거짓 진리들에 속아 두려움과 강박, 옥죄임이 진리 안에서 누리는 자유를 앗아가지 못하게 하옵소서.

그리하여 그 생명의 길 위에서 우리 삶의 안과 밖에 충만한 기쁨과 영원한 즐거움의 꽃을 피우게 하옵소서. 예수님의 이름으로 기도합니다. 아멘.

31일

세상을 변혁하는 사람을 길러내는 교육되게 하소서

창세로부터 하나님의 사람들을 부르시고 사용하셔서 사람들과 온 피조세계의 망가진 것과 그릇된 것을 새롭게 변화시키시고, 아름답게 보전하시는 하나님을 찬양합니다. 지금 이 시대에도 하나님의 창조세계를 지켜 나갈 선한 일꾼들이 필요하니 이 땅의 교육을 통해 그런 일꾼들이 길러지게 하옵소서.

이 땅의 교육을 통해 우리 자녀들이 하나님의 정의와 공의를 세우는 사람들로 길러져서 사회와 나라, 세계 곳곳에서 사람들의 욕심과 그릇된 신념을 변화시키고, 하나님 나라를 세우게 하옵소서. 또한 세상의 음란하고 더러운 문화를 깨끗하게 정화하고, 순결을 지키는 빛과 소금이 되게 하옵소서.

모든 형태의 학교와 교회에서 세상을 변혁하신 예수 그리스도를 닮은 사람들이 길러져 세상 곳곳으로 흘러가기를 원합니다. 그래서 구석구석 자리 잡은 어둠과 악을 물리치고 온 나라와 세계가 빛으로 나아오기를 원합니다. 교회와 학교, 세상이 빛과 소금의 학생들에게서 선한 영향을 받게 하시고 바른 푯대를 찾게 하옵소서. 학생들과 기독교사들, 기독학부모들, 또한 교육을 위한 다양한 운동을 펼쳐가는 모든 이들을 통해 선한 개혁과 변화의 운동이 온 나라 안에 늘 살아 있게 하옵소서. 예수님의 이름으로 기도합니다. 아멘.

시편 133 : 1
보라 형제가 연합하여 동거함이 어찌 그리 선하고 아름다운고

How good and pleasant it is when God's people live together in unity!

(Psalms 133 : 1)

11월의 기도

주님, 함께 함을 즐거워하는 기독학부모로서
하나님 나라가 교육 가운데 이루어지길 꿈꿉니다.
기독학부모운동을 꿈꾸며,
한국 교육의 제도와 교육 정책의 변화를 꿈꿉니다.
하나님의 교육을 소망하며 기도 가운데 나아갑니다.

교육의 변화를
꿈꾸는 시간

Pray

11월 첫날의 기도

푸른 잎사귀가 언제 그랬냐는 듯 옷을 갈아입고
떨어질 시간을 기다리는 가을에 주님 앞에 겸손히 나아갑니다.
만물을 통해서 가르쳐 주시는 주님의 섬세한 가르침에
더 순종하는 11월이 되게 하옵소서.

하나님, 11월에는 교육의 소식 가운데
기쁨과 희망의 이야기가 들리길 소원합니다.
12학년의 모든 과정이 입시 하나로 결집되어,
수능에 대한 불안과 공포, 기대가 어느 종교보다도 더
국민적인 관심이 되고 있습니다.
올해에도 치러지는 수능시험 가운데
주님의 긍휼과 은혜가 가득하길 원합니다.
시험, 대학 등이 우리 아이들보다 더 크게 보이지 않게 하시고
능력 주의의 성공관과 입시 결과로 모든 것이 결정된다는 사고에서
비전을 발견하고 소명을 따르는 하나님의 동역자가 되는
성경적, 복음적, 대안적 입시의 길로 나아가게 하옵소서.

우리 모든 자녀들이 11월의 학업을 잘 마무리하여
한해의 성실과 인내의 열매로 주님께 영광을 올려 드리게 하옵소서.
차디찬 겨울을 맞이하는 날들에도 주님이 계시는 화롯가에서
밤이 깊도록 머물며 마음으로 뜨겁게 사랑하게 하옵소서.
예수님의 이름으로 기도합니다. 아멘.

교육에서 하나님 나라가 이루어지게 하소서

살아계신 하나님 아버지, 우리를 교육의 희망, 기독학부모로 세워주
시니 감사합니다. 이 귀한 부르심에 감사하며 더 많은 믿음의 사람들
이 세워지기를 기도합니다.

그래서 성령의 바람이 교육 공간 구석구석에 임하여 하나님의 생명
의 호흡으로 교육이 소생케 되게 하옵소서. 그릇된 교육의 길에서 멈
추어 돌아설 수 있는 용기와 의지를 갖게 하시고 애통하는 눈물로 교
육의 영역에 하나님 나라가 이루어지게 하옵소서. 함께 기도하고 모
이기에 힘쓰며 변화의 움직임을 시작함으로써 교회와 가정과 학교가
새롭게 되게 하옵소서. 기독학부모는 기독학부모답게, 교사는 교사답
게, 교회는 교회답게, 학교는 학교답게, 이 땅의 아이들을 사랑하고 교
육을 품으며 고민하며 나아가게 하옵소서. 각자의 역할과 삶을 통하
여 애굽의 고통의 교육이 아닌 가나안의 회복된 교육이 한국 교육 가
운데 이루어지게 하옵소서. 메마른 뼈들이 살아나듯이 하나님의 생기
로 교육이 살아나고 자녀들과 부모도 깊은 생명의 힘을 가지게 하옵
소서. 예수님의 이름으로 기도합니다. 아멘.

Pray

기독학부모로 서게 하소서

살아계신 하나님, 부족한 저에게 믿음을 선물로 주시고, 귀한 하나님의 사람인 자녀를 키울 수 있도록 부모로 세워주시니 감사합니다. 또한 이 땅 교육의 아픔을 보며 교육을 새롭게 할 희망을 품은 기독학부모로 세워주시니 더욱 감사를 드립니다.

부모로 살아가면서 들려오는 세속적인 방법에 솔깃할 때도 있었고, 우리 아이에게 유리한 것이라면 그 세속의 물줄기를 타고서라도 유익과 만족을 얻으려고 할 때도 있었습니다. 그러나 정말 하나님은 교육의 황폐함에 애통해하고 계시며 그것을 회복할 부모를 기다리시고 계심을 믿고 나아가는 기독학부모가 되길 다짐합니다.

단순히 교회에 다니는 부모가 되지 않겠습니다. 단순히 학업이 우상이 되어 좌우 방향 없이 흔들리며 성적에만 매달리지 않겠습니다. 주님의 시선과 주님의 방법으로 우리 자녀를 살펴보겠습니다.

모든 사람이 서로 다른 생각을 갖고는 있지만 하나님 나라의 교육 회복에 선한 뜻과 의지를 갖고 하나의 마음을 가지고 기도할 동역자를 만나게 하셔서 '혼자'가 아닌 '공동체'로 서게 하옵소서. 부모인 우리가 아무리 해도 안 된다는 나약함과 좌절의 벽에서 일어나 기독학부모의 건전한 공동체를 이루게 하옵소서. 예수님 이름으로 기도합니다. 아멘.

기독학부모운동이 일어나게 하소서

교육의 주체로 부모를 세워주신 하나님, 대부분의 한국교회 성도들이 학부모이지만, '기독학부모'로서의 정체성을 찾지 못하여 그 역할과 책임을 잘 감당하지 못하는 상황에 놓여 있습니다. 부모들이 '내 자녀'에게만 집중하면서 교회 안에도 왜곡된 성공주의가 엄연히 자리 잡고 있습니다. 이러한 풍토 속에서 신앙교육 및 학교 교육 전반에 하나님 나라 관점의 교육이 자리잡도록, 하나님께서 기뻐하시는 교육에 생기가 피어나도록 나설 사람은 기독학부모임을 고백합니다.

개인적인 차원에서 기독학부모 역할을 감당하는 것뿐만 아니라 한국 교회의 학부모를 일깨워 공동체적인 차원의 헌신이 일어나게 하옵소서. 먼저 기도하는 기독학부모가 되어 '내 자녀'는 물론 지역 교회와 학교를 위해서, 한국교육의 갱신을 위해서 기도하게 하옵소서. 가정과 교회, 학교마다 기도하는 기독학부모 모임이 구성되게 하옵소서. 교사와 함께 학생들을 돌보면서 학원선교의 중요한 중요한 사역을 감당하게 하옵소서. 교육정책에 건강한 관심을 가지고 발언하는 기독학부모 공동체가 되게하옵소서. 그리하여 기독학부모운동을 통하여 교육의 영역에서 하나님 나라가 확장되게 하옵소서. 예수님의 이름으로 기도합니다. 아멘.

5일

Pray

기독학부모운동의 비전이 이루어지게 하소서

우리는 모든 학부모들을 기독학부모로 세워서 가정과 교회,

학교와 사회에서 하나님이 기뻐하시는 교육을 펼쳐 교육의 영역에서

하나님 나라가 이루어지는 일에 헌신한다.

- 기독학부모운동 비전선언문 -

하나님, 기독학부모의 정체성을 다지고 하나님 나라 교육을 꿈꾸며 비전선언문을 읽습니다. 하나님이 주신 비전을 바라보며 제가 먼저 한 사람의 기독학부모로서 살아가겠습니다. 내가 속한 곳에서 기독학부모 공동체를 이루며 우리 아이들의 교육과 학교에 더 관심을 기울이고 참여하며 하나님의 교육을 꿈꾸는 일을 멈추지 않겠습니다. 나약해보이는 한 사람의 기독학부모로부터 시작된 변화가 공동체를 이루고 변화의 물결이 퍼져 모든 교육의 영역에서 거룩한 변혁이 일어나게 하옵소서. 기독학부모운동의 비전이 구호를 넘어 학부모들의 삶과 교육을 구체적으로 변혁하는 운동이 되게 하시고, 그런 부모들의 이야기가 온 땅 가득하게 하옵소서. 예수님의 이름으로 기도합니다. 아멘.

든든히 서가는 우리 교회 되게 하소서

하나님, 이 땅에 우리 교회를 세워주시니 감사합니다. 진리의 기둥과 터인 교회가 믿음의 역사와 사랑의 수고와 소망의 인내를 이루도록 은혜를 구합니다.

주님, 우리 교회가 세상의 헛된 욕망과 세속적 가치에서 벗어나 바른 진리의 말씀이 선포되어지는 곳, 사랑의 참 교제가 있는 곳이 되게 하옵소서. 어른으로부터 아이에 이르기까지 초월적인 하나님을 경험하며 찬양과 고백이 온전하여져 든든히 서 가는 교회가 되게 하옵소서.

교회가 다음세대를 양육하는 일에 마음과 정성을 다하여 비단 '내 아이'만을 위한 마음에서 '우리 아이', '하나님의 아이'로 지경이 넓어지고 모든 자녀들을 소중히 여기며 믿음을 심어주는 데에 집중하게 하옵소서.

단순히 개교회만의 노력을 넘어서 한국교회가 연합하여 다음세대를 일으키는데 힘쓰게 하사, 다음세대 선교와 복음화에 구령의 열정을 가지고 서게 하옵소서. 그리하여 100여 년 전, 이 땅의 교회학교를 통하여 믿음의 선조들이 인성과 지성 그리고 영성을 겸비하였던 것처럼 교회의 100년 후가 더욱 든든하게 하옵소서. 예수님의 이름으로 기도합니다. 아멘.

Pray

교회학교를 세워주소서

살아계신 하나님, 우리가 섬기는 교회의 교육부서를 위해 기도합니다. 우리에게 다음 세대를 허락해주시고 교회학교를 세워주시니 감사를 드립니다. 주님의 한량없는 은혜로 구속받은 부모 세대인 우리가 믿음을 우리 속에만 담아두지 않고 다음 세대에게 증거하게 하옵소서.

영아부에서 고등부에 이르는 우리의 귀한 다음 세대가 지속적으로 이어지게 하시고 복음이 온전히 심기워지고 자라나는 터전이 되도록 교회학교에 복을 더하여 주옵소서. 특별히 교역자들과 교사들을 축복하시어, 복음을 전하고 눈물로 중보하여 학생들의 마음을 헤아리고자 애쓰실 때 마르지 않는 영혼의 생수가 솟아나 흐르게 하옵소서. 우리 부모들도 교회학교를 영적, 물적으로 지원하여 교회와 가정이 함께 다음 세대를 세우는 일에 헌신하게 하옵소서.

교회에서 지식과 신앙을 연결하고 앎과 삶을 연계한 온전한 교육이 이루어지게 하시고 이를 통해 하나님을 깊이 경험하고 삶이 변화되고 열매맺는 교육이 되게 하옵소서.

그리하여 자녀들이 이 세상 곳곳에서 하나님 나라를 펼쳐가는 주역으로 자라게 하옵소서. 예수님의 이름으로 기도합니다. 아멘.

입시에 대한 구조적인 문제를 해결하소서

하나님, 대학 입시를 정점으로 하는 학교 체제가 자녀들의 다양한 소질과 적성을 발굴해 주기보다는 한 줄 세우기식의 경쟁을 통해 선발된 이들에게 더 많은 혜택을 주는 도구로 사용되고 있음을 봅니다. 이런 현실에서 자녀들은 아주 어릴 때부터 경쟁의 구도에 오르고, 부모들은 '1등이 아니면 행복할 수 없다'는 두려움의 신화에 묶여서 자녀를 고통 속으로 몰아넣고 있습니다. 입신양명을 강조하는 유교적 영향과 언론 매체와 사교육 업체의 자극, 그리고 주변 엄마의 이야기가 우리를 이 혼란에서 벗어나지 못하게 합니다.

하나님, 고착화 된 이 땅 입시 구조를 변화시켜 주옵소서. 우리의 교육 풍토가 공부 잘하는 소수의 아이들을 선발하기 위한 교육이 아닌 모든 아이가 소중히 여김을 받으며 행복한 성장이 있는 교육으로 바뀌게 하옵소서. 아이 때부터 경쟁에 참여하게 만드는 교육 정책들이 사라지게 하시고, 근본적으로는 학력에 따른 소득 격차가 줄어들어서 꼭 대학이 아니라도 각자의 은사와 재능으로 행복하게 살 수 있는 사회가 되게 하옵소서. 또한 부모들도 1등만 행복할 수 있다는 거짓 신화에서 깨어나, 참다운 교육이 무엇인지 고민하고 결단하게 하소서. 예수님의 이름으로 기도합니다. 아멘.

Pray

입시문제 해결을 위한 시민 단체, 시민운동을 도우소서

하나님 아버지, 입시·사교육 위주의 교육의 문제점을 인식하고 하나님의 마음으로 이 땅 교육을 고치고자 나선 시민 단체, 시민 운동이 있음에 감사드립니다.

이 땅 교육의 회복을 위해 기도하며 출범한 시민 사회 단체와 운동들이 고질적인 한국의 교육 문제를 해결하는 데 물꼬를 여는 중요한 일들을 감당하고 있습니다. 지금은 너무나 견고한 성과 같지만, 다윗의 작은 물맷돌이 거대한 골리앗을 쓰러뜨리듯, 이 노력들이 하나님의 손에 들려 견고한 진을 무너뜨리는 하나님의 능력이 되게 하심을 믿습니다.

하나님, 이런 단체들을 축복하소서. 저들에게 하나님이 기뻐하시는 교육에 대한 통찰이 있게 하시고, 그것을 구현할 구체적인 방법들을 찾아내는 지혜가 있게 하시며, 부르심에 헌신된 사람들과 필요한 재정이 공급되게 하옵소서. 그래서 이 땅 교육을 변혁하는 선구자적 역할들을 감당하게 하옵소서. 우리도 이 일에 기도와 시간과 물질로 동참하며 교육의 변화에 일조하게 하옵소서. 예수님의 이름으로 기도합니다. 아멘.

기독교학교 정상화를 위한 법, 제도가 개선되게 하소서

이 땅에 기독교학교를 세우셔서 그 학교들을 통해 하나님의 사람들을 기르시고 이 땅의 교육을 선도케 하신 하나님께 감사드립니다. 그러나 오늘날 기독교학교는 그 존립을 지탱할 수 있었던 법적 기반이 흔들리고, 그로 인해 기독교학교로서의 정체성마저 심각한 도전을 받고 있습니다.

기독교학교들이 본래의 학교 건학이념에 맞게 종교교육 및 선교활동을 자유롭게 할 수 있도록 법과 제도가 개선되게 하옵소서. 학생들이 원치 않는 종교계 사학을 미리 피할 수 있도록 회피 제도가 도입되고, 학교에 들어온 후에도 종교적인 이유로 전학 허용이 가능해지며, 종교계 사학은 종교과목을 복수선택이 아닌 단수편성으로 할 수 있게 하옵소서. 자율형 종교사학에 대해서는 좀 더 많은 종교교육의 자율권이 주어져서, 여러 종교들을 가르치는 종교학 교육이 아닌 신앙교육이 가능하도록 종교 교과서의 자유발행이 허용되게 하옵소서.

하나님, 기독교학교가 정상화될 수 있도록 이런 법과 제도가 바뀌는 그날이 속히 오게 하옵소서. 예수님의 이름으로 기도합니다. 아멘.

11일

Pray

기독교학교 정상화를 위해 기독교학교가 변화되게 하소서

이 땅에 세운 기독교학교를 사랑하시는 하나님의 긍휼을 구하며 기도합니다. 기독교학교가 심각한 정체성 위기 앞에서 스스로를 돌이켜, 다시금 애국정신과 복음의 터 위에 학교를 세우신 하나님의 뜻을 찾아 그 고유한 건학이념과 가치를 보존케 하옵소서.

시대와 학생들의 변화에 맞추어 종교교육과 선교활동이 이루어지게 하옵소서. 또한 학교의 모든 교육활동의 방식이 하나님의 뜻과 그리스도의 인격을 따르게 하시고, 학교 운영에서도 복음의 향기가 살아있게 하옵소서. 또한 기독교교육을 위한 좋은 교육과정과 교육내용, 교육방법 등이 개발되어 효과적인 신앙교육이 이루어지게 하시고, 기독교학교를 섬길 헌신되고 전문적인 사역자를 보내 주옵소서.

이 땅의 모든 기독교학교가 교육의 영역뿐 아니라 학교운영의 전 영역에서 기독교학교가 되게 하셔서 복음의 영향력이 기독교학교로부터 모든 학교와 학생들에게 흘러가게 하옵소서. 기독교학교의 정상화를 위하여 내부에서부터 건강한 자정의 움직임이 시작되게 하옵소서. 예수님의 이름으로 기도합니다. 아멘.

기독교학교 정상화를 위한 교회 지원과 협력이 있게 하소서

이 땅의 기독교학교를 사랑하시는 하나님, 오늘날 기독교학교가 직면하고 있는 도전들을 극복해 나가기 위해서는 한국교회의 지원과 협력이 필수적임을 깨닫습니다. 이를 위해 그동안 한국교회가 많은 노력과 헌신을 하게 하시니 감사합니다. 하지만 그 과정 속에서 더 성숙해지고 더 해결되어야 할 부분이 있음을 고백합니다.

하나님, 기독교학교를 기독교학교답게 만들고, 학교 본래의 건학이념에 맞게 교육할 수 있도록 만드는 일이 한국교회의 중요한 사명임에도 불구하고 교회가 이 일에 최선을 다하지 못했습니다. 이 일에 더 전문적이고 영향력 있는 대응을 하게 하시고, 기독교교육의 현장이자 선교의 현장인 기독교학교를 위한 재정과 인력 투자가 풍성해지게 하옵소서.

주님, 한국교회가 기독교학교를 소중히 여겨 기독교학교를 위해 마땅한 수고와 대가를 마다하지 않게 하옵소서. 교회와 학교의 연계를 통하여 하나님의 아름다운 사역들이 펼쳐지게 하옵소서. 예수님의 이름으로 기도합니다. 아멘.

13일

Pray

기독교학교 정상화를 위한 단체와 함께 하소서

하나님, 한국교회의 미래를 준비하는 기독교학교 사역을 위해 기도하게 하심을 감사합니다. 이 땅의 기독교학교를 도울 전문 기구를 세워 주시니 감사합니다. 이 기구를 통하여 기독교학교와 관련된 다양한 전문가들을 묶어 내고, 필요한 법과 제도, 정책 수립을 위해 대정부 활동을 하며, 실천적 대안을 만들어 내게 하옵소서.

기독교학교의 정상화를 위해서 관련 법, 제도적 문제 해결을 위해 노력하고, 이를 뒷받침할 수 있는 기독교학교의 내부 자정을 촉구하며, 이를 추진해 나갈 전문적 기구 활동을 하게 하옵소서. 기독교학교 사역을 위해 세워진 단체를 통해 정책 및 해외 사례연구, 종교교육 개선을 위한 커리큘럼 연구 등이 이루어지게 하옵소서. 그리고 이 모든 과정이 주 안에서 순적하게 이루어지게 하옵소서.

그 단체를 통해 오늘날 공교육 현실에서 어려움을 겪고 있는 기독교학교들이 본래의 학교 건학이념에 맞는 기독교교육을 하는 용기를 갖게 되고 이를 도울 교회와 사람들을 보내주사 기독교학교를 건강히 세우는 사역이 확장되게 하옵소서. 예수님의 이름으로 기도합니다. 아멘.

기독교-교육학자들의 헌신을 기억하소서

하나님, 이 세대는 너무나 악하고 어둡습니다. 그러나 그럼에도 이 세상 가운데 주님의 빛을 드러내길 원하는 사람들이 있음에 감사를 드립니다. 특별히 소망이 보이지 않는 교육 현실 속에서 그리스도의 소망을 나타내기 원하는 기독교-교육학자들의 헌신을 기억하여 주옵소서.

어그러진 교육의 세계를 바로잡기 위하여 노력하는 많은 기독교-교육학자들을 통해 이 땅의 교육이 회복되고 바로 세워지는 기틀이 마련되게 하옵소서. 기독교-교육자들을 통해 교회와 가정과 학교가 건강하고 균형 있게 세워지게 하옵소서.

한 알의 밀알이 땅에 떨어져 많은 열매를 맺는 것처럼 그들의 삶을 통해 전해지는 가르침으로 많은 열매를 맺을 수 있도록 날마다 주님의 손이 함께하시며 붙들어 주옵소서. 소망이 없음에 낙담하는 것이 아니라, 그 가운데 소망의 꽃을 열정으로 피울 수 있도록 샘솟는 열정을 허락하여 주옵소서. 그분들을 통해 이 어그러진 교육의 세계 가운데 하나님의 뜻이 바로 세워지게 하옵소서. 예수님의 이름으로 기도합니다. 아멘.

Pray

수능 전, 자녀들과 함께 하소서

하나님 아버지, 지금까지 자녀를 인도해 주심에 감사를 드립니다. 수능을 앞둔 자녀가 시험 결과에 대한 두려움에 사로잡히지 않도록 마음에 평안과 담대함을 주옵소서. "여호와는 나의 빛이요 나의 구원이시니 내가 누구를 두려워하리요"(시27:1)라는 말씀이 자녀의 고백이 되게 하옵소서. 우리는 작지만 크신 하나님을 믿으며 어떠한 상황 속에서도 이길 힘을 허락해 주옵소서.

지금까지 공부해 온 내용들을 잘 정리할 수 있는 지혜와 성실함을 주시길 원합니다. 시험 전까지 남은 시간을 가볍게 생각하지 않고 차분한 마음으로 중요한 내용을 보게 하시고 그 속에서 지금껏 공부할 수 있도록 좋은 건강과 환경을 허락하신 하나님의 손길을 깨닫게 하옵소서.

"여호와께서 그의 사랑하시는 자에게는 잠을 주시는도다"(시127:2)의 말씀과 같이 적들에게 사방으로 우겨쌈을 당했던 다윗에게 달콤한 잠을 허락하신 것처럼 시험을 앞둔 우리 자녀에게도 평안한 숙면을 허락해 주옵소서. 오직 우리의 삶을 주관하시며 인도하실 하나님만 의지하며 바라보게 하옵소서. 예수님의 이름으로 기도합니다. 아멘.

수능 당일, 자녀들과 함께 하소서

하나님 아버지, 우리의 자녀들이 긴 시간 동안 시험을 감당할 수 있도록 보호하여 주옵소서. 주님의 평안으로 마음을 주장하셔서, 두려움과 불안이 힘을 쓰지 못하게 하옵소서. 또한 장시간 시험 문제들을 잘 감당할 수 있는 지력과 체력을 허락하여 주시길 원합니다. 하나님을 앙망하는 자에게 새 힘을 주심 같이 우리의 자녀가 피곤하지 않도록 붙들어 주옵소서.

지금까지 공부해 온 내용들을 선명하게 떠올릴 수 있도록 지혜와 평안을 주시길 원합니다. 모르는 문제가 나오더라도 당황하지 않고 아는 문제에 온전히 집중할 수 있도록 도와주옵소서. 욕심을 따라 잘못된 일을 행하지 않게 하시며, 정직을 따라 하나님이 기뻐하시는 일을 행하게 하옵소서. 다만 긴장으로 인해 평소에 알던 문제를 놓치는 일은 없게 하여 주시길 원합니다.

"주는 포학자의 기세가 성벽을 치는 폭풍과 같을 때에 빈궁한 자의 요새이시며 환난 당한 가난한 자의 요새이시며 폭풍 중의 피난처시며 폭양을 피하는 그늘이 되셨사오니"(사25:4)라는 말씀과 같이 우리 자녀가 실패에 대한 두려움 때문에 평안한 마음을 잃어버리지 않게 하시며, 요새이시며 피난처이시며 그늘이 되시는 하나님 안에 거하게 하옵소서. 예수님의 이름으로 기도합니다. 아멘

Pray

수능 후, 자녀들과 함께 하소서

하나님 아버지, 우리 자녀들이 수능 결과로 인해 낙담하거나 자만하는 일이 없길 원합니다. "무릇 자기를 높이는 자는 낮아지고 자기를 낮추는 자는 높아지리라"(눅14:11)는 말씀과 같이 세상의 등급이 우상이요 허상임을 알게 하시며, 어떠한 형편에든지 자족하는 마음을 갖게 하셔서 하나님의 인도하심을 바라보게 하여 주옵소서.

수능 시험이 인생의 마침표가 아니라 잠시 쉼표를 찍는 시간이 되게 하셔서 수능이 우리 인생의 모든 것을 결정하는 것이 아님을 알게 하시고, 마음을 여러 갈래로 나누는 염려에서 벗어나게 하여 주옵소서. 대신 하나님의 손이 자녀의 인생을 붙들고 있음을 알게 하옵소서.

이 땅의 자녀들이 수능 성적에 맞춰 대학을 선택하기보다, 소명을 따라 진학할 수 있기를 원합니다. "너희 안에서 행하시는 이는 하나님이시니 자기의 기쁘신 뜻을 위하여 너희에게 소원을 두고 행하게 하시나니"(빌2:15)라는 말씀대로 우리 자녀가 잘못된 가치와 욕심을 따라 대학을 선택하지 않게 하시고, 창세 전에 예비하신 하나님의 계획을 깨닫고 소명의 길을 가게 하여 주옵소서. 예수님의 이름으로 기도합니다. 아멘.

자녀의 진로를 돕는 부모 되게 하소서

하나님, 자녀가 하나님이 만드신 특별하고 소중한 창조물이며, 하나님의 거룩한 창조 목적(divine purpose)과 그 창조 목적에 필요한 은사를 가진 존재임을 고백합니다. 그런데 주님, 부모인 우리는 이러한 사실을 망각한 채 나의 욕망과 우리 세대의 획일적 성공 기준에 자녀를 맞추려 할 때가 많았음을 회개합니다.

주님, 이제는 자녀의 독특성을 인정하고, '당신의 기쁘신 뜻을 위해 그 아이 안에 두신 소원'(빌2:13)이 무엇인지 발견해, 하나님께서 자녀를 이 땅에 보내실 때 계획하셨던 그 삶을 살 수 있도록 지원하는 부모가 되게 하옵소서. 지금은 시몬이나 예수님을 만나 장차 게바(큰 반석)가 될(요1:42) 우리 자녀를 믿음의 눈으로 바라볼 줄 아는 시야를 주옵소서. 자녀가 좋아하고 잘하는 것을 함께 발견해주고 아이의 소명 안에 응답하며 살아가도록 진로를 고민하는 부모 되게 하옵소서.

입시 위주의 교육 제도 속에서, 자녀의 진로에 대한 고민은 점차 사라지고 있습니다. 이럴 때일수록 우리 기독학부모는 주님 안에서 자녀의 진로를 고민하고, 소명의 돕는 용기와 믿음을 가진 부모가 되게 하옵소서. 예수님의 이름으로 기도합니다. 아멘.

Pray

진로교육이 활성화되게 하소서

하나님 아버지, '진로지도'는 없고 '진학지도'만 있는 학교교육의 현실을 궁휼히 여겨 주옵소서. 오직 시험에서 더 높은 점수를 얻기 위한 진도 빼기형 수업과 지식 주입형 수업만 계속되고 있습니다. 방향은 없고 속도만 있는 학교교육의 현실을 불쌍히 여겨 주옵소서.

그러나 주님, 우리 자녀들의 노력이 향방 없는 달음질이 되지 않고 허공을 치는 것 같은 싸움이 되지 않기를 소원합니다. 그러기 위해서 학교교육이 아이들의 삶의 이유와 방향을 찾아갈 수 있도록 돕는 교육으로 활성화되기를 소망합니다.

진로교육과정이 잘 설계되어 자기 자신에 대해 잘 알고, 자기 자신의 소중함을 깨달으며, 직업세계에 대한 이해를 넓히게 하옵소서. 그리하여 실제로 직업세계를 경험하거나 관심 분야에서 일하는 이들을 만나, 각 직업의 의미를 깨달으며 진로와 직업을 선택하는 과정에서 필요한 의사결정능력을 배우는 진로교육이 되게 하옵소서. 또한 자녀만 아니라 부모들에게도 이러한 진로교육에 대한 이해가 깊어지게 하옵소서. 예수님의 이름으로 기도합니다. 아멘.

자녀에게 바른 직업관이 형성되게 하소서

하나님, 이 땅에 수많은 직업이 있고 모든 직업은 하나님 안에서 모두 소중한 것인데 우리 안에는 특정 직업만 선호하는 귀천의식이 있음을 고백합니다. 그래서 우리 자녀를 향한 하나님의 뜻과 부르심이 무엇인지 고민하기보다는 현재 부유하고 안정되었다고 평가받는 직업만을 자녀에게 강요할 때가 많았음을 고백합니다. 이러한 부모 세대의 잘못된 가치관이 자녀 세대에게도 이어져 오늘날 청소년들이 직업선택을 하는 데 있어서 오직 '금전적 보상'과 '직업적 안정'만 좇으려는 마음이 있고, 연봉으로 어떤 사람의 직업을 평가하는 경향이 생겼습니다. 옳고 그름보다 물질적 풍요가 더 중요하다는 풍조가 자녀들에게 확산되고 있는 현실을 긍휼이 여겨 주옵소서.

하나님, 부모 세대의 잘못된 가치관이 자녀 세대로 흘러 가고 있음을 애통해하며 회개합니다. 직업이 물질적 필요를 채우는 통로이기도 하지만 하나님 나라를 이루어가는 통로임을 우리가 가르치지 못했습니다. 하나님, 가정과 교회와 학교가 자녀들에게 바른 성경적 직업관을 가르치도록 해 주시고 자녀들이 그 성경적인 가치를 따라 직업을 선택하게 하옵소서. 예수님의 이름으로 기도합니다. 아멘.

Pray

교육 관련 정부 기구, 지자체별 교육담당 부서와 함께 하소서

사람을 통해 일하시는 하나님, 우리 정부와 지방자치단체에 교육을 책임지고 이끌어 갈 부서와 기관들이 있게 하신 것을 감사드립니다. 이곳을 통해 교육을 향한 하나님의 뜻이 펼쳐지고, 교육이 이루어지는 모든 곳에서 하나님의 교육이 성취되기를 원합니다.

교육과 관련한 부서와 기관이 정책을 결정하고 일을 추진하는 모든 과정에서 바르고 건강한 교육철학과 가치관이 중심이 되고 바탕이 되게 하옵소서. 교육을 책임질 수 있는 이론이 개발되고, 현장 전문가가 일할 자리를 얻게 하옵소서. 정권마다 바뀌는 부서가 아니라 백 년 이상을 내다보면서 교육 정책을 개발하고 또한 교육사업을 추진할 수 있기를 원합니다.

부서와 기관, 현장과 국민 사이에 교육을 위한 건강하고 활발한 의사소통의 길이 만들어져서 교육발전의 바탕이 형성되게 하소서. 또한 교육에 대한 다양한 이해관계와 사상이 충돌하지 않고 풍성한 토양이 되며, 긍정적인 발전을 향해 나아가는 교육중심 문화가 정착되게 하옵소서. 예수님의 이름으로 기도합니다. 아멘.

Pray

모든 것을 참는 부모 되게 하소서

하나님 아버지, 하나님께서 우리에게 허락하신 자녀에게는 참 많은 모습이 존재합니다. 때로는 아이의 모습을 있는 그대로 인정하며, 사랑하는 게 아플 때도 많음을 고백합니다. 아이를 통해서 나의 상처를 발견하기도 하고, 그것하나 수용하지 못하는 부모 된 나의 모습에 자괴감이 들 때가 한두 번이 아닙니다. 기독학부모로 산다는 것이 참 녹록치만은 않음을 조용히 고백할 때, "사랑은 모든 것을 참는다" 말씀하시는 하나님 아버지의 음성을 듣습니다.

예수님께서 나의 잘못을 알지만 끝까지 견디고, 돌아올 때까지 조용히 고통을 참아내며 모든 것을 품고, 덮고, 감싸주기를 선택하셨던 것처럼, 자녀의 허물이 보인다 할지라도 부모 된 내가 애써 벗기고 새로운 옷을 입혀주고 싶은 욕심을 내려놓고, 이 과정을 자녀가 오롯이 견뎌낼 수 있도록 허물 그대로의 모습을 품고, 덮어주고, 감싸줘야 할 때를 알게 하옵소서.

우리가 받은 그 사랑은 우리의 자녀, 배우자, 그리고 누군가의 허물을 사랑으로 덮고, 가시 돋음조차도 안아줄 수 있게 하는 큰 사랑임을 믿습니다. 예수님의 이름으로 기도합니다. 아멘.

Pray

모든 것을 믿는 부모 되게 하소서

현재를 넘어 장차를 보시는 하나님, 우리도 그 사랑 안에서 하나님을, 배우자를, 자녀를, 그리고 나 자신을 온전히 믿어주는 사랑을 하기 원합니다.

아이에게 사랑한다라는 말을 끊임없이 하면서 늘 우리 안의 시선에는 불안과 걱정이 있음을 고백합니다. 자녀를 보는 우리의 시선 속에 '신뢰'와 '믿음'이 함께 하지 않았던 모습이 있음을 긍휼히 여겨 주옵소서. 예수님께서 베드로의 '외모'가 아닌 '중심'에 관심을 두시어 그 누구보다 예수님을 열정적으로 사랑했던 중심을 보셨듯이, 우리 아이 안에 있는 많은 씨앗들이 자라 나무가 되고 열매가 될 '장차'의 모습을 예수님의 시선과 기대로 바라보고 온전히 믿어주기를 원하오니 주님 도와주옵소서.

자녀의 삶이 당면한 어떤 문제 속에서도 자녀를 사랑하되 끝까지 사랑하신 하나님의 그 사랑 안에서 오늘도 자녀에게 사랑한다 말하는 기독학부모가 되게 하옵소서. 예수님의 이름으로 기도합니다. 아멘.

모든 것을 바라는 부모 되게 하소서

하나님 아버지, 자녀를 키우다 보면 때로는 보이지 않는 것 같은 터널을 지나는 느낌을 받을 때가 있습니다. 막막함을 달래보려 전문가를 찾아가보기도 하고, 책이나 시중에 나와 있는 정보들을 읽고, 주변 지인으로부터 조언을 구하기도 합니다.

하나님, 자녀와의 관계에서 힘들 때에도 하나님께서 원하시는 사랑이 모든 것을 바라는 것임을 기억하게 하옵소서. 지금 당장은 이해할 수 없다 할지라도, 설명할 수 없는 어려움 속에 있다 할지라도 결국 마지막에는 하나님의 뜻이 완성될 것을 믿는 믿음을 허락하여 주옵소서.

자녀에게도 같은 마음을 주시어 삶에서 낙담할 때, 자신의 삶에서 막다른 벽에 다다른 것 같을 때, 포기하지 않고 다시 해보면 된다고 말할 수 있는 '소망'이 자라나게 하시고, 하나님께서 자녀를 어떻게 부르시는지 어떻게 그의 삶 속에 선한 일을 이루어 가시는지 우리도 함께 믿음의 눈으로 바라보며 다만 우리가 그 자녀에게 어떻게 행할지를 알게 하여 주시기를 간구합니다. 예수님의 이름으로 기도합니다. 아멘.

Pray

모든 것을 견디는 부모 되게 하소서

하나님 아버지, 우리가 자녀를 사랑하고 다른 사람을 사랑하는 진실한 마음과 행함은 하나님이 도와주시지 않고는 할 수 없는 일임을 고백합니다. 감정과 마음의 차원을 넘어 의지와 몸으로 사랑하기를 원하시는 하나님, 품에 안은 이 아이의 과거, 현재, 미래를 기꺼이 사랑하고 받아들이는 여정 가운데 있는 우리가 '사랑의 선'을 행하되 낙심하지 않도록 붙잡아 주옵소서.

청지기로서 우리가 낙심하지 않고 사랑의 길을 걸어 자녀를 향한 하나님의 뜻과 부르심이 하나님의 가장 알맞은 때에 열매 맺도록 성령님 도와주옵소서.

그리하여 추운 겨울을 버티며 살아내는 나무와 같이 외부의 환경과 압박 속에서도 우리에게 주어진 상황을 외면하지 않고, 고통에 끝이 있음을 알고 끝까지 맞서서 회복하기 위해 힘쓰는 기독학부모가 되게 하옵소서. 욥이 그의 모든 재산이 없어지고 자녀들이 죽고 심각한 병이 생겼을 때, 원망과 좌절 대신 '사랑'을 선택하여 하나님을 여전히 사랑하였던 것을 기억하게 하옵소서. 예수님의 이름으로 기도합니다. 아멘.

쉼의 성경적 의미를 아는 부모 되게 하소서

세상을 육일 동안 창조하시고 칠일째 안식하심으로 창조를 완성하시고 쉼을 허락하신 하나님, 안식을 통해 우리가 참 기쁨을 누리게 하시고 우리를 보존하시기를 원하시는 줄 믿습니다.

그러나 오늘 우리가 살아가는 모습은 세속화와 맘모니즘이 만연하여 생산과 소비가 우리의 삶을 좌지우지 하며 억압하고 끝없이 위로 올라가는 삶을 추구하게 합니다. 이 땅의 교육 또한 초등학교부터 대학 입시에 이르는 입시위주의 교육과정으로 인해 쉼 없는 교육이 지속되고 있음을 아시오니 주여, 쉼 없이 달리는 우리를 긍휼히 여기시고 안식하지 못하게 하는 것들로부터 저항하여 교육의 본질을 회복할 수 있도록 도와주옵소서.

교육의 길에서 달려가는 우리가 달음질을 멈추고 하나님이 원하시는 교육이 '하나님의 형상'대로 지음 받은 인간이 하나님을 닮아가는 삶을 살며, 각자에게 주신 독특한 선물인 은사를 계발하고 부르신 소명의 자리에서 그 은사로 이웃을 사랑하고 하나님 나라를 위해 살아가는 모습임을 깨닫게 하셔서 쉼을 누리며 행복하고 고유한 삶을 영위하게 하옵소서. 예수님의 이름으로 기도합니다. 아멘.

Pray

쉼이 있는 교육의 의미를 알게 하소서

우리에게 쉼을 선물하신 하나님, 우리는 이따금 하나님이 허락하신 쉼은 일이나 공부와 반대되는 것이라고 오해할 때가 있으며, 쉬는 것은 안주하는 것이라 경쟁에서 도태된다고 생각하여 불안해 할 때도 있음을 고백합니다.

그러나 쉼, 곧 여가라는 것은 일이 없음이 아니라 '관조', 고요한 마음으로 사물이나 현상을 관찰하거나 비추어 보는 것임을 알려주심에 감사드립니다. 깊이 바라보고 비추어 볼 때 사물의 본질을 알 수 있고, 지식의 주관자 되시는 하나님에 대해 알아갈 수 있는 통로임을 알기에, 쉼이라는 것이 우리의 일, 학업과 분리된 것이 아니라 연결되어 있음을 놓치지 않게 하옵소서.

쉼이 무엇인가 열심을 내어 얻는 것이 아니라 그 자체를 누리는 것, 그때 비로소 마음의 공간이 생기는 것임을 잊지 않겠습니다. 자녀가 쉼을 누림으로 인해 마음과 삶의 공간이 생기기를 원합니다. 그리하여 공부를 하면서도, 자신이 알고 싶은 지식을 조용히 바라보고 그 안에서 진리되신 하나님을 발견하는 기쁨을 누리게 하옵소서. 쉼이 있는 교육을 통하여 자녀가 하나님이 만드신 자신의 모습을 온전히 이해하고 알아가게 하옵소서. 예수님의 이름으로 기도합니다. 아멘.

쉼이 있는 교육이 펼쳐지는 제도를 세워주소서

쉼을 창조하시고 쉼을 누리셨던 하나님, 이 땅의 아이들이 삶에서 행복을 느끼지 못하고 과도한 공부와 결핍된 쉼으로 인해 어려움을 토로합니다. 양적인 쉼과 질적인 쉼이 아이들에게 존재하기를 원합니다. 주님, 매일의 학습량과 진도로 인해 마음과 몸을 편히 쉴 수 있는 시간이 부족합니다. 절대적인 쉼의 시간이 보장되어야 쉼의 질이 높아지는데, 지금은 두 가지 모두 부족한 현실입니다.

자유학년제와 같이 청소년 시기에 자신을 돌아보고 쉼의 시간을 확보해 주는 제도가 입시로 인해 본질이 왜곡되지 않도록 지켜주시고, 다양한 형태의 애프터 스콜레와 같은 학교들이 개교하여 쉼을 누리고 싶은 학생들은 충분히 선택할 수 있는 제도적 기회를 마련해 주옵소서. 학교나 학년에서 제도적 쉼을 보장하기 어렵다면 자녀들이 쉼을 누릴 수 있는 느슨한 공동체, 모임들이 생기길 원합니다. 그리하여 아이들이 마을에서 안전하게 질 높은 쉼을 보장받게 하옵소서.

무엇보다 이러한 제도들이 쉼의 본질적 의미를 왜곡하지 않도록 하시고, 좋은 교육제도들을 통하여 이 땅의 아이들이 하나님이 말씀하시는 쉼과 안식의 의미가 무엇인지 알고, 자신의 인생에서 누리는 기쁨을 알게 하옵소서. 예수님의 이름으로 기도합니다. 아멘.

Pray

쉼이 있는 교육을 위한 기독교교육 생태계가 구축되게 하소서

하나님, 이 땅에 쉼이 없이 굴러가는 교육을 긍휼히 여겨주옵소서. 쉼이 있는 교육, 교육의 본질이 회복되는 건강한 교육이 이루어지길 소망합니다. 특별히 쉼이 있는 교육이 이루어지기 위해서 자녀를 둘러싸고 있는 다양한 교육적 환경이 변화되기를 꿈꿉니다.

자녀 한 사람의 개인적 차원, 자녀를 둘러싸고 있는 친구들의 관계적 차원, 자녀가 소속되어 있는 학교, 교회, 가정 등의 교육 공동체적 차원, 자녀에게 교육적 영향력을 행사하고 있는 교육제도적 차원, 더 나아가 문화와 가치관의 차원까지 아주 작은 체계부터 큰 체계까지 쉼이 있는 교육을 지향하고, 이들의 변화를 꿈꾸며 노력하게 하옵소서.

기독교교육 생태계를 만드는 것이 단시간에 되지 않고, 수많은 노력들이 필요하기에 아주 작은 개인적 차원에서부터, 가정에서 할 수 있는 차원에서부터 믿음의 노력을 시작하게 하옵소서. 또한 교육적 제도에 관심을 가지고, 믿음의 목소리를 내는 기독학부모 되게 하옵소서. 자녀들에게 학업이 노동이 아니라 진리를 발견하고, 자신을 탐색하는 기쁨이 되기를 소망합니다. 내 아이만이 아니라 모든 아이들이 행복한 교육이 속히 오게 하옵소서. 이를 위해 걸어가는 자녀와 부모, 그리고 이 땅에 교육시민운동단체들을 기억하고, 은혜를 베풀어 주옵소서. 예수님의 이름으로 기도합니다. 아멘.

대림절에 드리는 기도

아주 작은 한 아기가 탄생함으로 흑암 가운데 있는 백성에게 큰 빛이 비치었습니다. 세상 가운데 예수님을 보내주셔서 어둠과 아픔의 그늘에서 살아가는 우리의 인생을 완전히 바꾸어 놓으신 하나님을 찬양합니다.

이 땅에 탄생하신 예수님을 축하하며 다시 오실 예수님을 기다리고 있음을 새롭게 확인하는 이 대림절 기간, 한 주간에 촛불이 하나씩 밝혀질 때마다 점점 성탄에 가까워지며 빛으로 인도되어 갈 때 그리스도 오심의 신비가 우리에게 이천 년 전의 사건이 아니라 오늘의 사건이 되어지기를 소망합니다.

기다림의 시간 속에서 베들레헴에 탄생하신 아기 예수님과의 거룩한 만남을 준비하게 하시고 주님의 길을 준비하며 회개를 외쳤던 세례요한의 목소리에 귀를 귀울여 그분을 우리의 삶의 자리에 온전히 모셔들이는 구체적 결단이 있게 하옵소서. 우리와 자녀들에게 그 만남이 하나님의 은혜를 깨닫는 사건이 되게 하여 주옵소서. 또한 화목 제물이 되심으로 세상과 하나님을 화목케 하신 그 용서와 사랑에 감사하며 세상과 타인을 더욱 이해하고 용납함으로서 평화의 왕으로 오신 주님의 소식이 우리를 통해 세상 속에 전해지게 하옵소서. 예수님의 이름으로 기도합니다. 아멘

12월의 기도

주님, 자녀를 학교에 위탁한 기독학부모로서
이 땅에 기독교교육을 실천하는 학교들을 기억합니다.
기독교사립학교, 기독교대안학교들을 위해 기도합니다.
기독교학교들을 통하여 하나님의 교육이 이루어지길 기다립니다.
그 날을 기다리는 마음으로 기도 가운데 나아갑니다.

하나님의 교육이 가득한 세상으로
나아가는 시간

Pray

12월 첫날의 기도

추위가 점점 더해가는 12월,
'겨울은 이렇게 추워야지'하면서도
두꺼운 옷을 여미고 시린 손을 부비며 살아갑니다.
살아계신 하나님, 12월에도 주님의 따뜻한 사랑과 온기가
온누리에 가득하기를 간절히 소원합니다.

겨울의 차가운 바람이 우리를 엄습해도,
어려운 이웃을 위해 손 내미는 것과,
거리를 가득 채운 행복한 웃음소리 가운데
낙담한 사람을 꼭 잡아 주는 친절을 잊지 않게 하옵소서.

크리스마스 전구를 밝히며, 평화의 왕으로 오신
아기 예수님을 영접하는 우리가 되게 하소서.

한 해의 마무리를 주님 안에서 잘 감당하게 하옵소서.
부모들은 직장과 일터에서 섬세한 주님의 도우심에,
자녀들은 학교생활을 기쁨과 은혜로 지켜주심에 감사하게 하옵소서.
또한 부모와 자녀가 한 마음으로 주님을 경외하며 찬양하게 하신 것과
교사들이 회복된 교육 방향과 길을 잘 모색하고 찾아가도록
생기를 주신 것에 감사하게 하옵소서.
교회와 사회 가운데 주님이 고쳐 주시고
싸매어 주시는 사랑을 깨달으며 감사하는 시간이 되어
또 한 해를 살아갈 용기와 담력과 지혜와 건강도 허락하옵소서.
예수님의 이름으로 기도합니다. 아멘.

기독교대안학교의 '기독성'을 회복시키소서

기독교대안학교를 세우신 하나님, 우리나라에 있는 기독교대안학교를 위해 기도합니다. 특별히 기독교대안학교들이 기독성을 더욱 견고하게 확립하게 하옵소서.

교과와 교실에서 하나님을 배제한 채 인본주의로 흐르고 있는 공교육과 달리, 성경을 바탕으로 한 하나님 중심 교육을 펼치기 위해 세운 기독교대안학교를 붙드셔서 기독교적 가르침이 풍성하게 하옵소서.

자녀들이 모든 수업과 교육과정을 통해 하나님께서 만물을 창조하심을 믿고, 만물의 주인되심과 지금도 만물 가운데 역사하고 계심을 깨닫게 하옵소서. 또한 학교의 리더들이 그리하여 행정 및 운영, 교육과정 등 기독교대안학교의 모든 것이 하나님의 주권 아래 있음을 알고, 하나님의 방법대로 학교를 운영하게 하옵시며 기독교적 가르침을 통하여 기독교대안학교의 모든 아이들이 하나님과 이웃을 사랑하는 삶을 배우고, 긍휼의 마음을 지니고 학교의 사명에 따라 섬김을 실천하게 하옵소서.

기독교대안학교가 그리스도의 제자로서의 삶을 배우는 장이 되기를 원합니다. 예수님의 이름으로 기도합니다. 아멘.

Pray

기독교대안학교의 '대안성'을 회복시키소서

기독교대안학교가 이 시대의 교육에 진정한 대안을 제시하길 원하시는 하나님, 기독교대안학교가 이 땅에서 대안적인 교육의 길을 올곧게 걸어가게 하옵소서.

영성을 추구하는 교육을 통해 자녀들이 주님 앞에서 바른 자아를 찾고 하나님과 세상을 향해 어떻게 살아갈지를 결단하게 하옵소서. 공동체 교육을 통해 개인적이고 이기적인 본성에서 벗어나 이웃을 귀히 여기면서 함께 더불어 살아가는 기쁨을 알게 하옵소서. 교사와 교사가, 학생과 학생이, 교사와 학부모가 서로 소통하면서 배움과 나눔의 건전한 공동체를 이루게 하옵소서. 신앙과 학업이 연계되는 교육을 통해 모든 지식을 문자로만이 아닌 믿음과 삶으로 깨달아 배움의 기쁨을 알고, 성적이 아닌 각자의 은사와 소명에 따라 자라나게 하옵소서. 이밖에도 기독교대안학교가 이 시대 가운데 가져야 할 대안성이 무엇인가 고민하고 응답하게 하옵소서.

왜곡된 교육현실 속에서 기독교대안학교가 빛과 소금이 되어 교육에 선한 영향력을 끼치기를 소망합니다. 예수님 이름으로 기도합니다. 아멘.

기독교대안학교의 '학교성'을 회복시키소서

하나님, 기독교대안학교가 대안교육기관으로서의 제 역할을 다하도록 도와주옵소서. 기독교대안학교의 가능성들과 바른 신조와 철학을 바탕으로 교육과정이 만들어지길 원합니다. 제도적 교육의 한계를 극복하기 위해 각 학교를 세우신 하나님의 목적에 따라 창의적이고 자율적인 교육목표를 잘 수립하게 하옵소서. 그 방향성을 잃지 않고 수업을 비롯한 교내의 모든 활동이 유기적으로 어우러지게 하옵소서.

기독교대안학교 가운데는 재정적으로 어려움을 겪는 학교들이 많습니다. 물질적인 이유로 교육을 향한 열정이 꺾이는 일이 없게 하시고 그 뜻을 함께하는 돕는 손길들을 보내 주소서.

하나님, 기독교대안학교들이 안정된 공간을 마련하게 하옵소서. 건물과 시설이 학교가 아니고 교육의 질을 담보하는 것은 아니지만, 아이들이 안전하게 마음껏 뛰놀고 공부할 수 있는 환경이 갖춰지길 원합니다. 기독교대안학교가 학교로서 가지는 안정감을 갖게 하셔서 학생의 교육여정 가운데 힘이 되게 하옵소서. 한 학교, 한 학교를 사랑하시며 세밀히 살피고 계시는 예수님의 이름으로 기도합니다. 아멘.

Pray

기독교대안학교 교사를 기억하소서

하나님, 기독교대안학교를 섬기는 교사들을 보내주심에 감사합니다. 아무리 좋은 교육과정이 있다고 하더라도 기독교대안학교 교육의 핵심인 교사들이 제대로 그것을 소화하지 못한 채 가르침의 자리에 선다면 모든 것이 헛될 수 있음을 고백합니다.

교사의 자리가 단순히 직업이 아닌 부르심으로 여기고 주의 뜻에 순종하기로 결단한 교사들에게 주님의 은혜와 사랑이 늘 풍성하게 넘쳐나게 하옵소서. 무엇보다 학생들에게 인격적으로 다가가는 교사를 통해 아이들이 예수 그리스도의 사랑을 알게 하시고, 기독교적 가르침에 대해 연구하고 고민하는 여정가운데 함께 하셔서 성령의 가르침으로 전문성이 확장되게 하옵소서. 기독교대안학교의 교사로 살아가며 소명과 전문성의 날개를 갖추었지만 때로는 재정적인 문제로 흔들릴 때가 있습니다. 그때마다 돕는 손길을 붙여 주셔서 재정적 어려움이 없게 하시고, 모든 걸음들 가운데 하나님의 통치가 있게 하옵소서. 예수님의 이름으로 기도합니다. 아멘.

기독교대안학교 관련 법과 제도를 마련해주소서

기독교대안학교를 법과 제도 안에서 더욱 든든히 세워가시는 하나님, 기독교대안학교를 곳곳에 세우시고 이를 뒷받침할 대안교육기관에 관한 법률(2020년 12월) 등이 만들어지게 하심을 감사드립니다. 그러나 아직도 기독교대안학교가 다양성을 존중받고 학교로 서기에 부족한 부분이 많이 있음을 고백합니다.

기독교대안학교가 국가와 사회로부터 그 존재의 이유를 인정받고 그에 맞는 현장에 맞는 제도와 법이 마련되기를 소망합니다. 균형 있는 제도로 대안교육과 공교육이 조화를 이루어 우리나라의 미래 교육 기반이 더욱 풍성해지게 하옵소서. 행·재정 지원을 통해 학교가 안정화되게 하시고, 혹시 문제를 겪는 학교가 있다면 올바른 지침과 기준에 따라 지원방안이 마련되어 신뢰할 수 있는 학교들이 되게 하옵소서.

기독교대안학교, 기독학부모들이 마음을 모아 대안교육의 가치를 실현할 수 있는 대안교육 관련 법과 제도가 구축되도록 함께 기도하고 협력하게 하옵소서. 하나님의 교육의 생기가 기독교대안학교 가운데 가득하길 소망합니다. 예수님의 이름으로 기도합니다. 아멘.

Pray

성화의 사명을 감당하는 미션스쿨 되게 하소서

우리를 빛 가운데로 부르셔서 의의 열매를 거두게 하시는 하나님, 오늘날 미션스쿨이 주님의 은혜로 변화되는 걸음을 걷기를 기도합니다. 학교에 속한 모든 교육자가 지속적인 경건의 시간을 가지고 부단히 영성을 훈련받아 그리스도의 인격과 거룩하심을 본받게 하옵소서.

학생들이 교사와 교직원들과의 만남을 통해 그리스도의 인격을 알아가고 닮아가는 은혜를 주옵소서. 기독교학교의 공동체가 성화되고 그리스도를 믿는 것과 아는 일에 하나가 되어 온전하심에 이르도록 자라게 하옵소서.

이를 위해 주님을 알아가는 모임이 일어나기를 소망합니다. 학생과 교사, 교직원이 하나 되어 거룩한 기도의 제단을 쌓을 수 있는 기도의 장, 성경공부의 장 등이 펼쳐지게 하옵소서. 인격과 삶에서 변화된 교사와 교직원을 통해 학생들의 마음속에 존경과 깊은 신뢰가 싹트게 하옵소서. 예수님의 이름으로 기도합니다. 아멘.

Pray

선교의 사명을 감당하는 미션스쿨 되게 하소서

참 빛이신 하나님, 미션스쿨이 선교적 사명을 감당하게 하옵소서. 이 땅에 미션스쿨이 세워질 때 세상과 학생들을 향한 하나님의 부르심을 소망하였던 것을 기억합니다. 온전한 복음이 전해지지 않으면 우리가 기독교교육을 한다고 말할 수 없음도 고백합니다.

지금 공교육 안에서 직접적인 복음전파를 가로막는 장애요인이 많지만, 다양한 방법으로 복음을 전할 수 있도록 인도하여 주옵소서. 이를 위해 우리에게 성령님의 지혜와 은혜가 필요합니다.

특히 학교로 보냄받은 선교사로서 교사들을 깨우쳐 주시되 그의 수업과 학급운영, 상담과 돌봄, 인격과 성품에서 우러나오는 눈빛, 미소를 통해 복음을 전하게 하옵소서. 또한 예배나 종교시간 뿐만 아니라 CA, 동아리, 그리고 수련회나 캠프, 일대일 전도 등을 통해 복음 전함을 멈추지 않게 하옵소서. 하나님께서 지혜를 구하며 다양한 방법으로 복음을 전하는 사명을 감당하는 미션스쿨 공동체원 한 사람 한 사람을 기억하시고 은혜 베풀어 주옵소서. 예수님의 이름으로 기도합니다. 아멘.

Pray

기독교적 가르침의 사명을 감당하는 미션스쿨 되게 하소서

모든 지식과 지혜의 주권자 되시는 하나님, 학교에서 이루어지고 있는 교과목의 배움, 가르침, 교수 방법의 주인 되시는 주님을 찬양합니다. 공교육이라는 제도권 안에 있지만 복음화를 위해 세워진 미션스쿨의 정체성을 잃지 않고 기독교적 가르침을 세우길 소망합니다.

예수님의 가르침 위에 세워진 미션스쿨이 지식의 토대 위에 굳건히 서게 하시고, 그것이 하나님의 지식으로서 참된 앎이 될 있도록 지혜를 주옵소서. 교육자들에게 학문함의 지혜를 주셔서 올바르게 연구하고 기독교정신을 실현 할 수 있게 하여 주옵소서.

우리의 배움, 교과 지식이 하나님을 경외하는 삶보다 우선되지 않으며, 우리의 지식은 하나님께서 세상을 만드신 그 법칙 가운데 있음을 기억하게 하여 주옵소서. 모든 교과와 지식을 통한 앎이 깊어질수록 학문의 주관자이신 하나님 앞에 순종하며 진리를 향하여 나아가며 진리 앞에 순종하는 제자들이 세워지게 하옵소서. 그래서 미션스쿨이 영성과 지성, 신앙과 학분의 통합을 이루는 교육기관으로서의 사명을 충실히 감당하게 하옵소서. 예수님의 이름으로 기도합니다. 아멘.

이웃사랑의 사명을 감당하는 미션스쿨 되게 하소서

온 세상을 사랑하시는 하나님, 미션스쿨이 하나님의 사랑을 전하는 통로가 되기를 원합니다. 무엇보다 하나님의 사랑과 정의를 바탕으로 이웃사랑의 사명을 잘 감당하는 일에 헌신하게 하옵소서.

하나님께서 이 땅의 모든 사람을 사랑하신 것처럼, 조건 없이 모든 학생을 받아 하나님의 사랑으로 교육하는 미션스쿨의 정체성을 분명히 하게 하셔서, 학교에서 먼저 교사와 교직원, 학생과 학부모 사이에 이웃사랑이 실재가 되고 실천되게 하옵소서. 또한 이웃사랑을 위한 교육과정이 구체적으로 마련되게 하셔서, 체계적이고 효과적으로 이웃사랑의 계명이 가르쳐지고, 훈련되며, 실천되게 하옵소서.

그래서 미션스쿨에서 배우고 졸업한 모든 학생이 사회 곳곳에서 이웃사랑을 실천하는 운동가요 실천가가 되게 하셔서 그것이 이 땅의 상처와 아픔을 치료하는 치료약이 되기를 원합니다. 미션스쿨로부터 시작된 이웃 사랑이 이 땅을 가득 채워 이곳이 하나님 나라가 되게 하옵소서. 예수님의 이름으로 기도합니다. 아멘.

11일

Pray

미션스쿨의 본질 회복을 위한 제도적 노력이 있게 하소서

세상 모든 곳에 계시며 모든 일들을 주관하시는 하나님께 감사를 드리며 기도합니다. 미션스쿨을 미션스쿨답게 하는 모든 행정과 제도를 주님께서 주관하여 주시기를 기도합니다. 대한민국의 사회적 장치와 제도 속에서 미션스쿨의 가치를 지켜 가는 모든 과정을 주님께 의뢰합니다.

그 장치와 제도는 연구를 통해 학생들을 위한 최선책으로 만들어진 것이지만, 그것이 결과적으로 학교 안에서의 선교와 종교교육을 어렵게 하고 있습니다. 다시 한 번 사람의 지혜가 최선이 아님을 깨닫고 주님께 회개하며 도움을 구합니다. 미션스쿨을 지혜롭게 하시고 순전하게 하셔서 우리가 올바르게 하나님 나라를 위한 미션스쿨의 본질을 회복하게 하여 주옵소서.

미션스쿨이 주님의 복음을 전하는 장소임을, 가르침과 배움을 통해 예수님을 인격적으로 만나며 진리가 실천되는 공간임을 다시금 천명할 지혜와 용기를 주옵소서. 또한 제도를 위해 움직일 수 있는 지혜와 모임을 허락하여 주옵소서. 예수님의 이름으로 기도합니다. 아멘.

미션스쿨 교사를 기억하소서

학교 안의 모든 희로애락 속에 계시는 우리 하나님께 기도합니다. 미션스쿨 선생님들을 축복하여 주옵소서. 우리 자녀들의 모든 배움과 삶의 태도, 희로애락이 그분들을 통해 형성됨을 기억하도록 하여 주옵소서. 선생님들의 삶이 우리 자녀들에게 모델로 남는다는 것을 기억하도록 하여 주시고, 선생님들의 삶 가운데 주님의 임재가 있도록 인도하여 주옵소서. 아직 믿음이 없는 우리의 자녀들에게도 주를 믿는 교사의 모습이 참 예수 그리스도를 닮아감을 보게 하옵소서. 선생님들이 우리 자녀들을 가르칠 때마다 그들이 참 지혜와 지식을 얻고 선생님의 삶을 통해 배우게 하옵소서.

선생님들의 헌신을 통해 우리 자녀들이 함께 기도의 무릎을 꿇는 사람들이 되게 하여 주옵소서. 하나님을 사랑하고, 학생들을 위해 애통하며, 섬김의 본을 보이시는 가운데 주님을 향한 예배가 회복되도록 인도하여 주옵소서. 우리 학교가 감격이 넘치는 예배와 인격적 앎을 통한 변화와 성장이 동반되는 곳이 되도록 인도하여 주옵소서. 예수님의 이름으로 기도합니다. 아멘.

Pray

미션스쿨 운영자를 기억하소서

지도자를 세우셔서 사용하시는 하나님, 미션스쿨을 세우고 운영하는 지도자들과 함께하여 주옵소서. 학교를 처음 세우던 날의 그 고민과 결단과 마음이 현재의 운영자들에게도 동일한 헌신과 결단이 되기를 원합니다.

현재 미션스쿨은 사립학교법 등으로 교육의 자율성이 침해받고 있으며, 이로 인해 그 고유한 정체성 또한 위협받고 있습니다. 건전한 사학이 건학이념에 맞게 자율성을 가지고 공적 교육의 역할을 감당하기를 원합니다. 그러나 이것이 저절로 이루어지는 것이 아님을 잘 압니다.

먼저는 운영자들이 기독교적인 학교를 운영하고 기독교적인 학교풍토를 실현하는 것에 힘을 쏟을 수 있도록 그분들과 함께해 주옵소서. 특히, 정직과 헌신의 마음을 주셔서 재정적으로 투명하게 운영되어 재정적·경영적 비리가 없도록 하옵소서. 또한 운영자들이 신실함으로 교사를 채용하게 하시고, 부정직한 방법을 사용하지 않게 하옵소서.

모든 학교의 공동체가 기독교적 영향력 아래에서 예배와 생활지도, 학급운영과 교과수업을 진행하도록 운영자들이 기독교적 리더십을 발휘할 수 있는 확신과 믿음과 신실함을 더하여 주옵소서. 예수님의 이름으로 기도합니다. 아멘.

학교의 교목을 기억하소서

이 땅의 다음세대를 위해 기독교학교를 세워 주시고, 학교에 목회자를 불러주셔서 자녀들이 하나님의 사랑 안에서 소망을 품고 자라게 해 주심에 감사드립니다.

목회자에게 학교가 걱정과 실패, 절망과 갈등의 땅이 아니라, 생명을 얻고 사역의 풍성한 열매를 얻는 기쁨을 맛보는 복된 땅이 되게 하여 주옵소서. 진정성 있는 목자의 마음으로 자녀들을 향한 하나님의 뜻을 구하며 어떠한 상황에서도 주님을 닮은 온유한 마음을 잃지 않게 하옵소서. 손의 능숙함으로 지도할 때에 무엇을 행해야 하는지를 알게 하셔서 상처받고 쓰러진 이 땅의 학생들과 부모들을 어루만지시고 싸매시고 일으켜 세우시는 손길이 되게 하옵소서.

기독교학교의 목회자가 이 땅의 교육 속에서 생명을 자라게 하는 밑거름이 되게 하옵소서. 이 땅의 교육문화가 기독교학교교육과 학원선교의 열매를 맺기에 부족함 없는 좋은 땅이 되게 하시고, 말씀이 뿌려지고 자라게 하셔서 한 알의 밀알과 같은 자녀들이 열매가 되며 그것이 목회자의 기쁨과 상이 되게 하여 주옵소서.

교회와 기독학부모들이 소중한 동반자가 되어서 교육함에 소망을 지니고 한 곳을 바라보며 함께 나아가게 하옵소서. 예수님의 이름으로 기도합니다. 아멘.

Pray

학교의 학부모 운영조직을 기억하소서

공동체를 통하여 하나님 나라를 경험하게 하시는 하나님 아버지, 학부모와 학교의 학부모 조직이 학교에 정의와 평화가 흐르는 하나님 나라를 만들어 가야 할 소명이 있음을 깨닫고, 그 역할을 잘 감당하기를 간절히 기도합니다.

많은 부모들은 자녀들이 최고의 자리를 향해 앞만 보고 달려가며 치열한 경쟁을 하도록 가르치고 있습니다. 하지만 이제 학부모들이 깨어 바른 교육목표와 목적을 갖게 하옵소서. 특별히 학교 안의 학부모 조직인 운영위원회, 학부모회, 녹색어머니회, 자원봉사 등의 모든 학부모 조직과 공동체들이 교사들과 더불어 교육 목표를 실현하기 위한 방법을 함께 연구하고 실천하는 하나님 나라의 교육 청지기들이 되도록 지혜와 힘과 능력을 주옵소서.

학부모들이 학교공동체를 위해 믿음으로 기도하며, 의견을 제시하고, 학교교육을 모니터링하고, 활동에 참여하고 지원하며, 지역사회와 연계하는 등 돕는 손길이 미치는 곳마다 자녀들과 교사들이 변화하는 역사가 일어나게 하옵소서. 학교의 학부모 회원들이 뜻을 합하여 한마음을 품고 모든 일을 사랑으로 행하는 교육공동체를 만들어 가기를 원하오며 예수님의 이름으로 기도합니다. 아멘.

모든 형태의 교육에 하나님 나라가 이루어지게 하소서

온 세상에 하나님의 통치가 이루어지기를 소망하면서 하나님 나라를 선포하신 예수 그리스도의 거룩한 뜻을 기뻐합니다. 예수 그리스도의 뜻을 받들어 진실로 이 땅에 하나님 나라를 소망하는 사람들이 많아지기를 원합니다. 그리고 무엇보다 교육 가운데 임할 하나님 나라를 소망하는 사람들이 나타나기를 간구합니다.

이 땅의 교육에서 하나님 나라가 아닌 다른 것을 소망하고 바라보게 하는 그릇된 세계관과 철학, 사상들이 사라지고 하나님 나라를 향하는 바른 푯대와 방향을 갖게 하옵소서. 교육의 영역에서 악한 통치가 무너지게 하시고, 세상의 나라를 추구하는 교묘하고 거짓된 시도들이 드러나고 부끄러움을 당하고 물러나게 하옵소서.

하나님을 알거나 모르거나, 인정하거나 거부하거나, 교육을 섬기고 교육과 관계를 맺고 있는 모든 사람들이 성령의 역사를 통해 바른 교육을 추구하게 하시고, 그 과정에서 진정한 교육의 이정표가 되는 하나님 나라를 추구하게 하옵소서. 가치 있고 선한 것을 넘어 하나님의 진리에 뿌리를 내린 거룩한 교육이 이루어져서, 모든 형태의 교육에 하나님 나라와 뜻이 임하기를 간구합니다. 예수님의 이름으로 기도합니다. 아멘.

Pray

하나님의 공평과 공의가 교육 안에서 이루어지게 하소서

부와 힘을 악하게 사용하는 세상을 향해 정의와 공의를 강물처럼 흘려보내라 경고하신 하나님의 말씀을 새깁니다. 하나님의 뜻을 우습게 여기는 세상 가운데 정의와 공의를 세우시되, 무엇보다 교육의 영역에 하나님 나라의 정의와 공의가 흐르게 하시기를 간구합니다.

교육의 기회뿐 아니라 교육이 이루어지는 모든 과정 안에서 하나님의 공평과 정의가 살아 있게 하옵소서. 사람을 다양하게 창조하신 하나님의 뜻과 섭리를 무시하고 거역하며 차별과 계층을 만들어 버리는 악한 시도들을 막으시고 고쳐 주옵소서. 대신에 모든 사람을 저마다를 위한 계획을 가지고 창조하신 하나님의 뜻이 실현되는 정의롭고 공의로운 교육이 펼쳐지게 하옵소서.

교육을 이용하여 욕심을 채우고, 그릇된 신념을 세우면서 정의를 깨뜨리는 온갖 특권, 부정, 비리, 편법적 시도들이 사라지게 하시고, 오히려 교육을 통해 정의롭고 공의로운 학생들이 길러질 뿐 아니라 교육 자체가 정의의 도구가 되어 교육이 이루어지는 모든 곳에서 악하고 부정한 것들이 사라지게 하시고, 살아계신 하나님의 말씀이 실행되고 정의와 공의가 낮은 곳으로 더 낮은 곳으로 흘러가 복음의 증거가 되게 하옵소서. 예수님의 이름으로 기도합니다. 아멘.

교회-가정-학교가 연계하는 교육이 이루어지게 하소서

하나님, 일주일에 한 두 시간 정도의 신앙교육만으로는 자녀를 하나님의 사람으로 길러내는 것이 참으로 어렵습니다. 대부분의 시간을 학교와 세상 속에서 보내는 자녀들을 그리스도인으로 길러내기 위한 노력이 일어나기를 원합니다. 교회는 신앙교육만을, 학교는 지식교육만을, 가정은 인성교육만을 가르치는 방식 대신 교회-가정-학교가 손을 맞잡고 한 자녀를 함께 품고 협력하며 길러내게 하옵소서.

교회가 가정 속에서 자녀를 어떻게 양육해야 하는지 부모에게 바른 기준을 제시하고 가르치게 하옵소서. 부모, 자녀에게 공통된 신앙적 가치를 가르치는 교재를 개발하고, 꾸준히 부모에게 관심을 가지고 만나게 하옵소서. 또한 학교에 관심을 가지고 학원 선교사를 파송하며, 다양한 방법으로 지원하게 하옵소서. 각 지식 교과마다 숨겨져 있는 하나님의 가치들을 발견하고 가르치는 세계관 교육이 이루어지게 하옵소서. 가정은 꾸준히 학교와 연계하여 자녀의 은사를 발견하고 계발할 수 있는 통로를 제공하며, 학교에 기독학부모 모임과 기독교 문화가 세워질 수 있도록 지원하는 학부모가 되게 하소서.

함께 연계하기 위한 수고를 기꺼이 감내하며 교회-가정-학교가 우리의 자녀를 통전적으로 길러내는 것을 기뻐하게 하옵소서. 예수님의 이름으로 기도합니다. 아멘.

Pray

기독교학교교육연구소를 기억하소서

하나님 아버지, 한국의 교육 현실에서 많은 아픔들과 눈물들을 보시고, 교육의 영역 가운데 하나님 나라를 확장시키시기 위해 기독교학교교육연구소를 세워 주심에 감사를 드립니다.

이 땅의 많은 기독교 대안학교들이 더욱더 성장하고 성숙하며, 기독교세계관을 가지고 교육할 수 있도록 교사와 리더십을 세우는 일에 열심을 두고 있으니 연구소에 지혜와 통찰을 더하여 주옵소서. 또한 많은 미션스쿨들이 건학이념과 교육철학에 맞게 교육하고, 종교교육의 자율성을 확보할 수 있도록, 종교 수업, 채플 개선, 법제화 노력들을 여러 기관과 동역자들과 함께 일구어 가는 연구소에 용기와 믿음을 더하여 주옵소서. 가정에서의 기독교적 자녀 양육을 위해 이 땅의 기독학부모를 세우고, 입시와 사교육 가운데서도 기독교적인 가치가 발현되도록 기도하며 나아가는 연구소에 함께 꿈꾸고, 그 길을 걸어갈 사람들을 붙여주옵소서.

소장님, 연구 교수님, 연구원들이 하나님이 주신 사명과 달란트대로 기도하며, 연구하여, 교육의 영역에서 하나님 나라를 꽃피우게 하옵소서. 이 일에 함께 뜻을 품은 사람들이 날로 많아지게 하옵소서. 예수님의 이름으로 기도합니다. 아멘.

기독교적 가치가 교육의 대안이 되게 하소서

우리의 희망이 되시는 하나님 아버지, 많은 사람들이 한국 교육에 희망이 없다고, 끝이라고 말합니다. 여러 노력들이 곳곳에서 일어나고 나라도 교육을 위해 힘쓰고 있지만, 저희는 무엇보다 가장 하나님 다운 방법이 최선이자 최고의 방법이라는 것을 압니다. 이 땅의 교육이 하나님의 방법으로 이루어지게 하옵소서.

'하나님의 형상을 가진 개개인의 소중함', '이 땅에서 청지기로 부름받은 우리에게 부여된 자연에 대한 책임과 사회에 대한 책임', '하나님에 대한 지식을 아는 것보다 하나님을 알기를 원하시는 것', '혼자가 아닌 12명의 공동체원과 함께 사역하신 예수님', '교회라는 공동체를 세우신 하나님의 뜻', '무엇을 드리는가보다 어떤 삶을 드리는가에 더 초점을 두시는 예수님'… 성경 곳곳에 숨겨진 이 모든 원리가 이 땅 교육의 대안이 될 수 있음을 고백합니다.

더 이상 경쟁에 치우쳐 개개인의 개성을 몰살하는 일도, 사회와 생태에 대한 책임을 회피하는 일도, 개인주의 이기주의로 점철된 성공만을 지향하는 일도 없게 하옵소서. 가장 기독교적인 가치가 교육 안에 발현되어 교육을 받은 모든 이들이 자신의 삶에서 행복과 자족을 누리게 하옵소서. 예수님의 이름으로 기도합니다. 아멘.

21일

Pray

심령이 가난한 부모가 되게 하소서

하나님 아버지, 자녀 양육에 있어 가난한 심령을 가진 부모가 되기를 간구합니다. 우리에게는 자녀를 지킬 힘이나, 특권이나, 영향력이 없습니다. 너무나 무능력한 존재여서 하나님만을 의지할 수밖에 없음을 고백합니다. 우리의 무력함 속에서 하나님만이 힘이 되심을 나타내시고, 자녀 양육에 있어서 세상적인 기준으로 볼 때는 패하는 길로 가는 것 같지만 승리에 이르는 길을 발견하게 하시며, 자녀에게 당면한 문제와 어려움 속에서도 세상이 빼앗아 갈 수 없는 평안과 참된 행복에 이르도록 인도하여 주옵소서.

가진 것이 아무것도 없는것 같으나 하나님의 사랑에 대한 확신과 만족함 안에서 경건하며 주님을 닮은 인격을 소유한 사람이기를 원합니다. 가난하고 겸손하고 통회하는 마음으로 엎드리오니 우리의 노력이 아닌 하나님의 은혜를 통하여 하나님 나라 백성으로서의 부모됨을 감당하게 하옵소서. 예수님의 이름으로 기도합니다. 아멘.

애통하는 부모가 되게 하소서

애통해 하는 자의 눈물을 닦아 주시며 위로해 주실 것을 약속하신 하나님 감사합니다. 저의 삶 가운데 '하나님께 굳이 아뢰지 않아도 잘 할 수 있다'고 여기는 나의 의와 교만함, 그릇된 성공관, 경쟁에 휩쓸려 자녀에 대하여 그릇된 욕심을 품고 하나님과 멀어졌던 모습을 돌아보며 애통하는 마음으로 주님 앞에 엎드립니다.

또한 하나님의 방법과 하나님의 뜻을 무시한 채 방만한 모습으로 세속적 자녀교육을 행하여 하나님과 자녀 사이도 갈라놓은 것을 회개하오니 용서하여 주옵소서.

하나님, 이스라엘이 로마의 압제로 인해 고난과 어려움을 경험할 때 민족이 당하는 수치가 로마의 압제 이전에 바로 '그들의 죄'와 '민족의 죄'로 인해 초래되었던 것 같이, 이 땅의 교육 고통도 우리 자신이 가진 죄와 우리 민족이 가진 죄로 인함임을 깨닫사오니 교육이 아픔이 된 이 땅을 고쳐주옵소서. 하나님으로부터 오는 위로로서 이 땅의 교육을 회복시켜가는 사람으로 우리를 다시 세워주옵소서. 예수님의 이름으로 기도합니다. 아멘.

Pray

온유한 부모가 되게 하소서

온유하심으로 온 주의 주를 바라보며 온유한 부모가 되기를 간구합니다.

우리는 오늘도 나로 인해 생기는 어려움과 다른 사람으로부터 기인하여 오는 고난을 겪으며 살아감을 고백합니다. 하나님께서는 그런 우리에게 분을 내지 않도록 하시며 분을 낼지라도 그것을 가라앉혀 더 적극적으로 사랑하게 하시고 그 고통을 인내함으로서 부드러운 마음을 주시는 분이십니다. 강한 힘과 권력으로 문제를 정복하는 자가 아니라, 뛰어난 술수와 전략으로 자녀양육의 땅을 차지하는 부모가 아니라, 하나님의 뜻에 순종함으로 하나님의 기업이 주어짐을 경험하는 부모가 되게 하옵소서. 하나님의 뜻에 순종하며, 의탁하여서 하나님이 쓰시기에 합당하게 길들여진 전인격으로 하나님 나라의 축복에 들어가게 하옵소서.

하나님과의 관계, 자신과 자녀와의 관계, 다른 사람들과의 관계가 가져다주는 모든 일을 기꺼이 받아들이며 하나님의 방법이 항상 최선의 길임을 믿기 원합니다. 하나님께서는 모든 일이 합력하여 선을 이루도록 역사하신다는 것을 온유한 삶으로 고백하게 하옵소서. 예수님의 이름으로 기도합니다. 아멘.

의에 주리고 목마른 부모가 되게 하소서

하나님 아버지, 우리는 목마르고 주릴 수 밖에 없는 연약한 존재입니다. 생명을 유지하기 위해 목을 축여야 하고, 주린 배를 채워야 합니다. 그런 우리에게 예수님께서 영원히 목마르지 않는 샘물이 되어주시고, 생명의 떡이 되어주심에 감사를 드립니다.

하나님, 우리와 우리 자녀의 생명을 위하여 양식 아닌 것으로, 배부르게 하지 못할 것으로 채우려는 헛된 노력을 긍휼히 여겨 주옵소서. 하나님으로 말미암아 의롭게 되신 예수 그리스도 안에서 의롭게 된 새 사람을 입게 하옵소서.

우리가 공허를 느낄 때, 하나님만이 주실 수 있는 의에 대해 목마르고 주림을 깨닫고 영혼을 채우시는 하나님을 찾고 구할 수 있기를 원합니다. 비록 우리가 배부르게 여길 것으로 여겼던 다른 것은 부족할지라도, 빈 배로 돌아가지 않게 하시고 갈망을 채우셔서 그 축복에 만족하며 그 은혜의 양식으로 자녀들을 채우는 수고를 아끼지 않게 하옵소서. 예수님의 이름으로 기도합니다. 아멘.

Pray

성탄절에 드리는 기도

이스라엘 백성들이 꿈꾸었던 메시아를 약속대로 보내주신 하나님, 이천 여 년이 지난 지금에도 우리의 삶 가운데서 약속대로 예수님을 보내주심에 감사를 드립니다. 사람들은 여전히 교육으로 자신의 삶의 평화를 찾고 있습니다. 좋은 대학에 가서, 좋은 직장에 가면, 그곳에서 경쟁하여 살아남아 성공을 하면, 자신의 삶에 참된 평화가 찾아올 것이라고 생각합니다. 하지만 하나님, 참된 평화는 예수 그리스도로 인해 이루어짐을 고백합니다.

예수님이 이 땅에 오심으로 하나님과 우리가 평화를 누리고, 우리와 세상이 화목케 됨을 고백합니다. 세상의 경쟁주의, 입시중심의 문화 속에서 하나님의 방법, 섬김의 방법, 낮아짐의 방법으로 평화를 누리는 우리가 되게 하옵소서.

이천 년 전 시작된 복음의 약속이 오늘, 여기에 있는 우리에게도 여전히 들림에 감사를 드립니다. 이제 우리가 그 평화의 시작점이 되게 하시고, 예수님이 오시는 그 날까지 세상을 섬기는 그리스도인이 되게 하옵소서. 예수님의 이름으로 기도합니다. 아멘.

긍휼히 여기는 부모가 되게 하소서

아픈 사람, 죄로 얼룩진 사람들을 보며 눈물을 흘리신 예수님을 바라보며 이 시간 기도드립니다. 하나님, 예수님의 사역을 통해 어떠한 모습이 긍휼의 삶인지를 알게 하시니 감사합니다.

우리도 기꺼이 자신을 잊고, 다른 사람에게 공감하며 다른 사람의 고통에 동참하는 삶을 살아가기를 원하오니 그것이 하나님을 사랑하는 증거가 되게 하여주옵소서.

하나님께서 우리를 향하여 넘치는 사랑과 긍휼을 나타내주심으로 우리도 용서받은 만큼 용서하고, 고통을 당하는 사람들과 어려움 가운데 있는 사람을 마음 깊이 이해하는 자리로 나아갈 수 있음을 고백합니다. 특별히 자녀들을 불쌍히 여기시고 긍휼히 여기시는 주님의 마음을 깨닫게 하셔서 자녀들을 위해 십자가에 자신을 내어주신 사랑과 빛 가운데 살아가게 하는 통로가 되게 하옵소서.

부요하지만 인색하고 긍휼을 나타내 보이지 않는 무자비한 종과 같은 부모가 되지 않게 하셔서 서로의 관계 안에서 넘치도록 임하는 긍휼을 경험하게 하옵소서. 예수님의 이름으로 기도합니다. 아멘.

Pray

마음이 청결한 부모가 되게 하소서

우리 안에 정한 마음을 창조하시는 하나님 아버지, 그 마음이 예수 안에서 성령에 의해 씻김 받은 사람이 되고, 그런 부모가 되기를 원한다는 마음의 소원을 갖게 하시니 감사합니다.

죄에서 떠나 진리 안에서 한 마음을 품은 자가 되도록 은혜를 허락하셨는데, 다시금 허탄한 데에 우리의 마음을 두며 살아왔음을 용서하여 주옵소서.

부패하여진 우리의 본성을 꺾어 예수님께 접붙임을 받게 하심으로 하나님과의 친밀한 관계를 회복시켜 주셨사오니 저의 마음을 하나님께만 두게 하셔서 자녀 양육의 동기와 생각과 정서, 욕구에 이물질이 섞이지 않도록 주장하여 주옵소서.

순수한 동기와 진실된 생각, 온전한 한 마음을 가지고 자녀양육의 길에서 하나님이 기뻐하시는 열매를 맺게 하옵소서.

자녀와의 관계에서 단순한 마음을 소유할 수 있도록 날마다 우리의 마음을 씻어주시고 육신의 정욕으로 자녀를 바라보지 않게 하셔서 자녀를 향한 하나님의 사랑을 담는 깨끗한 그릇이 되게 하옵소서. 오늘도 내 안에 정한 마음을 창조하시기를 원하오며, 참된 만족을 주시는 예수님의 이름으로 기도합니다. 아멘.

화평하게 하는 부모가 되게 하소서

우리와 화목하기 위하여 아들을 보내신 하나님 아버지, 하나님과 사람 사이에, 사람과 사람 사이에 생기는 분열 속에서 평화를 만드는 부모가 되기를 원합니다. 우리는 자신과, 이웃과, 하나님과의 관계에서 적대적이고 화해할 줄 모르는 자와 같았고, 혼란과 갈라짐의 틈을 타서 자신의 이득을 취하고자 하는 자와 같았음을 고백합니다.

하나님의 자녀로서 멀어진 관계들 속에서 평화를 조성하여 친밀함을 유지하게 하시고, 갈라진 틈을 보수하는 일에 그리스도와 함께 하게 하옵소서. 삶의 모든 영역에서 문제를 마주할 때, 그것을 회피함으로서 가짜 화평을 이루는 것이 아니라, 온갖 희생의 대가를 지불할 각오가 되어 있는 데서부터 오는 참다운 화평을 허락하여 주소서.

자녀와의 관계에 있어서 바른 관계를 조성하는 부모가 되게 하시고, 그것이 하나님께서 하시는 것과 같은 일이 됨을 경험하게 하옵소서. 그리하여 우리 자녀가 하나님과의 관계에서 오는 평온과 행복을 깨닫고 바른 인격적 관계를 맺어나가는 하나님의 자녀라 일컬음을 받게 하옵소서. 예수님의 이름으로 기도합니다. 아멘.

Pray

의를 위하여 박해 받는 부모가 되게 하소서

하나님, 예수님을 잘 믿기 위해 노력할 때 고난과 오래참음의 본을 보여주었던 믿음의 선조들을 기억합니다. 투옥과 추방을 당하고, 지위를 빼앗기기도 하며, 신분과 명예를 잃으며 도살할 양과 같이 고통 당하면서도 그리스도를 위해 받는 고난의 영예와 즐거움의 유익을 그 고통보다 많게 여겼습니다.

우리의 믿음의 인생 여정에도 하나님의 말씀을 지키기 위해 당하는 고통, 우상숭배를 하지 않음으로서 당하는 고통, 하나님 나라를 위해서 애쓸 때 당하는 어려움, 예수님의 이름을 위하는 일 가운데 당하는 슬픔들이 있습니다.

자녀 양육에 있어서도 경쟁과 성공을 추구하는 세상의 유혹을 거슬러 기독교적 자녀 양육을 위해 헌신할 때 직면하는 어려움이 있사오니, 승리하신 주님 안에서 즐거워할 수 있는 기쁨을 간직한 부모가 되게 하옵소서. 고난 당하시고 마침내 부활하신 승리의 주님이 우리보다 앞서 계심을 보게 하시고, 주님의 특별한 위로와 찾아오심을 자녀와 함께 경험하는 시간이 되게 하옵소서. 순종할 수 있는 힘을 주시며 능력이 되시는 예수님의 이름으로 기도합니다. 아멘

한 해의 기도를 받아주소서

하나님, 한 해 동안 자녀와 한국의 교육을 위해 엎드리게 하심에 감사를 드립니다. 지금까지는 '내 아이'만 보고 이 아이를 잘 키우는 것에 집중하였다면 일 년의 기도시간을 통하여 조금은 하나님의 시선으로 아이를 보고, 아이를 둘러싼 교육생태계를 보게 되었음을 고백합니다. 내 아이가 행복하기 위해서는 교육이 행복해야 함을 알고, 함께 기도로 나아가게 하시니 감사합니다. 매일 읊었던 기도들이 허공을 치는 기도가 아니라 하나님 나라 교육으로 열매 맺게 하옵소서.

한 해를 돌아보니 기도문 속의 기도들이 나무가 자라듯 조금씩 이루어 지는 것을 봅니다. 지금 당장 하나님의 교육이 꽃 피우지 않는다 하더라도, 하나님이 원하시는 때에 이루어질 하나님의 교육을 위하여 포기하지 않고 기도의 씨를 뿌리는 부모가 되게 하옵소서. 부모로서 가장 기본적이고 적극적인 실천이 기도임을 알고, 기도하기를 쉬지 않는 부모가 되게 하옵소서. 또한 우리의 기도가 입에만 머무는 것이 아니라 마음의 온기로, 손과 발의 섬김으로 표현되기를 원합니다. 기도대로 사는 기독학부모가 되게 하옵소서. 한 해 동안 우리의 기도를 인도하신 예수님의 이름으로 기도합니다. 아멘.

31일

Pray

한 해를 이끄신 하나님께 감사하게 하소서

여기까지 우리를 인도해주신 에벤에셀의 하나님, 감사합니다. 지난 한 해 동안 자녀에게 베풀어 주신 하나님의 풍성한 은혜들을 기억합니다. 학교에서 친구들과 선생님과의 관계 속에서 어려움도 있었고, 힘든 일도 있었지만 그 때마다 피할 길과 지혜를 주시어 잘 헤쳐나가게 하심에 감사를 드립니다. 자녀의 학업 가운데서도 하나님께서 날마다 은혜를 베풀어 주셔서 알아감의 깊이가 더해지게 하심도 감사를 드립니다. 순간 순간 자녀를 향한 하나님의 신실한 사랑과 은혜가 늘 있고 한 해의 그 모든 은혜들을 기억하며, 어제도 오늘도 내일도 동일하게 우리의 삶을 주관하시는 하나님의 통치하심을 고백하는 자녀와 부모가 되게 하옵소서. 또한 일 년 동안 자녀를 자라게 하신 하나님께서 다가올 한 해도 책임져 주시길 원합니다. 부모로서 자녀를 더욱 믿고, 기대하며, 기도하게 하옵소서. 매 순간마다 자녀의 삶에 일일이 개입하고 싶은 욕심을 버리게 하시고, 자녀의 삶을 온전히 인도하시는 하나님을 의뢰하게 하옵소서. 날마다 우리를 인도하시는 예수님의 이름으로 기도합니다. 아멘.

마가복음 4 : 32

심긴 후에는 자라서 모든 풀보다 커지며 큰 가지를 내나니
공중의 새들이 그 그늘에 깃들일 만큼 되느니라

Yet when planted, it grows and becomes the largest of all garden plants,
with such big branches that the birds can perch in its shade.

(Mark 4 : 32)

기독학부모의 기도,
하나님의 교육이 이루어지는 365일

개정판 1쇄 발행 | 2023년 6월 28일

기획 | 기독교학교교육연구소
글쓴이 | 기독학부모 리더 33인
펴낸곳 | 쉼이있는교육
펴낸이 | 박상진
편집 | 도혜연, 이지혜, 이보라
디자인 | 김보경

주소 | (04969) 서울특별시 광진구 아차산로78길 44 크레스코빌딩 308호
전화번호 | 02) 6458-3456
이메일 | edu4rest@daum.net
등록 | 2020년 2월 14일
ISBN | 979-11-980502-8-1 (03230)